한판
불자,
맞춤법!

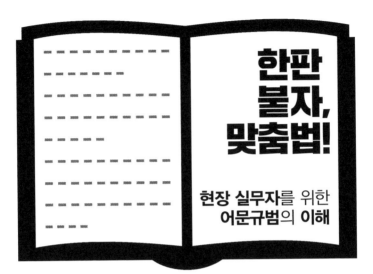

한판 불자, 맞춤법!

현장 실무자를 위한 어문규범의 이해

변정수 지음

뿌리와
이파리

일러두기

- 현행 어문규범의 조문을 인용한 대목은 고딕체로 강조했습니다.
- 말의 소릿값을 한글 또는 국제음성기호로 나타낼 때는 대괄호([ ])에 묶어 표기했습니다.
- 문장, 단어, 형태소 등 뜻을 가진 구체적인 언어 표현을 메타적으로 예시할 때는 굵은 글씨로 표기했습니다.
- 다만, 실제 사용례가 아닌 대조 설명을 위한 가상의 표현이나 그 자체로는 뜻이 없는 음절, 낱자 등의 예시를 따로 굵게 표기하지는 않았으며 필요한 경우에 작은따옴표(' ')로 묶었습니다.
- 일반적인 서술에서는 현행 어문규범을 따르는 것을 원칙으로 했습니다만, 저자가 필요하다고 판단한 경우에 〈외래어 표기법〉에서 벗어난 외래어 표기를 하거나 일부 표준어로 인정되지 않는 단어 또는 사전에 오르지 않은 합성어를 썼습니다. 단, 어문규범의 조문을 인용할 경우 '의존 명사'나 '소리 나다'처럼 원문의 띄어쓰기를 그대로 따랐습니다.
- 책 제목은 겹화살괄호(《 》)로 묶고, 그 밖의 문서 또는 영상물 등의 제목은 홑화살괄호(〈 〉)로 묶었습니다.

강의에 앞서

이 책은, 2003년부터 최근까지 현장의 출판편집자 또는 출판편집자로 취업하려는 예비편집자를 대상으로 줄잡아 100회 가까이 강의했던 내용을 글로 풀어낸 것입니다. 그러나 이 책에서 일컫는 '현장 실무자'가 꼭 출판편집자만을 의미하는 것은 아닙니다. 불특정 다수에게 공개되는 '공적 언어'를 다룬다는 점에서 출판편집자와 유사한 사회적 기능을 하는 방송 종사자나 광고업계의 카피라이터 등의 직업인만을 가리키지도 않습니다.

　매체가 다변화된 시대입니다. 누구나 개인 블로그나 사회관계망서비스SNS를 통해서 프로페셔널한 게이트키핑을 거치지 않고도 얼마든지 '공적 언어'를 발화할 수 있습니다. 이 책에서 염두에 둔 '현장'이란 '공적 발화'가 이루어지는 현장이라는 뜻이며, 적어도 '공적 발언'이라는 자의식을 가지고 불특정 다수에게 공개된 글을 쓰는 모든 사람은 '현장 실무자'입니다.

본문에서 상세히 다루겠지만 어문규범은 사적인 영역에서 발화되는 언어까지 규율하지 않습니다. 그건 불가능한 일일뿐더러 설령 가능하다 해도 매우 위험한 일입니다. 다만 '공적 발언'에는 일정한 '공적 책임'이 있으며, 설령 굳이 성문화된 어문규범을 통해 따로 규율하지 않는다 해도 불특정한 대상을 향한 '공적 발언'을 시도하는 사람이라면 누구나 말하고자 하는 바가 더 많은 사람에게 좀더 정확하게 전달될 수 있는 표현을 세심하게 가려 쓰려는 고민을 하게 마련입니다. 어쩌면 어문규범은 일방적으로 언어를 규율하려는 것이라기보다, 바로 그런 고민들이 모이고 쌓여 형성된 일정한 컨센서스를 그저 좀더 명료한 말투로 '확인'해 주는 것뿐일지도 모릅니다.

서점에 나가 보면 두툼한 분량의 어문규범 해설서들이 즐비하지만 그 내용을 되풀이하고 그 기조를 답습할 것이라면 굳이 이 책을 쓰지는 않았을 터입니다. 단언하지만, 더 친절하게 더 알기 쉽게 더 정확하게 더 깊이 있게 현행 어문규범의 내용을 풀이하는 것은 이 책의 목표가 아닙니다. 혹시 그런 기대로 이 책을 집어 들었다면 여기에서 책장을 덮고 내려놓아도 됩니다. 이 책은 오히려 흔한 규범 해설서들과는 정반대의 목표를 지향합니다. 불특정 다수에게 공개되는 '공적 언어'를 다루는 사람이라면 누구나 크건 작건 받게 마련인 어문규범의 '막연한 압박'에서 조금이라도 자유로워지는 데 도움이 되고자 하는 것이 이 책의 목표입니다. '규범이 이러저러하게 규정하고 있으니, 꼼꼼히 숙지해서 반드시 지키자'가 아니라, '규범이 이러저러하게 규정하고는 있지만 그 취지를 이해한다면 지나치게 주눅들 필요 없다'고 말하려는 것입니다.

규범의 강박에서 벗어나 한국어를 좀더 객관적인 시야에서 바라보는 가운데 오로지 의사 전달의 효율성 또는 표현의 적절성에 더 집중하는 태도를 형성하는 데 이 책이 계기가 될 수 있다면 물론 더 바랄 나위가 없겠지만, 크게 기대하지는 않습니다. 고사리 손에 손바닥 맞아 가며 받아쓰기를 하던 초등학교 때부터 대학 입시에 인생을 걸고 달려드는 고등학교 때까지 오로지 '정답 맞추기'만이 '국어 공부'의 전부였던 분들이 고작 스무 시간도 안 되는 강의나 얄팍한 책 한 권으로 '이건 맞고 저건 틀리다'를 가르려 드는 강박에서 완전히 벗어나기를 기대하는 것이 얼마나 어리석은 일인지 오랜 강의 경험을 통해 알고 있기 때문입니다. 다만 여전히 규범의 압력에서 자유롭지 못한 채로라도 뭔가 앞뒤가 안 맞는 듯한 답답함을 느끼거나 이건 아닌데 싶은 의문이 들 때 이 책에서 읽었던 내용을 떠올리며 '내가 이상한 게 아니라 규범의 잣대를 무분별하게 들이대는 사람들이 잘못된 것'이라고 돌이켜 생각할 수 있게만 되어도 제게는 큰 보람일 것입니다. 요컨대 쓸데없는 강박에서 당장 놓여나라고 조급하게 선동하지 않겠습니다. 그보다는 견고한 강박에 아주 작은 실금이라도 균열이 생기기를 차분히 응원하고 싶습니다.

그래서 '한판 붙자'는 이 책의 제목에서 꼭 악전고투 끝에 신승을 해내는 장면을 연상할 필요는 없습니다. 그보다는 언제 어떻게 맞붙어도 쉽사리 밀리지 않을 '자신감'을 부추기려는 뜻으로 새겨 주시면 좋겠습니다. 혹시라도 그런 '자신감'에 방해가 된다면 제9~15강은 일단 접어 두셔도 됩니다. 제가 이 책에서 하려는 말은 사실상 제1~8강에 다 있고, 제9~15강은 그에 대한 일종의 '주석'이라 여겨도 무방하니까요. 다만 '맺음말'에 해당하는 내용을 담은 제14강의 마지막 절에만 살짝 눈길을 멈춰 주시는 것으로 충분합니다.

아울러 이 책이 꼭 출판편집자만을 위한 건 아니지만 기본적인 독자 대상으로 전제했다는 점을 무시할 수만도 없는 노릇이라 제16강에 '특강'을 붙였습니다. 출판 현장에서 일하지 않는 분이라 해도 '직업적인 교열'의 세계를 엿보는 기회가 될지도 모르겠습니다. 혹 출판편집자라면 《편집에 정답은 없다》(2009)를 참고하여 이 책과 함께 읽어 주시길 권합니다. 대체로 그 책(특히 〈가공능력 비판〉)에서 제기했던 문제의식을 더 심화한 내용이기도 할뿐더러, 그 책에서 자세히 다룬 탓에 간략히 언급한 대목도 없지 않기 때문입니다.

강산이 변하는 시간 동안 강의를 거듭하면서도 쉽사리 글로 풀어낼 엄두를 못 내고 있던 중에 두 권의 책을 만난 것이 이 책을 쓰게 된 결정적 계기입니다. 《미친 국어사전》(2015)과 《콩글리시 찬가》(2016)가 우연찮게도 연달아 한글날 무렵에 출간된 것을 보고 이 목록의 말석에라도 끼일 수 있다면 영광이겠다는 생각에 겁없이 책을 낼 작정을 하게 되었습니다. 아직은 일면식도 없지만, 이 책들을 쓰신 박일환 선생님과 신견식 선생님께 가장 먼저 감사의 인사를 드려야 마땅할 듯합니다.

처음 이 내용으로 강의를 시작했을 때를 돌이켜보면, 그 사이에 뼈대도 더 튼튼해지고 내용도 한결 풍성해졌다는 것을 부인하기 어렵습니다. 강의란 일방적인 전달의 형식을 띨 때조차도 실은 상호작용이기 때문일 것입니다. 제 강의를 수강했던 수많은 분들이 이 책의 내용을 함께 만들었음을 고백하지 않을 수 없습니다. 얼굴도 이름도 제대로 기억나지 않는 그분들께 일일이 따로 감사드리지 못하는 점에 양해를 구합니다. 덧붙여 이 책 각 강의 말미에 실린 질의응답은 몇 분의 독자가 실제로 본문을 읽고 보내주신 질문들로 꾸몄습니다. 거친 초고를 꼼꼼히 읽고 날카로운 질문으로 지면을 알차게 채워 주신 김영훈, 윤혜진, 이무희, 홍혜은 님들께 감사드립니다.

이 책에 담긴 저의 한국어관은 유감스럽게도 한국 사회에선 아직 '소수 의견'이라는 것을 잘 압니다. '한판 붙자'는 이 책의 제목에는 한국어를 둘러싼 비과학적 통념에 휩쓸리지 않겠다는 저의 의지가 담겨 있기도 합니다. 여전히 다수 대중을 사로잡고 있는 편협한 언어순혈주의와 완고한 규범주의를 향한 저의 미력한 분투에 언제나 든든한 우군이 되어 주시는 고종석 선생님과 최경봉 선생님, 그리고 현장에서 치열한 토론과 폭넓은 공명으로 기꺼이 벗이 되어 주셨던 김철호 선생님께 특별히 감사를 드립니다.

그간 여섯 권의 책을 냈지만 모두 쪽글 모음집이었고, 저로서는 이 책이 첫 '전작'인 탓에 집중을 유지하기가 쉽지 않았습니다. 두 해 전 한글날 무렵에 내기로 했던 책이 차일피일 미뤄지는 동안, 원고는 내팽개쳐 둔 채 페이스북에서 놀고 있는 부실한 저자에게 험한 재촉 한 번 없이 묵묵히 기다려 주신 정종주 대표님을 비롯하여 늦어진 원고 때문에 촉박해진 출간 일정을 맞추느라 고생하신 뿌리와이파리 식구들께도 미안하고 고맙습니다.

오백일흔세 돌을 맞는 한글날을 앞두고
변정수

- -

톺아보기

구슬이 서 말이라도
〈한글 맞춤법〉 축조 해설

들머리

맞춤법이
어렵다고요?

〈한글 맞춤법〉에 대한 오해와 진실

맞춤법이란 무엇인가

많은 사람들이 입을 모아 말합니다. "한글 맞춤법은 너무 어렵다." 또는 이렇게도 말합니다. "전공자가 아니라서 맞춤법에는 자신이 없다." 이런 말들을 듣고 있으면, 한글 맞춤법을 제대로 익혀 쓰려면 꽤 전문적인 공부가 따로 필요할 것 같기도 합니다. 그렇다면 이건 참으로 잘못된 일입니다. 만일 맞춤법이 전문적인 공부를 해야만 지킬 수 있는 규칙이라면, 그만큼의 공부를 하지 못한 대다수의 사람들은 제대로 격식을 갖춘 글을 쓸 수 없다는 뜻이 될 테니까요.

그런데 과연 그럴까요? 실은 "한글 맞춤법은 어렵다"는 건 공연한 선입견에 지나지 않습니다. 결론부터 말씀드리자면, 한글 맞춤법은 전혀 어렵지 않습니다. 한국어에 대한 전문적인 공부는커녕 초등학교 수준의 교육만 받아도 충분히 익힐 수 있을 만큼 쉽습니다. 제가 한국어를 전공한 사람이라서 제 기준으로 판단하는 거라고 오해하실지도 모르겠습니다만, 이제부터 이것이 공연한 잘난 체가 아니라는 증거를 하나하나 보여 드리려고 합니다.

　그러기 위해서 질문을 바꿔 보겠습니다. 왜 우리는 (전혀 어렵지 않은) 한글 맞춤법을 지레 어렵다고 여기는 걸까요. 여기에는 몇 가지 이유가 있습니다. 우선 가장 중요한 건, '맞춤법'이 정확히 무엇인지 모른다는 것입니다. 그래서 사실상 '맞춤법의 문제가 아닌 것'까지 모조리 '맞춤법의 문제'로 뭉뚱그리는 통에 맞춤법이 어렵게 느껴진다는 거죠. 달리 말해 우리가 "한글 맞춤법이 너무 어렵다"고 하면서 구체적으로 지목하곤 하는 문제들은 대개 '맞춤법'(과 아주 상관이 없지는 않지만)의 범주에 속하는 문제가 아니라는 뜻입니다. 그렇다면 '맞춤법'의 범주에 속하는 문제는 무엇이고 그렇지 않은 문제는 무엇일까요. 그걸 정확히 가르려면 우선 '맞춤법'이 무엇인지 알아야겠지요?

영어 철자법보다 쉬운 한글 맞춤법

맞춤법은 한자어로는 철자법綴字法 또는 정서법正書法이라고 합니다. 영어로는 스펠링spelling이겠지요. 중학교 시절부터 영어를 배워 왔으니 영어의 철자법을 염두에 두고 한국어와 비교하면서, 과연 맞춤법이 무엇인지 차근차근 짚어 나가 봅시다.

　사람을 다른 동물과 구별해 주는 중요한 특징 가운데 하나는 말을 통해 의사전달을 한다는 것입니다. 말은 귀로 듣는 청각기호입니다. 모든 기호는 그 물성의 차이를 통해 의미의 차이를 드러냅니다. 이를테면 시각기호는 눈으로 보는 생김새의 차이를 통해 의미의 차이를 드러냅니다. 색깔이든 모양이든 생김새가 달라지면 다른 뜻으로 이해됩니다. 그렇다면 청각기호는 어떨까요? 네, 소릿값의 차이를 통해 의미의 차이를 드러냅니다. 소릿값이 달라지면 다른 뜻으로 이해된다고 할 수 있지요.

그런데 말은 의사전달의 범위에서 시공간적인 한계를 가집니다. 한번 입에서 나온 말은 바로 그 순간에 듣지 못하면 그냥 사라집니다. 또 아무리 목소리가 큰 사람이라도 일정한 거리 이상 떨어져 있는 사람에게는 안 들리기도 합니다. 그래서 어떻게 하면 이러한 시공간적 한계를 넘어 더 많은 사람들에게 말을 전달할 수 있을지를 궁리하게 됩니다. 이 고민으로부터 말 그대로의 의미에서 '문명'이 탄생합니다. 물론 현대에 사는 우리는 말의 한계를 보완할 수 있는 수단을 손쉽게 떠올릴 수 있습니다. 시간의 한계를 넘으려면 녹음을 하면 되고, 공간의 한계를 넘으려면 방송을 하면 됩니다. 대개 전자기 기술에 의존한 이런 방법들은, 그러나 실용화된 지 100년 남짓이 되었을 뿐입니다. 그 이전까지 사람들은 오로지 말을 글로 기록함으로써 시공간적 한계를 넘어 의사전달을 해 왔지요. 글이란 다름아닌 '기록된 말'입니다.

다시 돌아가 봅시다. 말은 청각기호입니다. 그리고 글은 시각기호지요. 청각기호에서 의미의 차이를 드러내는 소릿값의 차이는, 시각기호에선 서로 생김새가 다르게 표현되어야 정확한 의미전달이 되겠지요. 그래서 철자법이 필요해집니다. 철자법이란 '일정한 소릿값을 가진 말을 특정한 글자에 대응시키는 규칙'입니다. 얼른 이해가 안 되신다고요? 그럼 예를 들어 보겠습니다.

꽃이 예쁘게 피어 있는 광경을 머릿속에 떠올리고, 그 광경을 표현할 수 있는 말을 떠올려 보세요. 지금은 글로 읽고 있지만, 말은 청각기호라고 했으니까 글자는 생각하지 말고 일단 청각영상을 떠올립니다. [꼬치 예쁘다], 아마 대개 이런 말이 떠오를 겁니다. 자, 이제 이 말을 다른 시공간에 있는 사람에게 전달하기 위해 글자로 옮겨야 한다면 어떻게 적겠습니까. 아니 무슨 받아쓰기 하는 초등학생도 아니고, 어떻게 적긴 어떻게 적나요. 당연히 **꽃이 예쁘다**라고 적겠지요. 그런데 꼭 그렇게만 적을 수 있을까요? **꽃이**를 '꼬치'라고 적어도 그 소릿값은 [꼬치]입니다. 그럼 둘 중에 어느 쪽으로 적어야 할까요. [예쁘다]는 **예쁘다**로 적는 게 자명할 것 같지만 그렇지도 않습니다. '옛브다'로도 '옙브다'로도 적을 수 있는데, 셋 중에 어느 쪽으로 적어야 할까요. 바로 이게 '맞춤법'이 다루는 문제입니다.

물론 우리는 그 답을 이미 알고 있습니다. 그리고 혹시 그걸 잘못 적었다고 해서 "전공자가 아니라서"라거나 "고등학교 국어 시간에 졸아서"라고 말하지는 않습니다. 차라리 "초등학교 때 받아쓰기를 열심히 안 해서"라고 말할지는 모르겠지만요. 제가 맨처음에 뭐라고 말씀드렸지요? 맞춤법은 초등학교 수준의 공부만으로 익힐 수 있다고 했던 걸 기억하십니까?

실감이 안 나신다고요? 그럼 영어와 비교를 해 보지요. 최소한 한글 맞춤법(한국어 철자법)이 영어 철자법보다는 쉽다는 걸 보여드리겠습니다. 영어 알파벳 스물여섯 자의 모양과 이름을 다 익히고 나면(이때 이름을 익힌다는 건 대략의 소릿값을 가늠할 수 있게 된다는 뜻이기도 합니다), 영어로 씌어진 글을 정확한 발음으로 읽을 수 있습니까? 그렇지 않지요. 사전 찾아서 각 단어의 정확한 발음기호를 따로 확인해야 읽을 수 있었습니다. 똑같은 'a' 자라도 [ei]로 읽기도 하고 [æ]로 읽기도 하며 [ə]로 읽는 경우도 드물지 않습니다. 그리고 그건 단어마다 다 다릅니다. 오죽하면 어느 개그맨이 "영어는 그때그때 달라요"라는 유행어를 만들어 내기까지 했을까요.

영어에 좀 능숙해지고 나면 낯선 말을 철자만 보고도 대략의 소릿값을 가늠할 수는 있을지 모르지만, 예외적인 경우도 워낙 많아서 정확한 발음이라고 확신하기는 쉽지 않습니다. 그래서 영어 시험은 꼭 이런 문제들로 시작합니다. 같은 글자에 밑줄을 쳐 놓은 여러 단어를 제시하고는 "다음 중 발음이 다른 철자 하나를 고르시오." 이 대목에서 다시 환기할게요. 지금까지 국어 시험을 치르면서 이런 종류의 문제를 보신 적 있나요? 된소리로 나는 경우를 묻는 경우를 제외하면 아마 없을 겁니다. 달리 말해 한글은 영어와 달리 글자 그 자체를 발음기호로 사용하도록 하고 있기 때문에 따로 발음기호를 확인할 필요가 없다는 뜻입니다. 그래서 한글 스물넉 자의 생김새와 이름(소릿값)을 익히면, 심지어 무슨 뜻인지 모르는 내용의 글조차 (거의) 정확한 발음으로 읽어낼 수 있습니다. 그리고 그것이야말로 '한글 맞춤법'의 기본 원리입니다.

이번엔 거꾸로 생각해 봅시다. "미국에선 거지들도 영어를 하더라"는 흔한 우스갯소리도 있습니다만, 영어를 능숙하게 구사하는 원어민이라도 일정한 교육을 받지 못하면 정확한 철자를 익히기가 쉽지 않습니다. 심지어 꽤 높은 수준의 교육을 받고도 철자가 헷갈려서 사전을 찾아 확인하곤 합니다. 예전에 〈넘버스〉라는 미국 드라마를 본 적이 있는데, 수학 박사들이 주요 등장인물이었지요. 그런데 대학 교수라는 사람들이 어떤 단어의 철자를 놓고 이게 맞다 저게 맞다 입씨름을 하다가 내기를 걸고 사전을 찾아 확인하는 에피소드가 나오더군요. 그건 한국에서도 흔히 있는 일이라고요?

아니요. 그렇지 않습니다. 만일 그런 일이 있다면 그건 순수한 '맞춤법' 문제가 아닐 가능성이 높습니다. 위에서 든 예를 다시 끌어와 쉽게 설명드리자면, '예쁘다'냐 '옛브다'냐 '옙브다'냐를 가지고 내기를 거는 건 초등학생이라면 몰라도 중학생만 돼도 상상하기 어려운 일입니다. 굳이 말하자면 '예쁘다'인지 '이쁘다'인지는 얼마든지 헷갈릴 수 있습니다만, 유감스럽게도 그건 '맞춤법'의 문제가 아닙니다. 이에 관해선 조금 뒤에 이 강의를 마무리하면서 다시 이야기하겠습니다. 이게 왜 '맞춤법'의 문제가 아닌지 각자 곰곰이 생각해 보시기 바랍니다. 어쩌면 제 설명을 따로 읽지 않아도 스스로 알아내실지도 모릅니다.

맞춤법은 따로 공부할 필요가 없다

그 얘기에 앞서, 먼저 짚고 넘어가야 할 문제가 아직 남아 있습니다. **꽃이**라고 적힌 글을 [꼬치]라고 읽는 건 아주 쉬운 일입니다. 그야말로 한글만 익히면 심지어 뜻을 몰라도 발음할 수 있지요. 그러나 [꼬치 예쁘다]로 소리나는 말을 **꽃이 예쁘다**라고 철자하는 건 그보다는 어렵습니다. 일정한 교육을 받아야 가능한 일이고, 또 여기서 말하는 것이 '어묵꼬치'가 아니라 식물의 생식기관인 '꽃'을 뜻한다는 걸 이해해야만 그렇게 적을 수 있을 겁니다. 어차피 글이란 말을 글자로 옮긴 것이므로, 스스로조차 무슨 말을 하려는지 모르는 채 지껄이는 게 아닌 다음에야 두번째 조건이 크게 중요한 건 아닙니다.* 문제는 첫번째 조건입니다. 어떻든 열심히 공부해서 익혀야 한다는 뜻이니까요.

그런데 바로 이 대목에 커다란 오해 하나가 자리잡고 있습니다. 그 공부의 내용이 한국어 문법에 대한 이론적인 지식이라는 오해입니다. 그래서 '전공자가 아니어서' 자신없어하고, '문법 공부를 제대로 해둘 걸' 후회하기도 하며, 맞춤법 해설서를 뒤적이며 '열공'의 의지를 불태우기도 합니다. 무슨 지식이든 모르는 것보다는 아는 게 더 나으니까 새삼 맞춤법 규정을 제대로 공부

---

* 다만 남이 쓴 글을 다듬을 때는 이것이 의외로 매우 중요한 문제가 될 수 있습니다. 뒤에서 다시 설명할 기회가 있겠지만, 실은 글의 의미를 제대로 이해하지 못해서 생겨나는 문제를 애먼 '맞춤법에 서툴러서'로 오해하는 바람에 공연히 맞춤법에 더 자신이 없어지기도 합니다.

해 보겠다는 걸 굳이 말리고 싶지는 않습니다만, 그게 맞춤법을 익히는 데 꼭 필요한 걸지는 의문이 아닐 수 없습니다.

위의 예로 다시 돌아가 보지요. 왜 틀림없이 [꼬치]로 소리나는 말을, 굳이 **꽃이**라고 적을까요. 그건 사회적으로 그렇게 약속했기 때문입니다. 그 약속을 담아 체계적으로 정리해 놓은 것이 맞춤법 규정입니다. 〈한글 맞춤법〉 제14항에는 **체언은 조사와 구별하여 적는다.**고 규정되어 있습니다. 그리고 그 규정에 따라 이렇게 적는 것입니다. [예쁘다]로 소리나는 말을 예쁘다로 쓰는 건 규정을 따지고 말고 할 것도 없이 자연스러워 보이지요? 아닙니다. 그것도 규정에 근거한 것입니다. 〈한글 맞춤법〉 제5항에 **한 단어 안에서 뚜렷한 까닭 없이 나는 된소리는 다음 음절의 첫소리를 된소리로 적는다.**고 규정되어 있거든요. 혹시 '아, 좋은 거 배웠다. 머릿속에 담아 둬야지.' 싶으신가요? 어처구니없는 일입니다. 여태 이 규정들을 몰랐어도 이렇게 잘 써 오지 않았나요? 이 규정들을 누가 가르쳐 줘서 이렇게 써 왔던 건데 배웠다는 사실을 잊고 있었던 것도 아닙니다. 그런 규정 따위 따로 배우지 않았지만 '그냥' 알고 있었던 겁니다.

그러니까 규정집을 속속들이 머릿속에 담아두는 건, 맞춤법을 익히는 것과 아무 상관이 없습니다. 굳이 상관이 있다면 이미 익혀 잘 쓰고 있는 맞춤법이라는 규범의 구조를 좀더 체계적으로 이해하고 다른 사람에게 좀더 설득력 있게 설명하는 데 쓸모가 있을 뿐입니다. "그냥 그렇게 정한 거야. 따지지 말고 외워."보다는 "이러저러한 취지를 반영해서 이 규정이 만들어진 거야. 이런 원리는 저 규정에도 똑같이 적용되고 있는데 신기하지?"가 더 이해하기 쉬울 테니까요. 이 책처럼요!

그렇다고 아무 공부도 할 필요가 없다는 뜻은 아닙니다. 분명히 뭔가 공부를 했으니까 익힌 거지 설마 정말 말 그대로 '그냥' 알아지기야 했겠어요? 다만 '이론적 지식'을 공부한 게 아니라는 걸 강조하려는 겁니다. 그렇다면 도대체 우리는 그걸 어떻게 알게 됐을까요. 글자뿐 아니라 모든 기호의 습득은 이론적 지식 이전에 흉내내기를 통해 이루어집니다. 그건 아주 쉽게 증명해 보일 수 있습니다.

우선 외국어 학습의 예를 들 수 있습니다. 《성문종합영어》의 책장이 나달나달해지도록 밑줄 그어 가며 열심히 문법을 익히고 사전을 씹어먹어 가며 부지런히 단어를 외워서 10년을 공부했는데도, 영어를 입도 못 떼는 사람들이 수두룩했던 건 왜일까요. 반면에 문법에 대한 이론적 지식보다는 원어민과의 접촉을 통해 자연스럽게 익히는 쪽이 왜 학습효과가 더 높을까요. 말 배우기는 흉내내기이기 때문입니다. 그런데 실은 그보다 더 확실한 증거가 있습니다. 바로 모국어 습득입니다.

선행학습을 고려하지 않는다면, 중학교 1학년 때 영어라는 낯선 언어를 익히기 위해 가장 기초적인 수준의 문법적 지식을 배웁니다. 고3 수준의 지식에서 봐도 아주 조악한 수준의 그야말로 최소한의 지식일 겁니다. 한국어에서, 중1 수준 영어에 해당하는 정도의 가장 기초적인 최소한의 문법적 지식은 대략 초등학교 3~4학년에서 배웁니다. 1~2학년 국어 교육 과정에서는 한국어 문법에 대한 이론적 지식은 가장 초보적인 수준으로조차도 다루지 않습니다. 그저 글자를 익히고 어휘를 늘려 가며 다양한 표현을 글자로 옮겨적는 연습을 통해 말과 글 사이의 거리를 좁히는 게 다입니다. 그래서 딱 그때까지 받아쓰기를 하고, 또 지나치게 공부를 열심히 한 나머지 말과 글 사이의 거리가 너무 좁아져서 이를테면 '한글'과 '한국어'를 혼동하는 흔한 부작용을 낳기도 합니다.

그런데 만일 '이론적 지식'을 통해서 말을 배우는 것이라면, 열 살이 안 된 아이들은 따로 선행학습을 시키지 않는 한, 한국어를 제대로 못 해야 마땅할 겁니다. 처음 영어를 배우는 중학생들이 단어 몇 개를 되는 대로 나열해서 도저히 의사전달이 안 되는 엉터리 영어를 하듯, 엉터리 한국어를 더듬거리든가요. 그러나 그건 현실이 아니지요. 열 살은커녕 다섯 살만 돼도 어른들보다 말을 더 잘하는 아이들이 얼마나 많습니까. 이 아이들은 도대체 어디서 어떻게 한국어를 배운 것일까요. 아무도 한국어의 '문법'을 기초 수준에서조차 가르치지 않았는데요.

흉내내기를 통해서 배운 거지요. 물론 앵무새가 흉내내듯 그렇게 흉내를 낸다는 뜻은 아닙니다. 머릿속에서 제 나름으로 상황을 해석해서 뜻과 말의 소릿값을 연결하며 흉내를 내지요. 재미있는 예를 하나 들어 보지요. 아이를 목욕시키려고 하는데 목욕물이 좀 뜨거웠던 모양입니다. 발을 살짝 담가 본 아이가 펄쩍 뛰며 소리를 지릅니다. "앗, 뜨거워! 엄마, 내 발 탔어!" 실제로 있었던 일이고 지금도 어디선가 일어나고 있는 일일 겁니다. 막

말을 배우기 시작한 아이를 키우는 분들이라면 누구나 이와 비슷한 상황이 드물지 않다는 걸 아실 겁니다. 이 아이 주변의 어떤 어른도, 아니 한국어를 모어로 사용하는 어느 누구도 이런 한국어를 하는 사람은 없을 겁니다. 그런데 이런 말도 안 되는 말을 이 아이는 어떻게 배운 걸까요. 흉내를 낸 거라면 도대체 누구 흉내를 냈다는 걸까요. 실은 이게 우리가 말을 배우는 방식이고 흉내내기가 맞습니다. 이 아이는 아마도 '탔다'는 말을 거의 언제나 '뜨겁다'는 느낌과 함께 접했을 겁니다. 그 경험을 제 머릿속에서 연결시켜 뜨거운 것을 맞닥뜨렸을 때 그 말을 흉내낸 거지요. 굳이 말하자면, '넘겨짚어 흉내내기'인 셈입니다.

말을 글로 옮기는 방법(=맞춤법)도 마찬가지입니다. 한글을 배운 이래로 우리는 무수히 많은 **꽃이~**를 눈에 익혀 왔습니다. **꽃이 예쁘다, 꽃이 피었다, 꽃이 아름답다**……. 맞춤법 제14항 규정 따위를 배운 적도 없고, '체언'이니 '조사'니 하는 문법 용어를 몰라도, 그냥 이렇게 적은 게 눈에 익은 겁니다. **꼬치**라고 적어 놓은 것도 물론 보긴 봤겠죠. 어묵꼬치를 뜻한다는 걸 알 수 있는 상황에서만요! **예쁘다**도 마찬가지죠. 수없이 많은 **예쁘다**를 보면서 이게 눈에 익은 겁니다. '엡브다'라고 적은 건 어쩌다 누군가 장난쳐 놓은 거라면 모를까 본 적이 없으니, 맞춤법 제5항 규정을 몰라도 그냥 딱 봐도 이상한 겁니다.

우리야 외국어니까 영어를 배울 때 사전을 찾아 가며 발음 따로 철자 따로 통째로 외워야 했지만, 단어마다 "그때그때 달라지는" 철자법을 원어민들이 큰 불편 없이 쓰고 있는 것도 그걸 지식으로 배우는 게 아니라 이렇게 일상적인 접촉을 통해 자연스럽게 익히는 것이기 때문입니다. 물론 그냥 알파벳만 가르쳐 놓는다고 글을 읽을 수 있는 게 아니기 때문에, 구체적인 상황에서 발화된 문장의 맥락 안에서 다양한 단어의 철자를 눈과 손에 익히도록 일정한 체계를 갖춘 교육과정은 필요할 테지요. 그리고 그건 글자만 알면 일단 읽을 수는 있는 한국어 철자의 교육과정보다 더 복잡하고 정교하긴 할 겁니다. 아마도 한국의 문맹률이 세계적으로 낮은 편에 속하는 것도 그와 아주 무관치는 않을 테고요.

그렇다면 혹시라도 여전히 맞춤법에 자신이 없는 사람이, 맞춤법 규정집을 씹어먹어 가며 머릿속에 넣고 한국어 문법에 대한 이론적인 지식을 열심히 파고든다고 해결이 될까요? 인터넷 검색을 하다 보면 **갇히다**를 **갖히다**라고 잘못 쓴 글들이 심심찮게 눈에 띕니다. 그런데 왜 이 경우에 받침이 'ㅈ'이 아니라 'ㄷ'인지를 명료하게 제시해 주는 규정은 〈한글 맞춤법〉을 샅샅이 뒤져도 없습니다. 굳이 따지자면 구개음화 관련 규정인 제6항을 준용한 것일 텐데, 이때의 ㄷ받침은 **가두다**에서 온 말임을 드러내기 위해 제32항 준말 규정을 적용한 것이긴 하지만 그 준말인 '갇다'라는 말이 없으므로(또는 **갇히다**가 혹시 준말이라면 그 본디말에 해당할 '가두히다'라는 말도 없고요), 이 규정을 그대로 적용하기엔 얼마간의 비약이 있기 때문이지요. 달리 말하면 규정집만 달달 외워서는 이런 문제 앞에선 속수무책이라는 겁니다. 저는 **갖히다**라는 표기를 보면, '맞춤법 공부 좀 하지'라는 생각이 들기보다는 '책을 얼마나 안 읽었으면' 하고 혀를 차곤 합니다.

맞춤법이 서투른 건 이론적 지식이 모자라서가 아니라 흉내낼 수 있을 만큼 언어적 경험이 충분히 쌓이지 않아서일 겁니다. 그러니 어떻게 해야겠습니까. 책을 부지런히 읽어야겠지요. 더 다양한 책을 더 많이 읽는 것말고 다른 방법이 있을까요?

어려운 건 맞춤법 때문이 아니다

이제 앞서의 문제로 돌아가 봅시다. 대부분의 사람들이 "맞춤법이 어렵다"고 불만스러워하는 내용은, 실은 [예쁘다]를 '예쁘다'로 적느냐 '엡브다'나 '옛브다'로 적느냐 하는 문제가 아니라, 이를테면 '예쁘다'가 옳으냐 '이쁘다'가 옳으냐 하는 문제들입니다. 그리고 전자만이 순수하게 '맞춤법'의 문제입니다. 후자는 엄밀히 말해 '맞춤법'의 문제가 아닙니다. 왜 그런지 생각 좀 해 보셨나요? 앞에서 제가 '맞춤법'을 뭐라고 정의했는지 되짚어 보시지요. '일정한 소릿값을 가진 말을 특정한 글자에 대응시키는 규칙'이라고 했지요? 그런데 애당초 **예쁘다**와 **이쁘다**는 소릿값이 다르잖아요. 이건 '같은' 말이 아닙니다.

따라서 순수하게 철자법의 문제로만 보면 [예쁘다]는 **예쁘다**로 적고 [이쁘다]는 **이쁘다**로 적으면 그만이지. 맞춤법을 따져 옳고 그름을 가르고 자시고 할 건덕지가 없습니다. 물론 제4강에서 다시 상세히 설명하겠지만, 한글 맞춤법은 '표준어'만을 대상으로 한다고 규정하고 있고 비표준어에 대해서는 정의하지 않기 때문에 어느 쪽이 '표준어'인가는 문제가 될 수 있습니다. 참고로 현재 **예쁘다**와 **이쁘다**는 모두 표준어로 인정되고 있습니다.

달리 말하자면, 대부분의 사람들이 어려움을 겪는 건 맞춤법이 아니라 표준어 때문입니다. 맞춤법은 성문화된 규정이 있기는 하지만, 앞서 살펴보았듯 평균 수준 이상의 교육을 받은 사람이 맞춤법을 몰라서 틀릴 일은 거의 없습니다. 더러 좀 까다로운 규정이 없는 건 아니지만, 사전에서 쉽게 답을 찾을 수 있습니다. 그리고 그건 영어 사용자들한테라면 영어의 철자 규칙이 워낙 느슨한 탓에 아주 일상적인 일일 겁니다. 철자가 헷갈리면 사전을 찾아보는 건 당연한 일인데, 한국어 철자법이 너무 쉬운 나머지 오히려 사전 찾아보는 습관을 가진 사람이 드문 건 아이러니한 일입니다.

실제로 북에디터 사이트에 올라오는 어문규범 관련 질문 중에 맞춤법 관련 질문은 거의 없습니다.* 심지어 제목에 "맞춤법 질문"이라고 명시한 질문들조차 거의 '이 말을 어떻게 적을까' 하는 내용이 아니라 '이 말과 저 말 중에 어느 쪽을 써야 할까' 하는 내용입니다. 이렇게 문제의 성격을 갈라 놓으면 곧바로 이런 질문이 나오곤 합니다. "그래, 맞춤법이 뭔지는 알겠다. 하지만

---

* 흥미롭게도, 이 책의 초고를 읽고 보내주신 질문 중에도 (심지어 〈한글 맞춤법〉의 구체적인 조문을 해설한 대목에서조차) '순수한' 맞춤법 관련 질문은 단 한 건도 없었습니다.

예쁘다냐 **이쁘다**냐도 표준어 규정과 관련돼 있고, 우리가 통상 '맞춤법'이라고 하는 건 좁은 의미의 철자법이 아니라 표준어 규정까지를 포괄하는 '어문규범' 일반을 뜻하는 걸 수도 있다. 그렇다면 '맞춤법이 어렵다'는 불만도 딱히 틀렸다고 할 수는 없지 않은가." 옳으신 말씀입니다. 어차피 지켜야 할 규범인데 그 이름이 '맞춤법'이면 어떻고 '표준어'면 어떻다는 건지, 많은 사람들이 별다른 구별 없이 통틀어 아우르는 걸 굳이 엄밀하게 구분하려 드는 게 공연한 현학으로 보일지도 모릅니다.

그런데 제가 굳이 표준어 문제를 맞춤법과는 따로 떼어 내어 성격이 다르다고 강조하는 데는 그럴 만한 이유가 있습니다. 저는 맞춤법은 '규범'이라고 생각합니다. 사회적 약속으로 정해 놓은 것이니 다소 불편하더라도 지키는 게 좋겠지요. 굳이 비유하자면 문자생활의 도로교통법 같은 거라고나 할까요. 법규를 무시하고 운전하면 딱지를 끊는 건 둘째 문제고 사고 위험성이 높아지겠지요. 맞춤법 틀렸다고 범칙금을 물지야 않겠지만, 원활한 의사전달을 위해서 그리고 글의 품격을 위해서 지키는 게 바람직합니다. 그리고 위에서 말씀드렸듯 그리 어렵지 않기 때문에 웬만해선 못 지키기도 어렵고요.

반면에 표준어는 '규범'이 아닙니다. 물론 현행 어문규범에는 〈표준어 규정〉이 마련돼 있기 때문에 많은 사람들이 이걸 '규범'으로 여기는 것도 무리는 아닙니다. 하지만 다소 과격하게 들릴지 몰라도 이 규정은 폐지되어야 할 규정이고, 표준어를 규범적으로 강제한다는 건 문화통제적인 발상입니다. 그 까닭은 제2강에서 차근차근 설명해 드리겠습니다.

다만 맞춤법에 대한 흔한 오해 한 가지만 더 짚고 넘어가겠습니다. "맞춤법이 자꾸 바뀌는 통에 헷갈린다"는 분들이 의외로 많습니다. 그러나 현행 〈한글 맞춤법〉은 1988년에 고시된 이후로 단 한 차례도 실질적으로 개정된 적이 없습니다.* 맞춤법이 자주 바뀐다는 오해는 대개 두 가지 배경에 기인합니다.

하나는 1988년 이전의 상황입니다. 한글 맞춤법의 규범적 연원은 조선어학회의 〈한글 맞춤법 통일안〉(1933년)까지 거슬러 올라갑니다. 조선어학회의 후신인 한글학회에서 이를 정비하고 보완한 맞춤법을 민간에 보급하고 있었고, 그와 별도로 교과서 편찬권을 가진 문교부(현재의 교육부)에서 교과서에 적용할 맞춤법을 일종의 내규인 《편수자료》에 담아 교육과정 개편 때마다 개정하면서 따로 유지하고 있었지요. 큰 틀에서는 대체로 공유되는 내용이 대부분이었지만 세부적으로는 차이가 없지 않았는데, 그러다 보니 가령 교과서 맞춤법을 배웠다가 민간에서 관행적으로 통용되던 한글학회 맞춤법을 접한 이들은 '맞춤법이 그새 바뀌었나 보다'라고 생각하는 경우가 많았습니다. 게다가 거기에 다시 교과서 맞춤법이 환기되기라도 하면 '뭐 이렇게 자주 바뀌'라고 짜증을 낼 수도 있었겠지요.

다른 하나는 바로 표준어의 문제를 맞춤법의 문제로 혼동했기

---

* 2017년 3월 개정고시되기는 했지만, 조문의 띄어쓰기를 수정하고 용례를 첨삭했을 뿐 규정 자체에 대한 개정은 아니었지요.

때문입니다. 〈표준어 규정〉도 1988년 고시된 이후로 개정된 적이 없지만, 앞서 예를 든 **이쁘다**처럼 이전엔 표준어로 인정하지 않던 말들을 표준어로 인정하게 되면 '맞춤법이 바뀐' 것이라 오해하게 됩니다. 이건 굳이 말하자면 사전에 담긴 정보를 최신 정보로 업데이트한 것인데, 엉뚱하게도 규범의 개정으로 오인한 것이지요. 이런 이유에서도 어떤 단어가 표준어이고 어떤 단어가 표준어가 아닌지는 성문적인 규범으로 정해 둘 이유가 없습니다. 그때그때의 쓰임새를 좇아 최신의 정보를 사전에 수록하면 되는 것이기 때문이지요.

?

어문규범은 누가 정하나요? 맞춤법과 표준어말고 어문규범에 포함되는 게 더 있나요?

!

현행 어문규범은 1988년 문교부(현재 교육부)에서 고시한 일종의 '행정명령'입니다. 그 뒤에 소관 사무가 문화체육관광부로 이관되어 현재는 문화체육관광부 고시로 성문화되어 있습니다. 〈한글 맞춤법〉과 〈표준어 규정〉 외에도 〈외래어 표기법〉과 〈국어의 로마자 표기법〉이 고시되어 있습니다.

어문규범의 내용은 1991년 국립국어연구소로 설립된 국립국어원에서 담당합니다만, 〈외래어 표기법〉에 새로운 외국어의 표기 세칙을 추가해 온 것 외에는 최초에 고시된 내용을 실질적으로 개정한 바는 없습니다. 참고로 국립국어원은, 1988년 어문규범 고시에서도 확연히 드러났듯 정부 수립 이후 줄곧 관료들에 의해 일방적으로 어문 정책이 수립되고 시행되는 것에 끈질기게 문제 제기를 해 온 민간의 학자, 관련 단체 등의 요구로 설립된 기관입니다.

?

이른바 '야민정음'이라고 하는 인터넷 맞춤법의 유행에 대해선 어떻게 생각하시나요?

!

일종의 '놀이'라고 생각합니다. 맞춤법의 변형 또는 파괴라는 시각에 전혀 동의하지 않고요. '놀이'는 그저 즐거우면 그만이지요. 지금으로선 확언하기 어렵지만 혹시 '놀이'의 영역을 벗어나 '재치 있게 뒤튼 표기'에 머물지 않고 '입말'로까지 굳어진다 해도 일종의 '사회 방언'으로 본다면 특별히 우려할 일은 아닌 것 같습니다. 이를테면 개를 '멍멍이'라고 하지 않고 입말로까지 '댕댕이'라고 하는 사람이 그야말로 압도적인 다수가 된다면 표준어로 인정하지 못할 이유도 없겠죠.

참고로 문자의 형태적 유사성도 말이 변화하는 한 원인일 수 있습니다. 콜레라를 예전엔 한자어로 호열자虎列刺라고도 했는데요, 발음이 꽤 차이가 나서 아무래도 좀 이상하죠? 실은 이게 虎列剌(호열랄)을 오독해서 생긴 말이거든요. 그런데 대다수가 이미 **호열자**라고 쓰고 있었기 때문에 "그게 원래는 '호열랄'이니 제대로 쓰자"고 우겨 봐야 크게 호응을 얻지 못하고 '공연한 잘난 척'이라는 웃음거리만 되기 일쑤였지요. 물론 지금은 **콜레라**가 대세이고 **호열자**라는 말도 모르는 사람이 많으니 뭐가 옳은지를 따지는 거 자체가 허망해져 버리긴 했습니다만.

사전은 규정집이 아니다

제1강의 말미에서, 저는 〈표준어 규정〉이 폐지되어야 한다는 다소 과격하게 들릴 수도 있는 주장을 했습니다. 이제 왜 그렇게 생각하는지를 차근차근 설명하려고 합니다. 그러려면 우선 한 가지 분명한 사실을 전제해야 합니다. 말에는 본디 맞고 틀림이 없다는 것입니다.

그건 '맞는 말'이라거나 '틀린 말'이라는 표현의 일상적 용법을 떠올려 보면 쉽게 알 수 있는 일입니다. 우리가 일상적으로 어떤 말이 맞다느니 틀리다느니 하는 건 그 말의 내용에 수긍한다거나 그러지 못한다는 뜻이지 그 말을 담은 기호의 형식(단어 선택이 적절한지 또는 문법적 형식을 제대로 갖췄는지 따위)을 따지는 건 아닙니다. 한국어에 대한 지식을 일부러 자랑하려는 게 아니라면 **이쁘다**라고 하면 그냥 이쁜가 보다 알아듣지 그 말이 맞는지 틀리는지 따지지는 않잖아요. 혹시 그 말이 '틀렸다'고 지적한다면 그건 이를테면 **'예쁘다가 옳다'**는 뜻이기보다는 '내가 보기엔 안 이쁜데?'라는 뜻이겠지요. 그렇지 않은가요?

좀더 깊게 들어가 봅시다. 요즘도 고등학교에서 가르치는지 모르겠지만, 저는 고등학교 국어 교과서에서 접한 내용입니다. 또는 대학에서 어문계열을 전공하신 분이라면 1학년 때 배우는 아주 기초적인 개론 수준에서 반드시 다루는 내용이기도 합니다. 말의 의미와 소릿값 사이에는 아무런 필연적인 관계도 없습니다. 달리 말해 '꽃'이라는 사물을 꼭 **꽃**이라는 말로 표현해야 할 필연적인 이유는 없다는 것입니다. 그렇다는 건 한국어 사용자들이 흔히 **예쁘다** 또는 **이쁘다**라고 하는 형상이 꼭 그런 소릿값을 가진 말로 표현되어야 할 필연적인 이유도 없으며, 따라서 반드시 **예쁘다**여야만 할 이유도 **이쁘다**라고 하면 안 될 이유도 적어도 '이론적'으로는 없다는 겁니다. 그래서 말에는 본디 맞고 틀림이 없다고 말씀드린 것입니다. 그리고 별다른 '이론적' 근거가 없다는 건, 말에 대한 '이론적 지식'이 이런 문제를 해결하는 데 별다른 도움이 되지 않는다는 뜻이기도 합니다.

사전은 왜 필요한가

그렇다면 대체 무슨 근거로 최근까지도 **예쁘다**는 맞는 말이고 **이쁘다**는 틀린 말이라고 초등학생들에게까지 귀에 못이 박히게 가르쳤던 걸까요. 물론 뚜렷한 '이론적' 근거가 없다고 해서 그냥 되는 대로 아무렇게나 임의적으로(이를테면 동전이라도 던져서) 정한 건 아닙니다. 그 근거는 어떤 문법 이론이 아니라 오로지 한국어의 '현실'에 있습니다. 쉽게 말하자면 한국어를 사용하는 사람들 사이에선 **예쁘다**에 해당하는 그런 뜻을 표현하기 위해 대체로 **예쁘다**라는 말을 사용하는 사람들이 많고, 또는 거꾸로 다름아닌 **예쁘다**라고 표현했을 때 그 말을 그 뜻으로 알아듣는 사람들이 많더라는 귀납적인 판단에 따른 것입니다.*

그렇다면 **이쁘다**는 안 그런가요? 네, 적어도 **이쁘다**를 표준어가 아니라고 규정했던 이들은 그렇게 생각했던 것입니다. 사실 제 개인적인 경험으로는 **예쁘다**는 순전히 글말로 배워 나중에 입에 밴 말이고 어려서부터 입에 붙은 자연스러운 입말로는 **이쁘다**가 훨씬 익숙하기 때문에, 어떻게 그런 판단을 할 수 있었을지 좀 어처구니가 없기는 합니다. 하지만 그분들은 **예쁘다**가 적어도 **이쁘다**보다는 한국어 사용자들에게 더 보편적으로 쓰이는 표현이라고 판단했고, 그런 귀납적 판단을 반영하여 그렇게 규정한 것입니다. 다시 강조하지만 그 말이 꼭 **예쁘다**여야만 할 무슨 이론적인 근거가 있어서 그것으로부터 연역적으로 이끌어 낸 판단이 아닙니다.

그렇다면 이 대목에서 의문이 들지 않을 수 없습니다. 어차피 그 근거가 한국어 사용자들의 현실에 있다면 그냥 현실에서 다수가 쓰든 일부가 쓰든 의사소통에 별다른 지장 없이 잘 쓰고 있으면 그걸로 그만인데, 왜 굳이 뭐가 더 보편적인지를 따져 이 말은 맞고('표준적'이고) 저 말은 틀리다고('표준적'이 아니라고) 경

---

* 옛 문헌들에서의 쓰임도 이런 귀납적 판단의 유력한 근거가 되었을 것입니다.

계를 그었던 걸까요. 공연히 공부할 거리를 만들어서 우리를 골탕먹이려고요? 실제로 바로 그 점을 오해해서 공연한 골탕을 먹고 있는 사람들이 적지 않은 건 딱한 일입니다만, 물론 그럴 리는 없겠지요. 여기엔 그럴 만한 이유가 있고, 또 그걸 정확히 이해해야만 나이 들어 배운 외국어도 아니고 스무 해 넘게 멀쩡하게 써 온 입에 밴 모어를 두고 걸핏하면 '이놈의 한국말은 왜 이다지도 어려운가' 한탄하며 주눅들곤 하는 요령부득에서 벗어날 수 있습니다.

제1강에서 말 배우기는 '(넘겨짚어) 흉내내기'라고 했던 걸 기억하십니까? 모든 문제는 여기서부터 시작됩니다. 만일 우리가 '이론적인 지식'을 통해서 말을 배우는 거라면, 누구에게나 똑같은 이론을 가르침으로써 똑같은 말을 쓰게 할 수 있습니다. 그런데 말은 '이론적 지식'이 아니라 '언어적 접촉의 반복 축적'을 통해서 배웁니다. 언어 습득 역시 연역이 아니라 철저하게 경험에 기초한 귀납이지요.

그런데 '경험'이라는 것은 사람마다 다 다릅니다. 사전에서 '경험'을 찾아보면 "보고 듣고 겪은 일"이라고 풀이되어 있습니다만, '보고 듣고 겪은 일'이 모두 경험이 되는 건 아닙니다. 경험은 객관적인 사실이 아니라 주관적인 인식입니다. 그래서 똑같은 일을 보고 듣고 겪었어도 경험은 얼마든지 다를 수 있고, 나아가 다를 수밖에 없습니다. 이런 이치를 말에 적용해 보면, 같은 말이라도 그 말을 익히게 된 구체적인 맥락의 다름으로 인해 조금씩은 다른 뜻으로 이해할 수 있고 또는 그럴 수밖에 없다는 뜻이 됩니다. 그래서 바로 "엄마, 내 발 탔어!" 같은 엉뚱한 말이 튀어나오는 거지요.

다른 예를 하나 더 들어 볼까요. 우리는 일상에서, 내 딴엔 좋은 뜻으로 한 말을 상대방이 욕으로 알아듣는 바람에 낭패를 보는 일을 드물지 않게 겪습니다. 분명히 같은 말인데 왜 이런 일이 벌어질까요. 이를테면 나는 그 말을 딱히 상대의 악의를 의심할 필요가 없는 상황에서만 반복해서 접촉했기 때문에 그 말이 욕으로도 쓰일 수 있다는 걸 미처 헤아리지 못한 겁니다. 그건 내 '경험'을 벗어난 일이니까요. 그런데 누군가는 그 말을 부정적인 맥락에서도 적잖이 접촉했을 수도 있습니다. 꼭 그 말 자체에 부정적인 뜻이 있어서가 아니라 가령 사이가 아주 안 좋아 무슨 빌미만 있으면 나를 괴롭히곤 하던 사람이 입버릇처럼 쓰던 말이라면, 그 사람이 내게 실제로 욕할 의도가 있건 없건 나는 또 나한테 시비 걸려나 보다고 넘겨짚을 수 있기 때문입니다. '뜨거운' 것이 닿으면 으레 '탔다'고 하는 거려니 넘겨짚었던 아이처럼요. 물론 반대로, 대부분의 사람들이 욕으로 사용하는 말인데도 나만 그게 욕인 줄 모르고 있었을 수도 있지요. 가령 영남 방언 사용자라면, 허물없는 사이에 별다른 악의 없이 무심코 내뱉던 **문둥이**라는 말이 한센병 환자를 비하하는 차별적인 말이라는 걸 쉽게 납득하지 못할지도 모릅니다.

자, 이렇게 서로 말을 배운 경로가 조금씩은 다를 수밖에 없기 때문에, 나는 이런 의미로 이런 말을 쓰고 있는데 상대방도 그 말을 내가 의도한 그 의미로 받아들일까는 언제나 고민거리일 수밖에 없습니다. 다만 대면 상황의 입말에선 이 문제가 거의 드러나지 않습니다. 그 이유는 대략 세 가지쯤입니다. 우선 상대가 내 말을 제대로 알아듣지 못하거나 내가 의도한 것과는 다른 뜻으로 이해한 것 같다면, 그 자리에서 곧바로 수정하거나 보충할 수 있습니다. 혹시 오해가 있었다면 풀면 되는 거고요.

게다가 그 이전에, 같은 시공간 안에서 일정한 맥락을 공유하고 있는 사람들 사이에선 그만큼 오해의 여지가 줄어들기도 합니다. 상대의 입에서 나온 표현의 정확한 의미를 명료하게 이해하지 못했더라도 '지금 여기'에서 공유하고 있는 맥락 자체가 그 말의 뜻을 '넘겨짚을' 수 있는 배경 정보가 되기 때문이지요. 예를 들어 볼까요. 누군가 "야, 쫌!"이라고 내게 소리를 지릅니다. **쫌**이라는 말의 사전적 의미를 아무리 뒤져 봐도 이 말이 무슨 뜻인지를 알 수는 없습니다. 심지어 같은 상황에서도 정반대의 뜻일 수 있습니다. 식탁 앞에서라면 "좀 먹어라"일 수도 "좀 그만 먹어라"일 수도 있고, 문간에 서 있다면 "좀 들어와"일 수도 "좀 나가"일 수도 있는 거지요. 하지만 그 말만이 아니라 그 말의 앞뒤 맥락을 알기 때문에 이렇게만 말해도 대개는 의사전달에 큰 지장이 없습니다(이미 짚었듯, 혹시 잘못 알아들었다면 곧바로 정확히 보완해 주면 되고요).

마지막으로, 대면 상황이기 때문에 말 이외에도 다른 의사전달수단의 도움을 얼마든지 받을 수 있기도 합니다. 표정, 눈빛, 몸짓 같은 비언어적인 표현수단은 때로 말보다 더 많은 의미를 전하기도 해서 오히려 말이 보조적인 의사전달수단으로 여겨지기까지 할 때도 많습니다. 혹은 언어적 표현수단이라도 억양이나 강세, 어조 같은 비분절적인 요소*도 한몫을 톡톡히 합니다.

그런데 만일 다른 시공간에 있는 사람에게 말을 전달해야 한다면(그때 '글'이 필요하다고 제1강에서 말했었지요?) 어떻게 될까요. 게다가 일정한 대화의 맥락을 공유하고 있는 특정한 사람에게 보내는 개인적인 편지가 아니라, 실은 누군지도 모르는 불특정 다수에게 전하는 말이라면요. 내가 쓴 글을 읽을 사람이 누군지도 모르는데 그 사람이 어떤 언어적 배경을 가지고 있을지를 알 재간은 없습니다. 내가 말한 바가 상대에게 제대로 전달되었는지 확인할 방법도 없고 미심쩍다 한들 되물려 수정하거나 보완하는 데도 한계가 있습니다. 수신자가 특정되지 않았기 때문이죠. 물론 글로 적을 수 있는 건 분절적 언어기호뿐이고요.

더구나 더 낭패스러운 건, 단지 시공간의 물리적 거리만이 아니라 심리적 거리가 벌어져 있다는 점입니다. 상대방은 내가 어떤 구체적인 상황맥락에서 글을 쓰는지 모르고 나도 상대가 어떤 구체적인 상황맥락에서 읽게 될지 알 수 없습니다. 내가 놓여 있는 상황을 공유하고 있는 사람에게라면 전혀 무리 없이 이해될 수 있을 터이기에 무심코 쓴 표현도 그 상황을 알 턱이 없는 전혀 다른 상황에 놓인 사람에게는 암호문이 될 수도 있고 엉뚱

---

* 말소리가 만들어지는 위치나 방법이 달라서 소릿값이 분명히 다르게 인식되는 것을 분절적 요소(음소)라 하고, 소릿값 자체는 같은데도 의미를 달라지게 하는 것을 비분절적 요소(운소)라 합니다. 통상은 분절적 요소만 글자로 옮겨집니다.

한 뜻으로 오독될 수도 있습니다.

　잠깐 옆길로 새자면, 그래서 "말하듯 글을 쓰라"는 건 반만 옳은 가르침입니다. 물론 글이란 말을 단지 글자로 옮긴 것뿐이니 지나치게 겁먹지도 쓸데없이 힘주지도 말라는 취지에서라면 충분히 의미 있는 경구입니다. 그러나 같은 시공간의 맥락을 공유하는 사람에게 말을 하는 것과 불특정 다수를 향해 글을 쓰는 건 전혀 다른 일입니다. 따라서 이 말을 문자 그대로 해석해서 정말로 '눈앞에 있는 사람에게 말하듯' 글을 쓰면 읽는 입장에선 암호문이 돼 버릴 수 있다는 점을 반드시 염두에 두어야 합니다.

　이 모든 문제를 다 해결할 뾰족한 방법은 사실 없습니다. 그러나 적어도 언어적 배경이 다른 나머지 의사전달에 지장이나 왜곡이 일어날 가능성만큼은 얼마간 줄일 수 있습니다. 예를 들어 보지요. 내게 익숙한 대로 그냥 **이쁘다**라고 쓸 수도 있지만, 이 글을 읽는 사람도 **이쁘다**라는 말을 내가 쓰려는 그 뜻으로 알고 있을지가 미심쩍을 수 있습니다. 이 말 자체가 낯설 수도 있고, 조금은 다른 뜻으로 알고 있을지도 모릅니다. 그렇다고 내 글을 읽을지 모를 사람들을 다 찾아다니며 "**이쁘다**는 말 알아요? 내가 그렇게 쓰면 그 뜻이라는 거 쉽게 알 수 있나요?"라고 묻고 다닐 수도 없는 노릇이지요. 그래서 많은 사람들이 대체로 공유하고 있는 범위의 말과 그 쓰임새를 미리 모아 놓고 참고하게 해 놓은 것이 바로 '사전'입니다.

　즉 '사전'은 많은 사람들이 대체로 공유하고 있는 말에 대한 (귀납적인) '정보'입니다. 그래서 이렇게 미심쩍을 때 사전에서 **이**

쁘다를 찾아보면 몇 해 전만 해도 "**예쁘다**의 잘못"이라 풀이되어 있었습니다. 사실 이때 "잘못"이라는 표현은 어폐가 있습니다. 그저 (사전을 만든 사람들이 보기에) **예쁘다**보다는 보편적이지 않으므로 의사전달의 범위가 제한되거나 뜻이 명료하게 전달되지 않을 수 있으니 이왕이면 **예쁘다**를 쓰는 쪽이 좋겠다는 경고의 의미를 담은 '정보'일 뿐이니까요.

사전은 언어 현실에 대한 '정보'다

'표준어' 얘기하다 말고 '사전' 얘기가 왜 나오는지 좀 어리둥절하신가요? 실은 〈표준어 규정〉의 규범적 연원과 깊은 관계가 있기 때문입니다. 현행 〈표준어 규정〉에 담겨 있는 내용의 뿌리를 거슬러 올라가면 앞서 말씀드린 《편수자료》를 거쳐 가장 멀리는 1936년의 〈사정한 조선어 표준말 모음〉에 가닿습니다. 1933년의 〈한글 맞춤법 통일안〉과 명칭을 비교해 보시기 바랍니다. 맞춤법과 달리 이건 애당초 규범이 아니었습니다. 그저 조선어학회가 《큰사전》을 만드는 과정에서 중간결과물로 만든 자료 또는 일종의 '편찬지침'의 성격이 강합니다. 적어도 일반 언중에게 규범적으로 강제하려던 게 아니었지요. 물론 사전에 그러한 정보를 담는다면 간접적으로 유도하는 효과는 있었겠지만요.

그런데 많은 사람들이 사전에 담긴 정보를 규범으로 오해하게 된 데에는 군사독재 정권이 사회 전반을 통제했던 정치사회적 배경이 작용합니다. 가령 문교부가 직접 편찬하는 '국정 교과서'가 아니라 교과서 자유발행제였다면, 혹은 검인정 교과서라도 일방적인 편찬지침을 행정적으로 강제하지 않았다면, 《편수자료》는 굳이 만들 필요도 없었겠지요. 이것은 국가권력이 언어생활을 통제한 것이고, 그 그늘은 지금 국립국어원의 《표준국어대사전》에까지도 짙게 드리워져 있습니다.

사실 '정보'라는 것은, 누가 어떤 방법으로 수집하고 정리하느냐에 따라 그 내용이 얼마든지 달라질 수 있습니다. 조선어학회에서 시작했으나 우여곡절 끝에 1957년에야 빛을 본 《큰사전》이 **예쁘다**만을 표준어로 제시했다 하더라도, 혹시 다른 사전 편찬자라면 **이쁘다**도 그만큼 보편적이므로 표준어에서 배제해야 할 이유가 없다고 판단했을 가능성은 없을까요? 만일 그런 일이 벌어졌다면 어떻게 됐을까요? 대중들은 어느 장단에 춤을 춰야 할지 몰라 언어생활에 혼란이 왔을까요? 아니요. 그렇지 않습니다. 언중은 더 합당한 내용을 담고 있다고 여겨지는 사전에 더 많은 권위를 부여했을 겁니다. 가령 영어에서 옥스퍼드 사전이나 웹스터 사전도 이런 과정을 통해 권위를 가지게 된 것이지 《표준국어대사전》처럼 무슨 국가기관에서 일방적으로 부여한 권위가 아닙니다.

그렇다고 상대적으로 권위를 덜 인정받은 사전이 도태되느냐 하면 꼭 그렇지만도 않습니다. 이 세상에 완결된 사전은 존재하지 않습니다. 말이 계속 변화하기 때문이지요. 그래서 언중이 선택한 사전을 통해 확인된 언어 현실을 반영해서 내용을 수정하는 작업이 이어질 테고, 그렇게 다양한 사전들이 서로 밀어주고 당겨주며 더 풍부하고 현실에 가까운 한국어 정보로 발전해 갔을 겁니다.

《표준국어대사전》이 거의 독점적인 권위를 보장받고 있는 지금의 풍경과는 사뭇 다르지요? 지금 상황에선 가령 어떤 사전 편찬자가 《표준국어대사전》과는 다른 정보를 제공한다면 전문 연구자들이라면 모를까 일반 대중에게는 아마 '엉터리 사전'이라고 가차없이 외면당할 겁니다. 어느 쪽이 더 바람직할까요? 적어도 박근혜 정부의 (역사)교과서 국정화 시도에 반대했던 분들이라면 답은 자명할 겁니다.

게다가 언어에 대한 정보뿐 아니라 모든 정보는 그 속성상 언제나 오류를 포함할 수밖에 없습니다. 수집하고 정리하는 작업에 사람의 판단이 개입할 수밖에 없으므로 일정한 왜곡이 일어날 수도 있고, 어떤 시점에서는 꽤 정확하다고 평가할 만한 정보라도 시간이 지남에 따라 더이상 유효하지 않은 낡은 정보가 되기도 합니다. 그건 포털 사이트의 지식검색 서비스를 활용해 보신 분들이라면 누구나 알 수 있는 일입니다. 내게 필요한 정보 하나를 얻어내기 위해 얼마나 많은 '정크 인포메이션'과 씨름해야만 합니까. 제시된 정보가 얼마나 유용한지에 대한 판단은 결국 다른 정보들과 교차점검하며 수용자가 주체적이고 능동적으로 판단하게 마련입니다.

그러기 위해서라도 다양한 정보가 함께 제시될 필요가 있습니다. 만일 단 하나의 검색 결과만 제시된다면, 서로 다른 정보들이 뒤섞여 있어 어느 것이 정확한 정보인지 종잡을 수 없는 혼란보다 실은 더 난처한 상황에 맞닥뜨리게 될 겁니다. 그 유일한 정보가 도대체 얼마나 신뢰할 만한 것인지를 가늠할 길이 막연하기 때문이지요. 전자의 경우엔 그래도 시간을 들여 꼼꼼히 비교검토해 보고 가장 타당해 보이는 정보를 선택할 수도 있고, 또한 어느 대목에 의심할 만한 여지가 있을지에도 유의하며 단지 잠정적으로만 받아들일 수도 있습니다. 그러나 후자의 경우엔 그런 판단의 근거가 없으므로 그 정보를 받아들인다는 것은 일종의 '도박'이 돼 버립니다. 그래서 정보란 가능하면 다양한 경로를 통해 수집하되 최종적인 판단은 언제나 내가 하는 것입니다. 사전에 담긴 내용도 '정보'라면 그것을 무작정 맹종할 것이 아니라 그렇게 주체적이고 능동적인 자세로 대해야 할 겁니다.

  너무 추상적인 얘기인가요? 그렇다면 예를 들어 보겠습니다. 현행 〈표준어 규정〉에 따르면 **총각무**가 표준어이고 **알타리무**는 표준어가 아닙니다. 그래서 어느 국어사전을 찾아봐도 **알타리무**는 "**총각무**의 잘못"이라고 풀이되어 있습니다. 그런데 제가 강의할 때마다 이 단어를 예시하면서 어느 쪽이 더 익숙한지 조사해 보면, 거의 언제나 압도적으로 **알타리무**가 우세하다는 결과가 확인됩니다. **알타리무**가 적어도 **총각무**보다는 훨씬 보편적인 표현일 거라는 심증이 강하게 듭니다. 이 심증이 얼마나 타당할지는 더 정교하고 전문적인 조사를 해 보기 전에는 아무도 알 수 없는 일입니다. 하지만 한 가지만은 분명합니다. 만일 다양한 사전이 경쟁하고 있는 상황이라면 현행 규정과는 반대로 **총각무**를 버리고 **알타리무**를 취하는 사전도 있을 수 있고, 둘 다를 인정하는 사전도 있을 수 있다는 거지요.

그런데 〈표준어 규정〉에 **알타리무**를 버리고 **총각무**를 취한다고 떡하니 규정돼 있으니 사전의 신뢰성을 의심받자고 작정하지 않은 다음에야 어느 사전 편찬자가 용감하게 이 규정을 거스르는 내용의 사전을 만들어 내놓을 수 있겠습니까? 그러니 우리는 그저 **총각무**가 적어도 **알타리무**보다는 보편적이라는 국립국어원의 일방적인 판단만을 유일한 정보로 제공받게 됩니다. 그게 어문 현실에 얼마나 부합하는지를 교차점검할 만한 다른 정보는 원천적으로 배제된 채 말입니다. 여러분이라면 이 정보를 얼마나 신뢰하시겠습니까? 국가권력이 부여한 국립국어원이라는 이름의 권위말고 이 정보가 신뢰할 만하다는 다른 근거를 제시할 수 있겠습니까?

아니 그 이전에, 이미 오래전부터 수많은 사람들이 **이쁘다**라는 말로, **알타리무**라는 말로 무리 없이 의사소통을 해 왔다면, 《표준국어대사전》에 수록된다고 해서 '표준어'가 되고 누락된다고 해서 '표준어'가 아니라는 게 말이나 되는 이야기일까요? 왜 말이 안 되는지 선뜻 수긍이 안 되시는 분들은 제가 이 강의 첫머리에 뭐라고 전제했는지를 다시 살펴봐 주시기 바랍니다. 어떤 말이 '표준적'이라거나 '표준적이지 않다'고 판단할 수 있는 근거는 언제나 현실에 있습니다. 사전은 단지 그 현실에 대한 하나의 의견을 담은 정보일 뿐입니다. 적절한 비유일는지는 모르겠습니다만, 이를테면 모든 사람이 '태양이 지구를 돈다'고 알고 있었던 시절이 있습니다. 그러나 그 시절에도 지구가 태양을 돌았습니다. 코페르니쿠스가 사람들에게 '지구가 태양을 돈다'고 알리고 나서야 지구가 돌기 시작한 게 아닙니다. 사전에 담긴 정보와 실제 현실 사이에 괴리가 있다면, 사전이 잘못된 건가요, 현실이 잘못된 건가요? 더 노골적으로, 현실에 맞춰 정보를 수정해야 하는 걸까요, 정보에 맞춰 현실을 교정해야 하는 걸까요?

출판 실무자와 사전

그래서 사전은 늘 개정을 거듭합니다. 지금은 국립국어원에서 '수시 개정'을 하고 있지만, 종이 사전이 대세이던 시절에는 대략 10년 주기로 개정했습니다. 오류가 있다면 바로잡기도 하고, 낡은 정보를 새로운 정보로 '업데이트'하기도 합니다. 사전을 어문 현실에 대한 '정보'라고 여긴다면 이건 환영할 일입니다. 그런데 사전을 어문생활을 규율하기 위한 '규범'이라고 여기는 이들은, 어제까지 '틀린 말'이라고 배웠는데 하루아침에 '맞는 말'이라고 '정답'을 바꿔 버리는 셈이 되니 '왜 이리 자주 바꾸냐'고 짜증을 내곤 합니다. 참 난감한 일이 아닐 수 없습니다. 그러니 그런 짜증에 녹초가 되지 않으려면 애당초 '규범'이 아닌 '정보'로 여기라고 조언할 수밖에 없는 것입니다.

　간혹 이 말의 취지를 오해하시는 분이 있어 덧붙입니다. 언젠가 제 강의를 요약해 블로그에 올려놓으신 분이 있어 훑어보았더니, "사전에는 잘못된 정보가 있을 수 있으니 참고할 필요가 없다"고 정리해 놓아서 깜짝 놀란 적이 있습니다. 마치 포털 사이트의 지식검색 서비스는 '정크 인포메이션'이 많아 쓸모가 없다고 말하는 것 같습니다. 전혀 아닙니다. 단언하지만, 유용한 정보 하나를 얻기 위해 수많은 '정크'와 씨름하는 게 피곤하기는 해도 결코 지식검색 서비스가 없던 시절로 되돌아가고 싶지는 않습니다. 사전은 '절대시'해서도 안 되고, '무시'해서도 안 된다고 말씀드리는 것입니다. 사전이 제시하는 의견을 '참고'해서 그러나 스스로 '판단'하라는 뜻이지, 어차피 스스로 판단할 문제이니 참고할 필요가 없다는 뜻이 전혀 아닙니다. 참고하는 의견의 범위가 좁을수록 판단이 잘못될 가능성은 커지기 때문에 다양한 사전이 필요하다고 말씀드렸던 것이기도 하고요.

덧붙여 일반인이 아닌 불특정 다수를 대상으로 공표되는 출판물을 만드는 이들이 사전을 규범으로 여겨서는 안 되는 특별한 까닭이 하나 더 있습니다. 최근까지도 어미 **-길래**는 표준어로 인정되지 못했습니다. 사전을 찾아보면 "**-기에**의 잘못"이라고 풀이되어 있었지요. 몇 해 전에야 비로소 표준어로 인정되었습니다. 그런데 저는 그 이전부터도 이 '정보'*의 신뢰성을 의심하고 있었습니다. 제 감각으론 **사랑이 뭐길래**가 훨씬 자연스러운 한국어로서 보편성을 지니고, 그걸 굳이 **사랑이 뭐기에**라고 표현하면

---

* 이 말의 경우 〈표준어 규정〉에 명시적으로 규정된 내용도 아니었으니, '규정'이라고 표현하는 것도 심한 어폐가 있습니다.

오히려 심하게 말해 '문어체'조차도 아닌 '의고체'로까지 여겨질 만큼 이물스러웠기 때문이지요. 저만 그런 게 아니라 적잖은 출판편집자들이 고충을 호소하는 걸 전해 듣기도 했습니다. 자신이 보기엔 별다른 문제가 없을뿐더러 더 자연스럽기까지 한데 어쨌든 '틀린 말'이라니 발견할 때마다 굳이 고치는 수고를 하면서도 왜 꼭 그래야만 하는지 납득이 잘 안 된다는 거지요. 네, 이해할 수 있습니다. 대다수 한국어 사용자가 멀쩡하게 쓰고 있는 **알타리무**를 모조리 **총각무**로 고쳐야 한다면 분통을 터뜨릴 분이 한둘이 아닐 겁니다.

그런데 일반인들이 이런 호소를 하는 건 이해할 수 있어도, 미안하지만 출판 실무자들은 이렇게 말할 자격이 없습니다. 그 까닭은 이렇습니다. 과연 이렇게 현실과 동떨어진 정보가 버젓이 사전에 담겨 있었던 게 사전 편찬자들이 게으르거나 무신경해서였을까요? 꼭 그렇지만은 않았을 거라고 생각합니다. 사전에 오류가 있다면 그건 도대체 어떻게 확인해서 개정에 반영해야 하는 걸지에 대해서 생각해 봅시다. 당연히 언어 현실과 맞춰 봐야겠지요. 그러니까 당대의 언어 현실은 어떻게 확인할 수 있겠냐고요. 여러 가지 방법이 있습니다. 그리고 가장 유력한 방법 가운데 하나는 '출판물 표집'입니다. 좀 감이 오시나요?

적잖은 편집자들이 '사전'을 일종의 '규범적 준거'로 삼아, 사전에 수록된 어휘의 범위 안에서, 오로지 사전에 풀이된 뜻과 쓰임에 충실하게 출판 언어를 다듬어 내는 걸 '이상적인' 작업 표준으로 여기고 있다는 걸 저는 잘 알고 있습니다. 물론 이러한 이상에 완벽히 부합하는 결과물을 내놓는 건 실세로 불가능한 일이지만, 적어도 최대한 그럴 수 있도록 지향하는 것이 바람직하다고 여긴다는 겁니다. 그런데 정말 이것이 바람직한, 그야말로 '이상적인' 모습일까요? 어차피 현실적으론 불가능한 일이니 순전히 머릿속으로 사고실험을 한번 해 봅시다. 정말로 한국어 출판물을 다루는 모든 실무자가 완벽하게 이러한 이상을 실현해 냈다고 가정해 보지요. 어떤 일이 벌어질까요. 아직도 감이 안 오시나요?

-길래가 -기에를 어색한 '문어체'로 내몰고 더 자연스럽게 쓰인 지는 꽤 오래된 일로 보입니다. 그런데도 최소한 10여 년은 수많은 편집자들을 골탕먹이다가 고작 몇 해 전에서야 뒤늦게 '표준어'로 인정된 데에는, 편집자들의 책임이 적지 않습니다. 아마 모르긴 해도 사전을 편찬하는 분들도 주관적인 감각으로는 -길래가 충분히 보편적이라는 걸 감지하고 있었을 거라 짐작합니다. 그 분들만 별천지의 '멸균실' 같은 언어 환경에서 사는 건 아닐 테니까요. 그런데 그게 지극히 개인적인 범위에 제한된 경험에 따른 독단이 아니라는 보장은 어디에도 없으니, 과연 다른 사람들도 그러할지 최대한 객관적인 근거를 찾으려 하지 않았을까요. 그런데 정작 대다수의 편집자들이 사전이 제시하는 '정보'를 '규범'이라 착각한 나머지 -길래만 보이면 부지런히 -기에로 고쳐서 책을 내고 있었으니, 아무리 출판물을 표집해서 언어 현실을 확인해 본들 -길래가 보편적으로 쓰이고 있다는 객관적으로 분명한 근거를 못 찾을 건 당연한 일이고, 그래서 '좀더 두고 보자'고

개정 대상에서 제외했던 건 아닐까요.

그리고 위에서 말씀드린 '이상'이 그야말로 완벽하게 실현된다면, 사실상 아무리 언어 현실이 변화해도 사전을 개정할 내용이 사라져 버릴 겁니다. 그나마 사전이 조금씩이라도 또 뒤늦게라도 개정될 수 있었던 건 역설적이게도 오히려 그 '이상'이 현실적으로 실현 불가능한 것이었기 때문일 겁니다. 그렇다면 이제 그것이 과연 지향해야 할 '이상'이기는 한 것인지를 의심해 봐야겠지요. 출판편집자들이 기존 사전의 '정보'에 강박적으로 집착하여 매몰될수록 사전의 개정은 지체됩니다. 이런 과정이 거듭되다 보면, 사전에 담긴 한국어와 현실에 실재하는 한국어 사이의 거리는 점점 멀어질 수밖에 없을 겁니다.

그 사회적 효과는 참혹합니다. 모어에 대한 지식이 권력화되기 때문입니다. 자연스럽게 입에 붙은 말로 큰 지장 없이 의사소통을 하는 멀쩡한 모어 사용자들이 자신의 모어조차 '규범에 맞게 정확히' 사용할 줄 모르는 무식쟁이로 둔갑하고, 현실과 동떨어진 관념 속의 한국어는 외국어 공부하듯이 특별히 공부해야 얻을 수 있는 지식의 영역으로 자리잡습니다. 그리고 그에 관해 더 많이 공부한 사람들은 그 공부가 모자란 '무식쟁이'들에게 자신의 지식을 자랑하며 뻐기게 되는 거지요. 그러니 사전이 개정되기라도 하면 '분통'이 터질 수밖에요. 무식쟁이 취급하며 공부하라고 다그치는 것도 짜증나는데 기껏 해둔 공부를 그거 아니니 다시 공부하라고 답을 바꿔 버리는 꼴이니 분통이 안 터지겠습니까. 진실을 말하자면, **총각무**라는 '표준어'를 놔두고 **알타리**

무라는 '틀린 말'을 쓰는 대다수 대중이 '무식'한 게 아니라, 많은 사람들이 아무 문제 없이 쓰는 **알타리무**를 굳이 '틀린 말'로 못 박고 **총각무**만 맞다고 우기는 사람들이 권위적인 겁니다. 그렇지 않은가요?

정리하자면, 일반인들은 사전이 제공하는 정보의 일방적인 수용자에 머물지 몰라도, 출판편집자들은 그저 일방적인 수용자가 아닙니다. 앞으로 만들어질 사전에 담길 정보의 근거를 생산하는 역할을 하기도 합니다. 기존 사전에 갇혀 그 정보를 맹종할 게 아니라, 기존 사전을 충분히 참고하되 거기에서 한 걸음 더 나아가 사전의 개정 방향을 선도해야 하는 것입니다. 그래서 그 역할에 걸맞은 성실성과 예민함, 책임감이 요구되지요. 제가 이런 내용의 강의를 했더니 어느 실무자가 왜 편집자들에게 그런 책임까지 요구하느냐고 항변을 하더군요. 전문 연구자들이 학계에서 충분히 의논해서 통일된 지침을 내려줘야지 실무에 치이는 현장 편집자들이 그런 것까지 신경 써야 하냐는 거죠. 편집자들은 그저 규범을 충실히 따르는 것만으로도 버거운데, 출판물을 표집해서 언어 변화의 추이를 가늠한다는 게 가당키나 하느냐는 말씀도 하시더군요.

혹시 솔깃하신가요? 그렇다면 죄송하지만, 검열관도 아닌 편집자가 대체 무슨 근거로 필자의 원고에 개입하는지를 전혀 이해하지 못하고 계신 겁니다. 출판물이 당대의 언어 현실을 가늠하는 표본이 될 수 있는 근거는 아주 분명합니다. 출판은 경제행위이기 때문입니다. 인간의 사상·감정·지식을 불특정 다수의 일반 공중에게 전달하는 데는 일정한 비용이 필요하고, 그 비용만큼 효과가 기대되지 않는다면 출판은 불가능합니다. 그 효과란 '한 사람이라도 더 많은 독자에게 조금이라도 더 명료하게 저자가 전하려는 바를 전달하는' 것입니다. 그리고 편집자의 핵심적 역할은 그 효과를 최대화해내는 것입니다.

사전이 제시하는 정보를 가장 충실히 구현하기 위해서가 아니라 오로지 저자가 말하려는 바가 더 많은 독자에게 더 정확히 전달되도록 하기 위해서 필자의 원고에 개입하는 것이고, 오로지 그 근거에 의해서만 필자의 원고에 감히 빨간 펜을 들이댈 자격이 생기는 것입니다.* 그리고 그렇기 때문에 출판물에는 편집자의 성실하고도 예민한 시선에 포착된 당대의 언어 현실이 반영될 수밖에 없습니다. 어떤 말이 '맞는 말'인지를 사전에서 배워서 그대로 써먹는 게 아니라, 어떻게 말해야 독자가 더 잘 이해할지에 대한 수많은 편집자들의 판단이 일정한 대세가 될 때 그말을 '표준적'이라 여겨도 무방하다는 사후적 승인이 사전에 담기는 것입니다.

?

매체가 다변화한 현실에서도 사전의 일차 자료를 생산하는 출판편집자의 사회적 책무가 여전히 유효할까요?

◌◌◌◌◌◌

* 이에 관해서는 이 책을 마무리짓는 제16강에서 다시 한번 환기하겠습니다.

!

일단 두 가지 측면에서 살펴보겠습니다. 우선 드라마나 영화, 나아가 이른바 '웹 퍼블리싱'으로 분명하게 범주화할 수 있는 텍스트의 생산자는 이 맥락에서라면 출판편집자와 사실상 동일한 역할을 하고 있다는 점에서 꼭 출판편집자에게만 그런 책무가 주어진다고 보기는 어렵다는 건 인정합니다. 같이 나눠 지는 거지요. 이 책의 머리말에서 '현장 실무자'를 출판편집자에 국한하지 않겠다고 한 것도 그래서고요.

그러나 그렇다고 해서 그 책무가 가벼워진 건 결코 아니라고 생각합니다. 인터넷에 일상적인 한국어 화용의 일차 자료들이 방대한 빅데이터로 축적되고 있는 건 사실이지만, 그것을 직접적인 언어 정보로 활용하는 데는 일정한 한계가 있습니다. 인터넷은 '공적 발화'의 마당이기도 하지만, 동시에 더 폭넓게는 지극히 사적인 의사표현의 공간으로 사용하는 사람도 적지 않고 심지어 일종의 '놀이 공간'이기도 합니다. 단적으로 인터넷에 쏟아지는 한국어에는 불특정 다수에게는 온전히 독해되기 곤란한 오문, 악문, 비문들이 넘쳐나기도 합니다. 혹시 오해하는 분은 없겠지만 그래서 그걸 통제해야 한다는 뜻이 아니라 그렇기 때문에 그 자료를 무작정 '보편적인 한국어'의 기준으로 삼기에 곤란한 점이 있다는 뜻입니다. 적어도 '공적 발화라는 자의식'과 불특정 다수의 수용 가능성이 수익과 직결되는 '경제행위'라는 두 가지 필터는 여전히 유효할 수밖에 없다는 것이지요.

물론 그래서 아주 무가치하다는 뜻은 아닙니다. 이런 점에만 충분히 주의를 기울인다면, 이 빅데이터는 충분한 활용 가치가 있습니다. 쉬운 예를 들어 보지요. 많은 사람들이 '않'과 '안'을 헷갈려서 '않'을 써야 할 때 '안'을 쓰거나 그 반대 양상이 꽤 광범위하게 나타난다고 가정해 보죠. 그렇다고 해서 이런 경향을 고스란히 사전이나 표기 규범에 반영할 수는 없을 겁니다. 글의 의미를 정밀하게 파악하는 데 꽤 큰 지장을 줄 테니까요. 하지만 사람들이 왜 어떤 경우에 이런 착오를 빈번하게 일으키는지를 '사회언어학'적으로 또는 '심리언어학'적으로 면밀하게 연구해서 이를테면 더 효과적인 한국어 교육과정에 반영하는 데는 아주 소중한 참고자료가 될 겁니다. 꼭 이런 극단적인 사례가 아니더라도 공적이건 사적이건 언중의 일상적 언어에서 '일정한 경향성'을 확인하는 건 그와 긴밀히 연관된 말들의 문법적 해석에서 간접적이지만 꽤 강력한 방증의 근거로 활용할 수도 있고요.

?

저는 '효과'라는 말을 [효꽈]가 아니라 [효과]로 발음합니다. 방송의 영향인 것 같은데요. 이런 건 '자연스러운 변화'라고 볼 수 없는 걸까요?

!

아뇨. 많은 사람들이 그 영향을 받아 실제로 그런 변화가 폭넓게 일어났다면, 설령 그것이 애당초 다분히 '인위적인' 개입이라 해도 그건 얼마든지 '자연스러운 변화'라고 받아들일 수 있습니다. 어차피 말 배우기는 '흉내내기'이고 말은 본질에서부터 '인위적'인 약속이니까요. 그러나 주목해야 할 지점은 왜 어떤 말은 방송(이나 교과서를 통한 표준어 교육)의 영향을 받아 쉽게 확산되는데 어떤 말은 그렇지 않은가입니다. 사실 전자의 사례보다 후자의 사례가 훨씬 많거든요. 즉 그게 방송의 '인위적 개입'에 이끌려 일어난 변화라서 '자연스럽지 않다'는 게 아니라, 대다수 언중에게 수용된 것이 아니라서 '자연스럽지 않다'고 말하는 것입니다. 다만 제가 '규범적 강제'를 통한 인위적 개입을 극단적으로 경계하는 까닭은, 말을 둘러싼 사회적 권력관계, 달리 말해 결국 '누구'의 말을 '누구'에게 강제하는가에 주목하기 때문입니다.

열쇠는 '생산적 긴장'이다

이번에는 관점을 좀 바꿔 보겠습니다. 우리는 사람마다 조금씩 다르더라도 어떻든 '한국어'로 묶을 수 있는 공통된 언어를 사용하는 사람들 사이에서 살고 있습니다. 그리고 한국어를 사용하는 사람들과 반복적으로 접촉함으로써 한국어를 배우지요. 그 한국어들은 조금씩은 다를 수 있다 하더라도 대체로는 크게 다르지 않을 것입니다. 그런데도 우리는 새삼스레 한국어에 대한 이론적 지식의 필요성을 시시때때로 절감할 정도로 '한국어 참 어렵다'고 느끼곤 합니다.

이건 아무래도 이상한 일입니다. 그것은 누군가가 나와는 아주 다른 한국어를 사용하고 있다는 낭패감이기 때문입니다. 물론 나와 아주 다른 한국어를 사용하는 누군가가 존재한다면, 그는 나와 아주 다른 한국어를 사용하는 사람들 사이에서 그런 말을 배웠을 겁니다. 애당초 서로 아주 다른 말을 사용하는 복수의 집단이 분리되어 있지 않은 다음에야(만일 그렇다면 그것들을 굳이 '한국어'라고 한데 묶을 수 있는 근거는 또 어디에 있을까요) 도대체 그이들은 그렇게 나오는 아주 다른 한국어를 누구한테서 배운 걸까요. 뒤집어 말해 나는 그런 한국어를 사용하는 사람들을 흉내내서 나의 한국어에 반영할 기회가 왜 전혀 없었던 걸까요. 아니 다 떠나서, 사전이 설명하고 있는 한국어와 내가 일상적으로 사용하는 한국어는 왜 이리도 다른 걸까요. 아무리 사전도 사람이 만들어낸 정보라 얼마간의 오류가 있을 수 있다 해도, 내가 대다수 한국어 사용자들과는 분리된 절해고도에서 살다 온 것도 아닌데 말입니다.

그건 한국어의 변화 속도가 매우 빠르다는 사정에 기인합니다. 얼마나 빠른지 실감나는 예를 들어드릴까요? 영어와 비교해 봅시다. 지금 영문으로 쓰인 시사잡지를 무리없이 읽을 수 있는 독해력을 가진 사람이, 이를테면 1770년대에 만들어진 미국 〈독립선언서〉의 영어를 읽어내는 데 지장이 있을까요? 지금의 영어와 크게 다르지 않기 때문에 무난히 읽을 수 있을 겁니다. 1860년대의 저 유명한 〈게티스버그 연설〉은 영어 교과서마다 빠지지 않는 단골 메뉴이기도 하지요. 설마 고등학생들에게 고전 영어까지 가르치려는 게 아니라면, 지금의 영어와 크게 다르지 않다는 뜻이겠지요. 이 시간축을 그대로 한국어로 가져와 봅시다.

여러분은 지금 한국어 시사잡지를 무리없이 읽을 수 있는 한국어 독해력을 가지고 있습니다. 그런데 정조-순조 때 쓰인 《한중록》이나 철종-고종 때 펴낸 것으로 추정되는 《열녀춘향수절가》를 읽을 수 있습니까? 지금의 한국어와는 아주 다른 거의 외국어나 다름없습니다. 전문적인 교육을 받지 않으면 엄두도 나지 않을 겁니다. 거기까지 갈 것도 없습니다. 1930년대의 신문에 쓰인 한국어를 지금의 시사잡지 읽어내듯 자연스럽게 읽을 수 있나요? '외국어'까지는 아니더라도 머리에 쥐가 날 겁니다. 좀더 내려와 1950년대의 대중소설이나 시사잡지라면 그리 어렵지 않게 읽을 수 있기는 할 겁니다. 그러나 지금의 한국어와는 사뭇 달라서 꽤 낯선 이물감만큼은 어쩔 수 없을 겁니다. 대체로 1950년대 한국어와 현재 한국어 사이의 간극은 적어도 1860년대 영어와 현재 영어 사이의 간극보다 큰 것 같기도 합니다.

한국어의 변화와 균열

혹시 오해하시는 분이 있을까 하여 덧붙입니다. 이런 일이 일어나는 건 영어가 한국어에 비해 구조적으로 안정돼 있어서라거나 한국어에 무슨 결함이 있어서라거나 하는 이유 때문이 아닙니다. 언어 사이에 우열은 없습니다. 영어도 시간축을 조금만 올려잡으면 꽤 큰 변화가 있었다는 걸 알 수 있습니다. 가령 영어를 모어로 사용하는 사람이라도 셰익스피어 시대 이전의 영어를 읽으려면 전문적인 교육이 필요할 겁니다. 제5강에서 좀더 자세히 설명할 기회가 있겠지만, 이러한 변화는 근대화·산업화·도시화라는 사회구조의 변동과 맞물려 있습니다. 널리 알려져 있듯, 한국 사회는 식민지 시대와 군사독재 시절을 거치면서 서구 사회와는 비교도 할 수 없는 속도로 그 과정을 '압축적으로' 겪어 냈고, 그것이 고스란히 언어 변화의 속도에 반영된 것뿐입니다.

그게 대다수의 언중이 멀쩡한 모어를 마치 외국어라도 대하듯 어렵게 느끼는 것과 무슨 상관이 있을까요. 거칠지만 이렇게 도식화해 보지요. 우선 1950년대 한국어의 테두리를 하나의 원으로 나타내 봅시다(〈그림 1〉). 이제 이 원과 완전히 포개지지는 않지만 많은 부분을 공유하는 원을 하나 더 그려 2010년대의 한국어라고 해 보죠(〈그림 2〉). 그러니까 왼쪽의 포개지지 않은 부분은 1950년대에는 널리 쓰였지만 지금은 거의 쓰이지 않게 된 말이고, 반대로 오른쪽의 포개지지 않은 부분은 1950년대에는 쓰이지 않다가 지금은 널리 쓰이는 말이겠지요.

그런데 이런 변화는 어떻게 일어났을까요. 이를테면 1970년 1월 1일에 모든 한국어 사용자가 모여 앉아 "우리가 어제까지 쓰던 이 말을 버리고 내일부터는 저 말을 쓰기로 하자"라고 약속이라도 한 걸까요. 물론 그런 일은 현실적으로도 논리적으로도 불가능합니다. 아마 이런 식이었겠지요.

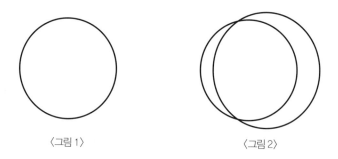

〈그림 1〉　　　　　　〈그림 2〉

들머리 맞춤법이 어렵다고요?

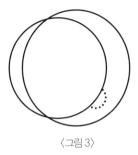

〈그림 3〉

누군가 이전에는 없던 새로운 표현을 시도합니다. 그걸 점선으로 표시해 봅시다(〈그림 3〉). 너무 낯선 말이라 아무도 못 알아듣는다면, 알아들을 수 있는 다른 표현으로 바로 대체할 테니 그말이 더 쓰일 일은 없겠지요. 그런데 맥락 안에서 '넘겨짚기'를 통해 그 말의 의미를 누군가 알아들었다면 계속 비슷한 상황에서 같은 의미로 그 말을 쓰기도 할 겁니다. 그리고 그 말을 자주 듣다 보면 '흉내내'서 쓰는 사람도 생길 겁니다.

그런 사람이 극소수에 그친다면 그리 큰 생명력을 가지지는 못할 겁니다. 혹은 다수로 확산되더라도 얼마 동안 부지런히 쓰이다가 이내 시큰둥해지기도 합니다. 그런 말을 '유행어'라고 합니다. 그러나 다수가 큰 거부감 없이 널리 쓰게 된다면 한국어의 표현 영역은 그만큼 넓어지게 되겠지요. 반면에 어떤 말들은 조금씩 쓰임새가 줄어들면서 일상적으로 사용하는 사람의 수가 줄어들기도 할 겁니다.

그런데 이런 변화가 아주 서서히 일어난다면, 사람들은 그 변화를 크게 느끼지는 못할 겁니다. 대다수는 앞서거니 뒤서거니 대충 보조를 맞추며 천천히 그 변화를 함께 겪어내겠지요. 하지만 아주 빠르게 일어난다면 어떤 일이 벌어질까요? 어떤 사람들은 이런 변화에 빠르게 적응할 겁니다. 심지어 선도하는 사람도 있겠지요. 또 어떤 사람들은 그 속도를 따라잡기 버거워 뒤처지기도 하겠지요. 사람마다 속도의 차이가 있는 건 당연한 일이지만 이렇게 변화 속도가 빠르면 그 차이가 도드라질 수밖에 없습니다.

그래서 실은 1950년대의 한국어든 2010년대의 한국어든 이렇게 하나의 원으로 표현하는 건 정확한 묘사가 아닙니다. 조금씩 틀어진 수없이 많은 원들의 중첩으로 표현하는 게 좀더 정확할 겁니다. 물론 그중 가장 많은 사용 인구를 가진 한국어의 테두리를 잠정적으로 하나의 원으로 나타낼 수는 있겠지만요. 이렇게 실제로 존재하는 조금씩 틀어진 수많은 원들과 그것을 전체적으로 대충 어림잡은 테두리 사이의 간극이 결코 작지 않기 때문에 우리는 한국어가 어렵다고 느끼곤 합니다.

정확히 말하면 '표준적인' 한국어에 대한 지식이 모자라서가 아니라, 구체적인 상황에서 마주치는 상대방이 도대체 어떤 한국어를 '표준적'이라고 여기는지에 대한 정보를 가지고 있지 않을 때 한국어를 어렵다고 느낍니다. 내가 아무리 나무랄 데 없는 한국어를 사용하면 뭐합니까. 상대방이 (한국어의 변화에 한참 뒤처져서든 혹은 너무 앞서가서든) '그런 한국어도 있나' 어리둥절해 한다면, 게다가 자신의 한국어가 더 정확한 한국어라고 굳게 믿고 있기까지 하다면, 오히려 내 쪽에서 '저런 한국어도 있나' 당황해서는 자신의 한국어 구사 능력을 의심하게 되는 거지요.

이론적으로만 설명하니까 공연히 머리만 아프고 아리송하지요? 그럼 아주 구체적인 예를 들어 볼게요. 지난 50년간 한국어에 일어난 변화 가운데 가장 도드라지고 광범위한 것 하나만 꼽으라면 아마도 '존대법의 동요'를 첫손에 꼽을 수 있을 겁니다. 한국어의 존대법은 지금도 동요하고 있기 때문에 깔끔하게 체계적으로 설명하기가 아주 어렵습니다. 그 구체적인 양상은 너무 전문적인 얘기니까 여기서는 생략하지요. 다만 존대법의 동요 속에서 압존법이 점차 힘을 잃는 바람에 벌어지는 일이 아주 적절한 사례가 될 수 있을 겁니다.

한국어의 전통적인 존대법에는 '압존법'이라는 게 있습니다. 말의 내용에 등장하는 대상에 대한 존대법을 화자가 아니라 청자를 기준으로 설정한다는 것입니다. 쉽게 말해 할아버지에게 아버지에 대해 말할 때는 **아버지께서 오셨습니다**가 아니라 **아버지가 왔습니다**처럼 말해야 한다는 것이지요. 이런 얘기를 들으면 어떤 분들은 '당연한 걸 뭘 새삼스럽게' 하실 겁니다. 그런데 어떤 분들은 '뭐가 그리 복잡해. 이러니 한국말이 어렵다는 거지.' 하며 한숨부터 쉴 겁니다. 그렇다고 누가 맞고 누가 틀린 게 아닙니다. 그저 이런 사람도 있고 저런 사람도 있는 거지요. 굳이 말하자면 어느 쪽이 더 압도적인 다수인가는 따져 볼 필요가 있지만, 그야말로 한국어 사용자를 전수조사해 보지 않은 다음에야 그걸 누가 알겠습니까. 그래서 이런 웃지 못할 사태가 일어납니다.

20대 말단 사원이 일을 하고 있는데 30대의 과장이 먼저 퇴근하면서 위에서 찾으면 잘 얘기해 달라고 부탁합니다. 조금 있으니 퇴임을 앞둔 60대 전무가 과장을 찾습니다. 그래서 부탁받은 대로 무심코 "김 과장님은 아이가 다쳤다는 연락을 받고 급히 조퇴하셨습니다."라고 말하겠지요. 그런데 전무가 언짢게 인상을 쓰면서 나무랍니다. "자네한테나 과장님이지, 나한테도 과장님인가. 그럴 때는 그냥 '김 과장은 조퇴했습니다'라고 하는 거야." 그러고선 젊은 친구들 한국말 교육이 엉망이라고 장탄식을 하는 거죠. 20대 말단이 무슨 힘이 있겠습니까. '압존법'을 마음에 새기고 다음부턴 정신 바짝 차리고 정확히 써먹어야지 다짐하는 수밖에요.

'다음 기회'는 의외로 빨리 찾아옵니다. 40대의 젊은 사장이 또 과장을 찾네요. 외국어 배워 보신 분들은 알지요? 말이라는 건 자꾸 써야 입에 붙습니다. 옳다구나, 배운 대로 써먹어 봅니다. "김 과장은 아이가 다쳤다는 연락을 받고 급히 조퇴했습니다." 훌륭하게 해내곤 내심 뿌듯하기도 하겠지요. 그런데 웬걸? 이번엔 사장이 눈살을 찌푸리며 또 나무랍니다. "아니, 김 과장이 아무개 씨 친구예요? 아니면 내가 직속 상사를 편하게 씹어 댈 수 있는 편한 친구인가요? 내가 없는 데선 상대가 누구든 나도 그냥 '이 사장'이라고 하겠네요." 앞이 캄캄해집니다.

중요한 건, 이때 '압존법'이라는 한국어에 대한 이론적 지식은 전혀 소용이 없다는 겁니다. "그게 아니라 압존법이……"라고 항변해 봐야 "어디서 케케묵은 이상한 도덕 교과서 들고 와서 공연히 잘난 척이나 하려 든다"고 한 번 먹을 욕을 공연히 곱빼기로 먹지나 않으면 다행일 겁니다. 그러니 말단 사원이 무슨 힘이 있나요. 그러려니 해야지요. 그런데 그렇다면 도대체 압존법은 써야 하는 건가요, 무시해야 하는 건가요? 눈치 빠른 사람은 "전무 앞에선 쓰고 사장 앞에선 무시하고"라고 말하겠지만, 두 가지 문제가 있지요. 하나는 사장과 전무가 함께 듣고 있어서 전무한테 맞추자니 사장 눈치가 보이고 사장한테 맞추자니 전무 눈치가 보인다면? 다른 하나는, 상대가 압존법을 어찌 생각하는지 사전 정보를 갖고 있지 않은 다른 수많은 사람들에 대해선? 자, 바로 이게 '한국어 정말 어렵다'는 한숨이 절로 나오는 대부분의 상황입니다. 도대체 어느 장단에 춤을 춰야 할지 갈피가 안 잡히는 거지요.

어려운 건 '문법'이 아니라 '생산적 긴장'

이 문제에 사실 뾰족한 모범 답안은 없습니다. 그저 이 사람 저 사람 부딪쳐 가면서 '눈치'로 때우는 수밖에요. 좀 허무하지요? 저도 거창하게 폼잡고 말할 수 있습니다. 모든 의사소통 행위는 전략적이다. 따라서 전략적으로 대처하라. 그러면 좀 있어 보이나요? 저도 답답합니다. 차라리 '이론적 지식'이 모자라서 생기는 문제라면 그건 얼마든지 가르칠 수 있습니다. 그러나 '눈치'를 가르칠 방법은 없기 때문입니다.

다만 우리가 지금 불특정 다수를 대상으로 하는 출판물을 다루는 실무에 관해 이야기하고 있기에, 분명하게 말할 수 있는 것 한 가지는 있습니다. 실무적으로 풀어 말하면, 눈치를 보긴 해야 하는데 도대체 누구 눈치를 봐야 하는 걸까요? 걸핏하면 트집잡을 꼬투리 없나 눈을 번득이는 사장? 아니면 깐깐하게 사소한 잘못까지 시시콜콜 따지고 들며 피곤하게 하는 편집장? 혹은 개인적으로 알지도 못하는 국립국어원의 어르신들? 아닙니다. 내가 만든 책을 읽을 사람, 독자의 눈치를 봐야 하는 거지요.

그런데 도대체 독자가 한둘도 아니고 심지어 누군지도 모르는데 하물며 어떤 한국어를 멀쩡한 한국어로 여길지까지 어찌 아냐고요? 잠깐, 중요한 사실 한 가지를 잊고 있네요. 출판물의 독자는, 출판물이 다 만들어져 배포될 때까지는 실제로 존재하는 사람이 아닙니다. 그저 편집자의 머릿속에만 존재하는 가상의 존재지요. 독자가 누군지 모르겠다고요? 그럴 리가요. 그 독자는 다름아닌 내가 내 머릿속에서 설정하는 겁니다. 결국 독자 설정을 구체적으로 하지 않은 채 겁도 없이 출판물을 만들려고 덤볐다는 자백에 지나지 않습니다. 저자는 독자를 구체적으로 염두에 두지 않고도 글을 쓸 수 있습니다. 그러나 편집자는 그래서는 안 됩니다. 또는 이렇게 말해도 됩니다. 더러 독자를 아주 구체적으로 염두에 두고 글을 쓰는 저자도 있습니다. 그런 글은 (적어도 편집자가 그러한 독자 설정에 흔쾌히 동의한다면) 편집자의 손이 훨씬 덜 갑니다.

저는 이러한 숙고의 과정을 '생산적 긴장'이라고 개념화하곤 합니다. 앞에서 해 왔던 논의를 간추리자면, 맞춤법은 '규범'이니 '가급적이면 준수'해야 하는 것이라면, 표준어는 '정보'이니 '생산적으로 긴장'해야 하는 것이라고 대비시킬 수 있습니다. 사실 우리가 흔히 한국말은 어렵다고 푸념하게 되는 내용의 대부분은 한국어의 문법이 일반인이 접근하기에 까다롭고 복잡해서가 아니라, 원활한 의사전달을 위해 반드시 전제되어야 하는 긴장의 수준이 일반인이 감당하기에 지나치게 높아서입니다.

그것은 거칠게 말해 한국 사회가 '전근대'와 '근대', 심지어 '탈근대'까지 한데 엉켜 있는 사회라는 사정과 무관하지 않습니다. 한국 사회는 사회 구성원 대다수가 암묵적으로 합의한 '공통의 텍스트'를 가져 본 적이 없습니다. 물론 '공통의 텍스트'가 아주 없지는 않았습니다. 그러나 그것은 국가권력이 일방적으로 강요한 것이었습니다. 한국어를 매개로 한 표현 능력은 고사하고 독해 능력을 기르기 위해, 달리 말해 나와는 언어적 배경이 다른 타인과 소통하는 데 필요한 최소한의 긴장을 자연스럽게 체화하기 위해 가장 기초가 되는 '공통의 텍스트'로 기능해야 마땅한 각급 학교의 국어 교과서가 최근까지도 단일한 국정 교과서였다는 사실이 의미하는 바는 분명합니다. 오죽하면 "국어책 읽는다"는 말이 '모범적이고 반듯한 한국어를 쓴다'는 뜻이 아니라 아예 '실제 언어생활과는 동떨어진 부자연스러운 한국어를 쓴다'는 뜻으로 널리 통용되기까지 할까요.

그래서 우리는 이를테면 《표준국어대사전》의 눈치를 보는 훈련만 부지런히 했지, 정작 나와 말을 주고받아야 하는 타인과의 관계에 긴장하는 법을 적어도 학교 교육을 통해서는 익히지 못했습니다. 또한 남다른 교육관을 지니고 있으며 그것을 실천할 적극적 의지를 가진 부모(그리고 그런 분들은 극히 일부에 지나지 않지요) 밑에서 자라는 행운을 누리지 못한 대다수에게는 학교 밖이라고 해서 크게 다르지 않았을 겁니다.

달리 설명해 볼까요. 우리는 누구나 일상에서 '말이 안 통해서' 답답한 상황을 곧잘 겪습니다. 혹은 어느 정도나마 말이 통하는 사람을 찾기가 아주 어렵기도 합니다. 얼핏 생각하면, 이건 '한국말이 어렵다'는 답답함과는 다른 종류의 문제로 보입니다. 그러나 실은 같은 문제를 달리 표현한 것에 지나지 않습니다. 왜 말이 안 통할까요. 그건 (나와는 전혀 다른) 상대방의 경험에 내가 귀를 기울이지 않기 때문입니다. 한쪽 편에선 어차피 내 맘대로 하고 싶고 실제로 그렇게 할 것이기 때문에 굳이 귀를 기울일 이유가 없으니 무시해 버리기도 하고, 다른 편에선 그렇게 무시당하면서까지 귀를 기울이고 싶지 않아서 외면해 버리기도 합니다. 당연히 전자가 나쁘지만, 후자라고 해서 현명한 건 아닙니다.

어떤 이유에서든 다른 사람의 말에 좀체 귀를 기울이지 않는다는 건, 사람 사이에 반드시 필요한 긴장을 체화할 기회가 그만큼 사라진다는 뜻입니다. 그래서 아주 작은 긴장에도 쉽게 피로감을 느끼게 됩니다. 나와는 다른 경험을 가진 사람과 말을 섞는 일은 그만큼 더 어려워지겠지요. 악순환입니다. 이건 책을 읽을 때도 마찬가지입니다. 조금만 까다로운 책은 읽기 어려워합니다. 그래서 아주 쉽고 가벼운 책에만 익숙해지다 보면, 어렵고 묵

직한 책을 읽기는 점점 더 어려워지겠지요. 쉽고 가벼운 책만 있는 건 아니니 실은 그렇게 책과 점점 멀어지게 되는 거죠.

이런 악순환의 결과로, 나도 모르는 사이에 나와 일상적 경험이 다른 사람은 내가 이해할 수도 없고 굳이 이해하고 싶지도 않은 사람이 돼 버립니다. 아니, 이해는 고사하고 눈치보기조차 점점 버거워지는 거지요. 그래서 모든 긴장은 '소모적'인 것이 돼 버립니다. 말 그대로 '스트레스' 받는 거지요. 그게 바로 '한국말 참 어렵다'는 하소연의 정체입니다.

그런 까닭에 적어도 불특정 다수를 대상으로 하는 글을 다루는 사람이라면, '긴장'이라고 하면 으레 그렇듯 피곤하고 소모적인 일이라고만 여겨서는 곤란합니다. 그리고 서로 다른 경험을 가진 사람이 서로 맞닥뜨릴 때 그 사이에서 필연적으로 생겨날 수밖에 없는 긴장(말 그대로 '스트레스')을 견뎌낼 수 있어야 합니다. 달리 말해 아무리 낯설고 도저히 이해가 안 가고 아무튼 마음에 안 드는 말일지라도 일단 귀를 기울일 수 있어야 하는데, 이걸 억지로 하라고 하면 아마 스트레스 때문에 속으로 골병이 들 겁니다. 그러니 애당초 웬만한 스트레스에는 골병들지 않도록 단련이 되어 있어야겠지요.

하지만 태어나면서부터 그런 능력을 가진 대단한 사람이 따로 있겠습니까. 자라면서 이런저런 낯설고 어리둥절하고 받아들이기 어려운 타인의 경험들과 맞부딪쳐 가면서 조금씩 길러지는 거겠지요. 그런데 그 과정은 당연히 언어를 매개로 이루어질 테고 그 대부분은 모어인 한국어일 것입니다. 따라서 다양한 사람들의 다양한 경험과 맞부딪치는 걸 피하지 않았던 사람이라면, 그 사람은 한국 사회에 중첩되어 존재하는 다양한 한국어'들'을 접촉할 기회가 그만큼 풍부했다는 걸 뜻할 수밖에 없습니다. 그 것도 익숙지 않은 대상에 대한 꽤 높은 긴장 속에서요. 이런 사 람들이라면 '눈치 백단'에 훨씬 가까워질 테고 '한국말 참 어렵 다'는 낭패감을 훨씬 덜 느끼게 되지 않을까요.

어려운가요? 실무적인 예를 하나 들어 보려고 하는데요. 우선 배경 설명이 좀 필요합니다. 저는 최근에 한국어의 변화 속도를 실감한 적이 있습니다. 어느 드라마에서 부부가 대화하는 장면 을 보다가 "딸아이의 남자친구가 회사에서도 촉망받는 재원이 래"라는 대사를 듣고 아주 깜짝 놀랐습니다. 제가 아는 한국어의 범위에서 이건 말이 안 되는 말(=비문)이었거든요. 솔직히 작가 가 제정신이 아닌 게 틀림없다고 생각했습니다. 그런데 더 놀라 운 일이 몇 달 뒤에 일어났어요. 어느 후배 편집자가 비슷한 맥 락에서 **재원**이라는 말을 아무렇지도 않게 쓰더라고요. 만일 제 가 보기에 한국어 구사 능력이 좀 떨어진다 싶은 친구였다면 그 자리에서 '그게 말이 되느냐'고 핀잔을 주었겠지만, 유감스럽게 도 평소에 꽤 훌륭한 한국어 구사 능력을 지녔다고 평가하던 이 였던지라 충격이 컸지요.

그래서 그때부터 한국어 구사 능력을 신뢰할 수 있는 비슷한 또래의 후배 편집자들을 만날 때마다 저 표현에 조금이라도 이 상한 점이 있는지를 진지하게 물었어요. 그런데 단 한 명도 이상 하다는 사람이 없는 거예요. 그러니까 그이들은 저와는 사뭇 다른 한국어를 쓰고 있었던 거지요. 고작해야 열댓 살 차이밖에 안 나는데도 같은 단어를 서로 다른 뜻으로 알고 있는 겁니다. 한국어의 변화 속도가 이만큼이나 빨라요. 우리는 그 변화의 한복판에 있습니다.

생산적 긴장의 실무적 적용

사전에서 **재원**才媛을 찾아보면, "재주가 뛰어난 젊은 여자"라고 풀이되어 있지만, 제가 앞에서 누누이 강조했지요? 사전에 풀이된 뜻으로 쓰지 않는 그이들이 잘못된 게 아니라, 많은 사람들이 (심지어 말을 전문적으로 다루는 편집자들 가운데에서도 특히 한국어 구사 능력이 뛰어나다고 평가할 만한 이들조차) 실제로 쓰고 있는 대로 풀이하지 않은 사전의 정보가 잘못된 것이라고요.

잠깐 옆길로 새자면, 혹시 '한자를 안 배워서(가르쳐서)'라고 엉뚱한 구실을 들이대는 분들이 있을지도 모르겠는데요. 이건 한자 교육과는 거의 상관없는 문제입니다. 두 가지 증거가 있습니다. 하나는 일상적으로 한문을 쓰던 시대에도 몇 세대를 거치면서 뜻이나 쓰임이 사뭇 달라진 한자어들이 수두룩하다는 겁니다. 다른 하나는 거듭 강조하지만 말 배우기는 '넘겨짚어 흉내내기'이기 때문입니다. 이를테면 '學'이라고 써야만 '아, 뭔가 공부와 관련된 뜻이구나' 하고 뜻을 알아챌 수 있는 건 아니죠. 그 한자를 몰라도, **학생, 학교, 학자, 학문** 또는 **과학, 수학** 같은 단어를 연상하면서 얼마든지 뜻을 유추할 수 있습니다. 특히 **학생**은 한자로는 '學生'이라고 쓰지만 한자 '生' 자체에 '~하는 사람'이라는 뜻이 있던가요? 그보다는 오히려 **학생**이라는 말에서 유추되어 **알바생, 취준생** 같은 새로운 말들이 만들어지기도 하는데 한자를 배운다고 이 말뜻을 더 빨리 알아챌 수 있다는 건 좀 우스꽝스럽지요?

그런데 **재원**이라는 말의 뜻이 이렇게 빠르게 변화한 데에는 바로 이런 이치가 거꾸로 작용합니다. 한자 '才'는 모르는 사람이라도 '재'에서 **재주, 재능** 등등의 단어를 연상할 수는 있을 겁니다. 그런 의미를 가늠하게 하는 구체적인 맥락은 이미 전제되어 있으니까요. 그런데 '원'이 문제지요. 어떤 단어가 연상되나요? 뭘 연상해도 틀릴 겁니다. 왜냐하면 우리가 사용하는 일상용어에서 '媛'을 쓰는 단어는 **재원**말고는 없거든요.* 이 단어는 이렇게 다른 단어들과 유연관계가 끊어지면서 뜻을 오해하기가 쉬워지게 된 겁니다. 게다가 더 결정적인 건 이런 언어내적인 동인이 아니라 실은 언어외적인 동인입니다. 제가 성장기를 보낼 때만 해도 '여성'이 '재주가 뛰어나다'는 건 특별히 눈에 띄는 일이었어요. 오죽하면 "한국에서 중산층의 기준은 딸을 대학에 보낼 수 있는가이다"라고 쓴 소설도 있었지요. 1980년대 중반만 해도 이 구절이 아주 예리한 통찰로 느껴졌습니다. 그러나 지금은 그렇지 않지요. 특별한 성별적 표지가 큰 의미가 없을 만큼 사회

---

* 고유명사(사람 이름)에는 드물지 않게 쓰입니다.

적으로 여성의 교육 수준이나 사회적 지위가 향상되었거든요.

말 배우기는 단순한 '흉내내기'가 아니라 해석(넘겨짚기)을 통한 흉내내기라고 했던 걸 기억하시나요? 앞에 예를 든 드라마 작가나 편집자 들은 누군가에게 **재원**이라는 말을 듣고 흉내내며 그 말을 자기것으로 만들었을 겁니다. 그리고 모르긴 해도 애당초의 그 누군가는 아마 여성에게 그 말을 썼을 거예요. 그런데 듣는 사람은 그 대상이 여성이라는 걸 굳이 의식하지 못한 나머지, 그저 '재주가 뛰어난 사람'이라는 뜻으로 넘겨짚었던 거지요. 그리고 그렇게 넘겨짚은 사람이 한둘이 아닌 겁니다. 실은 그렇게 넘겨짚는 게 훨씬 자연스러운 사회적 조건이 형성되었기 때문이지요.

그래서 이 말은 한 세대만 지나고 나면 (사전이 뭐라고 설명하건) 한국어 사용자 대다수가 새로운 뜻으로 쓰게 될 겁니다. 이렇게 내적 동인과 외적 동인이 함께 맞물리기가 쉬운 일이 아니거든요. 그건 이 변화는 돌이킬 수 없다는 뜻입니다. 더는 돌이킬 수 없다고 판단된다면 사전에서도 아마 이렇게 풀이하게 되겠지요. "재주가 뛰어난 (젊은) 사람", 그러고선 '어원' 혹은 '옛말'이라고 주석을 달아 "본디 여성에게만 쓰이던 말이었음" 정도의 부가정보가 제공될 수도 있겠지만요.

이제 본격적으로 실무 얘기로 들어가 보지요. 어떤 글에 **재원**이라는 말이 쓰였다면 어떻게 처리해야 할까요. 만일 한국어 사용자 대다수가 사전에 풀이되어 있는 뜻으로 쓰고 있다면 아무 문제가 없을 겁니다. 그냥 사전을 준거로 삼으면 됩니다. 또는 대다수가 새롭게 달라진 뜻으로 쓰고 있다고 확신할 만한 객관적 근거가 있다 해도 큰 문제는 없습니다. 사전의 개정에 기여한다는 사명감으로 밀어붙이면 됩니다. 문제는 지금처럼 사뭇 다른 뜻으로 쓰고 있는 최소한 두 집단이 비등한 규모로 존재할 때입니다.

물론 그렇다 해도 사전을 반드시 지켜야 할 '규범'으로 여긴다면 일단 겉으로는 아무 문제가 없는 듯 보일 겁니다. 문제가 해결된 게 아니라 은폐되었다는 게 함정이지만요. 달리 말해 그건 압도적 다수는 아닐지라도 절반 안팎은 될 것으로 추정되는 적잖은 한국어 사용자들을 '규범에 어긋난 잘못된 말'을 쓰는 무식쟁이로 몰아 무시해 버리는 폭력입니다. 그러니 '생산적 긴장'이 필요한 것입니다. 이때 중요한 건 사전에 뭐라고 풀이되어 있느냐가 아니라(물론 그걸 무시해서는 안 됩니다. 당연히 하나의 소중한 의견으로 참고는 해야지요) 도대체 저자가 무슨 뜻으로 썼고, 독자는 무슨 뜻으로 받아들일 것인가입니다.

(1)		(2)	
저자	40대 이하	저자	50대 이상
독자	40대 이하	독자	40대 이하
(3)		(4)	
저자	40대 이하	저자	50대 이상
독자	50대 이상	독자	50대 이상

거칠게 도식화해 보지요. 이 말의 사뭇 다른 두 쓰임새 사이의 경계가 꼭 연령대만으로 환원되는 건 아니고 문화적 배경이나 교육 수준 등 복잡한 사회적 변인이 작용하겠지만, 설명의 편의를 위해 일단 연령대로 대표해서 간략히 간추리면 76쪽의 도표로 나타낼 수 있습니다. (1)과 (4)의 경우는 저자와 독자가 같은 뜻으로 알고 있을 테니 별다른 문제가 없습니다. (4)의 경우는 현재 사전도 같은 뜻으로 풀이하고 있으니 아예 문젯거리도 안 되고, (1)의 경우는 사전의 뜻풀이와는 다르지만 저자도 독자도 그런 뜻으로 알고 있지 않으니 의미 전달에는 아무 지장이 없습니다. 문제가 되는 건 (2)와 (3)의 경우입니다.

(2)의 경우라면 의식적이든 혹은 무의식적이든 저자는 **재원**에 성별에 대한 정보를 담았지만 독자에게 그 정보는 누락되어 전달됩니다. 그 누락된 정보를 편집자가 보완해 주어야 의사전달이 정확해지겠지요. 맥락을 세심하게 살펴 만일 여성이라는 사실을 명시적으로 의식하고 쓴 표현이라면, '재원'이라 일컬어진 사람이 여성임을 분명하게 드러내야겠지요. 그러나 그 사실을 꼭 의식한 건 아닐 수도 있으니 맥락을 잘 살펴야 합니다. 이때는 여성임을 암시할 수 있는 다른 표현을 적절한 위치에 자연스럽게 넣어서 독자가 넌지시 알아챌 수 있게 하는 고난도 기술이 필요합니다.

오로지 (3)의 경우에만 사전의 기준에 따라 잘못된(실은 '적절하지 못한') 표현을 바로잡게 됩니다. 그러나 우연히도 '재원'이라 일컬어진 사람이 여성이라 해서 문제가 아주 없는 건 아닙니다.

왜냐하면 저자는 성별을 드러낼 의도가 전혀 없었다면 독자에게 저자의 의도에서 벗어난 가외의 정보가 전달된 셈이기 때문입니다. 일반적으로 크게 문제될 일은 없겠지만 아주 특별한 맥락에선 의도하지 않은 성별 표지를 삭제해야 할 경우가 없으란 법은 없으니, 그냥 사전대로 하면 된다고 편히 생각할 문제만은 아닙니다.

듣고 보니 어려운 내용은 아니지요? 정작 어려운 건, 이런 구체적인 처리 방법이 아닙니다. 그 이전의 문제지요. 만일 후배 편집자와의 대화가 없었다면, 저는 **재원**이라는 말의 뜻을 저와는 다르게 알고 있는 사람들이 이렇게나 많다는 사실을 전혀 몰랐을 겁니다. 따라서 아무리 사전에 담긴 정보를 상대화하는 태도를 가지고 있다 해도 이런 세심한 분별 없이 남성에게 **재원**을 쓰면 무조건 틀린 말로 여겨 바로잡았을 겁니다. 그러니 사전에 담긴 정보에 '생산적으로 긴장'할 수 있다는 것은, 우선 다양한 한국어'들'에 늘 '생산적으로 긴장'하고 있어야 한다는 뜻입니다. 그리고 내가 설정하는 독자라면 과연 어떤 한국어를 사용하고 있을지를 가늠할 수 있도록, 또한 내가 만들려는 책의 저자는 또 어떤 한국어를 사용하고 있는지를 그 맥락 안에서 분명하게 파악해낼 수 있도록, 연령, 문화적 배경, 교육 수준, 그 밖에 다양한 변인에 따라 다채롭게 분화된 수많은 한국어'들'과 비교·검토해보는 일상적인 긴장을 늦출 수가 없는 것입니다.

?

이런저런 경험을 하고 낯선 대상들과 부대끼면서 긴장감에 익숙해지는 수밖에 없다고 하셨는데, 그렇게 익숙해지기까지의 과정을 잘 버틸 수 있는 팁 같은 건 없을까요.

!

두 문장이면 충분다고 생각합니다. "괜찮아, 안 죽어!" 그리고 "그래 봤자 죽기밖에 더 하겠어?" 실은 이 두 문장은 제 인생관이기도 합니다.

?

그래도 한자를 알면 모르는 것보다는 한자어의 뜻을 이해하는 데 확실히 더 도움이 되지 않을까요? 혹시 한자 사용을 언어사대주의의 잔재라고 보시는지요?

!

네, 유리한 측면이 분명히 있다는 걸 부인할 수는 없습니다. 세상에 쓸모없는 지식은 없습니다. 다만 문제는 요즘말로 '가성비'죠. 얻을 수 있는 유익에 비해 한자를 익히는 데 들어가는 시간과 노력이 터무니없을 만큼 크다는 점을 무시해선 안 되겠지요. 그리고 본문에 썼듯이 굳이 한자를 매개하지 않고도 의미의 유연관계는 얼마든지 파악할 수 있는데, 거꾸로 '한자'를 가르치면 더 손쉽게 그 문제를 해결할 수 있다는 '안이

한' 생각에서 오히려 한국어 교육에서 이런 독해력을 키워주는 정교한 교육과정 개발에 소홀했던 측면도 있습니다. 즉 한국어 교육이 한자에 붙들려 있는 통에 아직 걸음마 수준이라는 걸 반성해야 할 대목에서 오히려 '한자를 안 가르쳐서'라고 큰소리치는 꼴이랄까요.

저는 한자가 이른바 '우리것'이 아니기 때문에 쓰지 말아야 한다고 생각하지는 않습니다. 실체도 모호한 '언어사대주의의 잔재'라기보다는 그저 역사적 흔적일 뿐이라고 생각하고요. 따라서 역사를 본격적으로 파고들어 공부하는 사람에게는 필수적이라고 생각하기도 합니다. 다만 일상적인 언어생활을 위해 따로 글자를 익혀야 하는 부담을 주는 건 옳지 않다고 여길 뿐입니다. 입말로 말할 때는 한자어인지 고유어인지 구별하는 게 무의미하겠지요? 그렇다면 그 말을 글로 옮긴다고 해서 달라질 건 없습니다. 적어도 원론적으로는 한자를 병기해 주지 않으면 의미 파악이 곤란한 말이라면 사실 입말에선 쓸 수 없는 말일 수밖에 없고, 그런 말은 글말에서도 가급적 피하는 게 옳다고 봅니다.

들머리 맞춤법이 어렵다고요?

둘러보기

'원리'부터
차근차근

어문규범 '총칙' 풀이

'미닫이'를 소리나는 대로 쓰면?

〈한글 맞춤법〉의 기본 원리(〈한글 맞춤법〉 제1항)

〈한글 맞춤법〉에는 모두 57개 항의 규정이 있고, 총칙(제1~3항), 자모(제4항), 소리에 관한 것(제5~13항), 형태에 관한 것(제14~ 40항), 띄어쓰기(제41~50항), 그 밖의 것(제51~57항) 등 여섯 장으로 나뉘어 있습니다. 그 규정들을 하나하나 살펴보기에 앞서 이 규정들이 어떤 원리에 기초하고 있는지를 이해하는 것이 중요합니다. 낱낱의 규정들은 그 원리를 구체화한 것에 지나지 않기 때문에, 원리만 알면 그 취지를 훨씬 쉽게 이해할 수 있는 데다가 하나하나를 따로따로 살필 필요 없이 각 조문 사이의 유기적 관계 속에서 음미해 볼 수도 있기 때문입니다.

　그 원리는 〈한글 맞춤법〉 제1항에 **한글 맞춤법은 표준어를 소리대로 적되, 어법에 맞도록 함을 원칙으로 한다.**라고 표현되어 있습니다. 이게 무슨 뜻인지만 정확히 이해해도 온갖 골치 아픈 문법 용어들이 난무하는 맞춤법 규정들 속에서 길을 잃고 헤매지는 않을 겁니다. 좀더 뜯어봅시다.

'표준어'만을 대상으로

이 규정은 "표준어를……"이라고 규범의 적용 대상을 명확히 하고 있습니다. 달리 말해 '비표준어'는 한글 맞춤법의 적용 대상이 아닙니다. 간혹 표준어로 인정되기 어려운 사투리나 비속어의 표기를 두고 고민하게 될 때가 있습니다만, 규범적인 관점에서만 보자면 '정의되어 있지 않다'가 가장 올바른 답입니다. 그러니까 어떻게 표기하는 것이 규범적으로 옳은지를 고민할 필요가 전혀 없습니다. 맥락에 따라 독자가 가장 이해하기 쉽도록 적절히 표기하는 것으로 충분합니다.

다만 가장 적절한 표기를 위해 두 가지쯤은 고려할 필요가 있습니다. 우선 여기에서 말하는 '표준어'가 〈표준어 규정〉에 의해 표준어로 인정받은 말만을 가리키지는 않는다는 것입니다. 〈표준어 규정〉이 구체적으로 규정하고 있는 어휘는 표준적인 한국어의 극히 일부에 지나지 않습니다. 그렇다고 《표준국어대사전》에 수록되어 있는 말만으로 한정될 수도 없습니다(사실 표준어로서 사전을 통해 표기를 확인할 수 있다면 실무적으로는 고민할 필요도 없겠지요). 당장은 사전에 올라 있지 않은 말이라도 언제든 사전에 새롭게 담길 수도 있으니까요. 즉 여기에서 말하는 '표준어'의 테두리는 매우 유동적이라는 것입니다. 따라서 표준어가 아닌 말을 표기할 때는 '앞으로 표준어로 인정될 가능성이 있으므로 그에 대비하여' 맞춤법의 일반적인 원리에 부합하도록 하는 것이 더 사려 깊은 자세라고 할 수는 있을 것입니다.

예를 들어 **주워먹는다**라는 동사를 흔히 [주서먹는다]라고 말하는 이들이 적잖은데, 유감스럽게도 이때의 '줏다'는 표준어가 아닙니다. 따라서 가령 '줏어먹는다'와 '주서먹는다' 가운데 어느 쪽이 맞춤법에 부합하는 표기인가라고 묻는다면, 당연히 둘 다 옳지 않고 오로지 표준어인 **주워먹는다**만 옳겠지요. 그러나 불가피하게 그 입말을 살려서 표기해야 한다면 어느 쪽으로 적는 게 더 좋을까요. 소리대로 '주서먹는다'라고 적는다고 해서 딱히 더 나쁠 것까지는 없겠지만, '줏어먹는다' 쪽이 맞춤법의 원리에는 더 들어맞습니다.* 만일 나중에라도 '줏다'가 '줍다'와 함께 복수 표준어로 인정된다면, '주서먹는다'가 아니라 '줏어먹는다'가 옳은 표기가 될 수밖에 없으니까요.

좀더 나아가면 이런 예도 있습니다. 2인칭 대명사의 주격 혹은 관형격 **네**가 구어에서는 대체로 [니]로 발음되는 경향이 있고 구어체의 분위기를 살려 표기할 필요도 꽤 폭넓게 존재합니다. 이때 저는 소리나는 대로 '니'라고 표기하지 않고 가급적이면 '늬'로 표기합니다. 물론 이렇게 적어도 [니]로 읽습니다.** 마찬가지로 3인칭 대명사 **제**의 구어형 [지]도 가급적이면 '긔'로 표기하기도 합니다. 여러 가지 면에서 그 편이 (맞춤법의 원리에 비추어) 더 합리적이라고 여기기 때문입니다. 그러나 이건 어디

---

* 제10강의 제15항 규정 해설을 참고하세요.

** 제9항에 그 규범적 근거가 있습니다.('ㅢ'는 'ㅣ'로 소리 나는 경우가 있더라도 'ㅢ'로 적는다.)제9강에서 다시 설명합니다.

까지나 제 '의견'이지 꼭 그렇게 써야 한다는 규정이 있는 건 아닙니다. 맞춤법은 '표준어'에 대해서만 정의하고 있고 2인칭 대명사 [니]나 3인칭 대명사 [지]는 표준어가 아니기 때문입니다.

아무튼 맞춤법 규정의 첫 단어가 '표준어'이기 때문에 1933년의 〈한글 맞춤법 통일안〉과 이를 이어받은 한글학회 맞춤법은 제2항에서 표준어를 따로 정의했습니다. 현행 〈표준어 규정〉의 제1항(**교양 있는 사람들이 두루 쓰는 현대 서울말**)이 바로 그것입니다.* 저는 앞서 제2강에서 사실상 규범이 아닌 정보를 내용으로 하는 '표준어 규정'은 폐지해야 한다는 의견을 펼쳤습니다만, 그건 대단히 획기적이고 파격적인 주장이 아니라 실은 예전의 체계로 돌아가자는 그다지 새로울 게 없는 주장입니다. 이왕에 맞춤법의 적용 대상을 '표준어'라고 못박았으니 맞춤법 규정 안에서 '표준어'의 대체적인 테두리를 정의하는 것으로 충분할 뿐, (혹시 《표준국어대사전》을 편찬하기 위한 일종의 '내규'라면 모를까) 따로 규정을 만들어 '고시'까지 할 이유가 전혀 없다는 것입니다.

한글을 발음기호로

다음 구절은 "소리대로 적되"입니다. 소리대로 적는 게 뭔지는 다들 아시죠? **미닫이**를 소리나는 대로 적으라고 하니까 "드르

---

* 이 규정의 의미는 다음 제5강에서 자세히 다루겠습니다.

둘러보기 '원리'부터 차근차근

록"이라고 답을 썼다는 아주 오래된 우스개도 있습니다만, 앞서 제1강에서 말씀드렸듯 한글은 그 자체를 발음기호로 사용할 수 있어서 [미다지]라고 소리나는 대로 적을 수 있습니다. 네, 여기에서 알 수 있듯이 **미닫이**는 소리나는 대로 적은 것이 아닙니다. 그렇다면 그 뒤에 이어지는 "어법에 맞도록" 적은 것이려니 짐작하는 건 어려운 일이 아니겠지요? 그 이야기는 조금 뒤로 미뤄 놓고, 우선 '소리대로'부터 좀더 깊이 음미해 보겠습니다.

　우선 여기에서 말하는 소리는 물리적인 소리가 아니라 관념적인 소리입니다. 언어학의 전문용어로 다시 표현하면 '음성'이 아니라 '음운'이라고 표현해도 같은 말입니다. 제8강에서 다시 설명할 기회가 있겠지만, '음운'이란 "말의 뜻을 구별해 주는 가장 작은 소리의 단위"입니다. 그런데 한국어의 음운 체계(즉 어떤 소리들이 서로 구별되고 어떤 소리들이 구별되지 않는지)는 한국어 사용자들에게 고유한 것으로, 물리적인 차이로 구별되는 것이 아니라 순전히 한국어 사용자들이 공유하는 관념에 따라 구별되는 것입니다. 그리고 〈한글 맞춤법〉 제4항이 규정하고 있는 한글의 자모는 한국어 사용자들이 음운으로 인식하는 소리들을 글자로 표현한 것입니다. 그래서 우리는 한글을 발음기호(정확히는 '음성' 표기수단이 아니라 '음운' 표기수단)로 사용할 수 있는 것입니다.

　한글의 자모와 이름을 규정한 〈한글 맞춤법〉 제4항은 초등학생도 알고 있는 것이므로 따로 설명하지 않아도 되겠지요? 다만 제4항 본문에는 **한글 자모의 수는 스물넉 자로** 규정하고 있고, 겹자음 다섯 자과 겹모음 열한 자는 '붙임' 규정에서 **위의 자모로써 적**

을 수 없는 소리는 두 개 이상의 자모를 어울러서 적도록 따로 규정하고 있다는 건 주목할 필요가 있습니다. 왜 자음 열아홉 자와 모음 스물한 자를 한꺼번에 규정하지 않고 이렇게 나눠서 따로 규정했을까요. 이 같은 조문의 구성은, 뒤집어 말하면 스물녁 자의 기본 자모로 적을 수 있는 소리라면 굳이 두 개 이상의 자모를 어울러서 적지 않는다는 원칙을 함의합니다. 이는 특히 된소리를 적을 때 아주 중요하게 고려되는 대원칙입니다. 쉽게 말해 실제 된소리로 나는 소리라고 해서 꼭 겹자음으로 표기해야만 하는 건 아니라는 뜻입니다.

좀더 파고들어 봅시다. **미닫이**는 이렇게 적어도 [미다디]로 발음되지 않고 [미다지]로 발음됩니다. 또 앞서 제1강에서 **예쁘다**는 '엡브다'나 '옛브다'로 적어도 [예쁘다]로 발음된다고도 했었지요? 그런데 이처럼 꼭 소리나는 대로 표기하지 않아도 이렇게 발음되는 것은 **예쁘다**나 **미닫이** 같은 특정한 단어에만 적용되는 게 아니라 된소리가 포함된 모든 단어 또는 'ㄷ, ㅌ' 끝소리를 가진 말(단어 또는 어근*)에 **-이**나 **-히**가 붙는 경우에 두루 적용될 수 있는 것입니다. 이렇게 특정한 뜻을 가진 단어가 아닌 일정한 조건에 놓인 모든 말소리에 두루 적용되는 몇 가지 규정이 '제3장 소리에 관한 것'에 담겨 있습니다.

눈치 빠르신 분은 짐작했을지 모르지만, 저는 위에서 '소리대

---

* 둘 이상의 형태소(의미를 가진 가장 작은 말의 단위)로 더 잘게 쪼갤 수 있는 단어에서 실질적인 의미를 나타내는 중심이 되는 부분.

로'라는 표현을 일부러 '소리나는 대로'와 뒤섞어 썼습니다만 엄밀히 말하자면 둘이 정확히 같은 뜻은 아닙니다. '소리나는 대로' 적는다는 건, 예컨대 **꽃이 예쁘다**를 [꼬치 예쁘다]로 적는 것이지만, **꽃이 예쁘다**라고 적어도 **소리대로** 적은 것으로 볼 수 있습니다. 한국어를 모어로 상용하는 사람이라면 누구나 이렇게 적어도 [꼬치 예쁘다]라고 발음할 수밖에 없기 때문입니다. 요컨대 소리대로 적는다는 것은, '한글을 발음기호로 사용할 수 있도록'이라는 의미입니다. 이 점은 **어법에 맞도록**을 적용하는 범위의 한계, 달리 말해 이 원칙의 예외를 이해하는 데 매우 중요합니다. 일단 **어법에 맞도록**을 설명한 뒤에 다시 돌아오겠습니다.

'어법'이란 무엇인가

어법에 맞도록 함이라는 표현은 많은 오해를 불러일으킵니다. 통상 '어법'이라고 하면, '문법'과 거의 같은 뜻으로 이해되기 때문이지요. 그러니 맞춤법을 제대로 지켜서 쓰려면 한국어 문법에 대한 이론적 지식이 필요하리라고 넘겨짚는 것도 무리가 아니고, 첫 조문부터 주눅이 들 수밖에 없는 것도 어쩌면 당연한 일입니다. 그러나 이건 오해입니다. 여기에서 말하는 **어법에 맞도록**은 그저 '뜻이 드러나도록'이라는 뜻일 뿐입니다.

　그저 소리나는 대로 적으면 편할 텐데 왜 공연히 복잡하게 하는 걸까요. 당연히 그럴 만한 이유가 있겠지요. **꽃**이라는 단어를 생각해 봅시다. 이 말이 단독으로 쓰일 때의 소릿값은 [꼳]입니다. 그런데 모음으로 시작되는 조사가 붙으면 [꼬치]로 바뀝니다. 게다가 **-도**나 **-과** 같은 조사가 붙으면 [꼬또], [꼬꽈]처럼 뒤에 오는 말의 첫소리를 된소리로 바꾸기도 하고, **-만** 같은 조사가 붙으면 [꼰만]처럼 끝소리 'ㄷ'이 'ㄴ'으로 바뀌기도 합니다. 따라서 그냥 소리나는 대로 '꼳, 꼬치, 꼬츨, 꼬또, 꼬꽈, 꼰만······'과 같이 적으면 그 말의 뜻을 쉽게 파악하기 어렵습니다. 즉 일정한 뜻을 가진 말이라면 그 시각적인 형태도 일정하게 고정해 놓을 필요가 있는 것이지요. 그래야 뜻이 드러날 테니까요. 이건 뭐 그리 어려운 일이 아닙니다.

그렇다면 이 대목에서 의문이 생기겠지요. "뜻이 드러나도록"이라고 하면 될 걸 왜 **어법에 맞도록**이라고 비틀어 놓아서 공연히 주눅들게 하는 걸까요. 그 까닭은 이렇습니다. 뜻이 분명히 드러나는 것만으로 충분하다면, 저렇게 소릿값이 다양하게 변이될 때 그중 어느 하나, 이를테면 단독으로 쓰일 때의 [꼳]을 대표로 내세워 '꼳'*으로 통일해 적는다 해도 별 문제가 없을 겁니다. 그런데 이렇게 적으면 '꼳, 꼳도, 꼳과, 꼳만' 등이 [꼳], [꼬또], [꼬꽈], [꼰만] 등으로 소리가 나는 건 쉽게 설명할 수 있어도**, '꼳

* 이 표기의 근거는 제7항('ㄷ' 소리로 나는 받침 중에서 'ㄷ'으로 적을 근거가 없는 것은 'ㅅ'으로 적는다.)입니다(제9강 참조).

** 일정한 조건에서 끝소리 'ㄷ'이 'ㄴ'으로 바뀌거나 뒷말의 첫소리가 된소리가 되는 건, 특정한 단어만이 아니라 'ㄷ' 소리로 끝나는 모든 말에 공통적으로 일어나는 현상이기 때문이지요.

이, 꽃을' 등이 [꼬치], [꼬츨] 등으로 소리가 나는 걸 설명하려면 매우 복잡한 이론이 필요해집니다. 물론 설령 그런 이론을 세울 수 있다 해도 대다수 언중의 언어 직관과는 거리가 상당히 멀어 지겠지요. 그러나 **꽃**을 대표로 내세운다면, 그 모든 변이를 한국 어의 보편적 음운규칙(특정한 뜻을 가진 단어가 아닌 일정한 조건에 놓인 모든 말소리에 두루 적용되는 음운 변동의 규칙)의 테두리 안에 서 설명할 수 있게 됩니다. 직관적으로도 자연스럽게 발음할 수 있을 테고요. 바로 이것이 **어법에 맞도록**입니다. 하지만 물론 '뜻 이 드러나도록'이라는 목적이 더 중요합니다.

　따라서 굳이 뜻을 드러낼 필요가 없거나, 뜻이 분명하지 않으 면 그냥 소리나는 대로 적는 게 자연스럽겠지요. 그래서 '제4장 형태에 관한 것'에 담겨 있는 규정들은, 뜻을 드러내서 적는 경 우와 소리나는 대로 적는 경우를 세세히 구별하는 내용으로 구 성되어 있습니다. 맞춤법의 핵심은 바로 이 제4장에 있습니다. 이 점을 다른 각도에서 살피면, '어법'의 정체가 좀더 분명해집 니다. 실은 제1항에서 말하는 **어법**은 어쩌면 〈한글 맞춤법〉 자신 을 가리키는 일종의 재귀적 표현이라고 해석하는 게 가장 적절 할지도 모릅니다. 달리 말해 이렇게 고쳐 읽어도 무방하다는 것 이지요. "표준어를 소리대로 적되, 〈한글 맞춤법〉이 따로 정하는 바에 따름을 원칙으로 한다." 왜냐하면 〈한글 맞춤법〉의 핵심적 내용은 결국 '뜻이 드러나도록' 적는 경우를 일일이 열거해 놓은 것이니까요.

　거꾸로 말해 〈한글 맞춤법〉에 따로 정한 바가 없다면 소리나는 대로 적으면 된다는 거지요. 이렇게 보면 맞춤법을 정확히 이해하기 위해 따로 배우고 익혀야 할 '어법' 따위는 없다는 결론에 이르는 겁니다. 〈한글 맞춤법〉에 명시적으로 "뜻이 드러나게 적으라"고 규정한 내용만 주의를 기울이면 되는 거지요.

원칙과 예외

이제 마지막 ……을 원칙으로 한다를 살펴보겠습니다. 뜻이 드러나도록 적어야 할 필요는 분명한데, 보편적 음운규칙의 테두리를 벗어나는 경우가 있습니다. **소리대로 적되, 어법에 맞도록 함**이 불가능한 경우지요. 대표적인 경우가 불규칙 용언(제18항)입니다. '질문하다'의 뜻을 가진 **묻다**를 예로 들어 보지요. 어휘적인 뜻을 가지는 어간 **묻-**에 문법적인 관계를 표시하는 다양한 어미가 붙어 활용을 합니다. 그런데 **-고**나 **-지만** 같은 어미가 붙으면 [무꼬], [무찌만]으로, **-는다** 같은 어미 앞에서는 [문는다]로 소릿값이 바뀝니다. 이럴 때는 모음으로 시작하는 어미로 활용을 해보면 원래 어떤 소리였는지(좀더 정확히는 어떤 소리를 대표로 내세울지)를 쉽게 알 수 있습니다.

　하지만 **-으니**, **-어서**가 붙으면 [무르니], [무러서]가 됩니다. 그렇다면 끝소리가 ㄹ이어야 하는데, '물고, 물지만, 물는다'라고 적으면, [물고], [물지만], [물른다]로 발음되지 [무꼬], [무찌만], [문는다]로 소리나는 말을 적은 걸로 받아들여질 수 없을 겁니다. 그래서 이런 경우에는 자음 앞에선 끝소리를 ㄷ으로 적고, 모음 앞에선 ㄹ로 적도록 일종의 '타협'을 합니다. **소리대로**(=한글을 발음기호로)라는 원칙이 **어법에 맞도록**(=뜻이 드러나도록)이라는 원칙보다 우선하는 거죠. 그래서 "어법에 맞도록 적되, 소리대로"가 아니라 **소리대로 적되, 어법에 맞도록**인 것입니다.

자, 저는 바로 윗문장에서 '소리나는 대로'가 아니라 '소리대로'라고 썼습니다. 눈치채셨나요? 자음 앞에선 **묻**-, 모음 앞에선 **물**-로 적는 건, '소리나는 대로' 적은 게 아닙니다. 소리나는 대로 적으려면 '무꼬, 무르니, 무러서, 무찌만, 문는다……'처럼 써야겠지요. 하지만 **묻**-과 **물**-로만 구별해 표기해도 한국어의 보편적 음운규칙에 따라 그렇게 발음이 될 것이므로 **소리대로** 적는다는 원칙에선 벗어나지 않습니다. 다만 '뜻이 드러나도록' 하려면 같은 뜻을 가진 말이니 하나의 형태로 고정시키는 것이 원칙이지만, 그렇게 되면 **소리대로** 적는 것이 불가능하기 때문에 제한적으로만 적용한 것이지요. 그렇다고 이 원칙을 완전히 무시한 것도 아닙니다. 더 잘게 나누지 않고 그야말로 '필요한 최소한'에 그침으로써 최대한 뜻을 파악하기 쉽게 한 것이지요.

한글 맞춤법의 원리는 이렇게 간단한 것입니다. 한글을 발음기호로 사용할 수 있도록, 그리고 읽는 사람이 뜻을 파악하기 쉽도록 한다는 원칙만 잊지 않으면 됩니다. 물론 좀더 깊이 들어가면, 이런 간단한 원리만으로는 해결이 불가능한 문제들이 있고, '문자생활의 안정성'이라는 눈에 보이지 않는 기준이 훨씬 중요하게 작용한다는 것을 확인할 수도 있습니다. 즉 원칙에 비추어 다소 무리한 점이 있더라도 많은 사람들이 이미 익숙하게 쓰고 있는 표기법을 함부로 건드려 혼란스럽게 하지 않겠다는 의지가 반영된 규정들도 있다는 것입니다. 참 아이러니하지요. 맞춤법 규정은 좀더 깔끔하고 따라서 배우기 쉽도록 하는 대신 좀더 복잡하고 온갖 예외들로 지저분해지더라도 실제 관행을 최대한 존중하려 하는데, 정작 사람들은 맞춤법이 지나치게 '이론적'이어서 골치 아프다거나 심지어 너무 자주 바뀌어서 혼란스럽다고 타박을 하니 말입니다.

?

현재는 표준어로 인정되지 않는 '바램'이나 '같애' 같은 말도 일종의 '구어체'로 받아들일 수 있다고 보시나요?

!

네. 특히 '바램'은 〈표준어 규정〉의 해설 자체가 어처구니없을 정도로 엉성해서(동사 활용의 '명사형 전성어미'와 품사를 명사로 바꿔 주는 '접미사'를 혼동하고 있거든요), 규범적 근거가 그리 튼튼치 못합니다. 시급히 복수 표준어로 인정되어야 할 테고요. 아마 그렇게 되면 압도적으로 '바람'을 대체할 걸로 예상됩니다. 저는 필자가 '바람'이라고 쓴 걸 구태여 '바램'으로 고치지는 않지만, 웬만큼 격식을 갖춘 맥락이 아니라면 '바램'으로 쓴 건 고치지 않고 그대로 두는 편입니다. 그런다고 의미 파악이 더 쉬우면 쉬웠지 어려움을 겪을 독자도 별로 없을 테니, 복수 표준어 인정을 압박한다는 취지에서죠.

다른 한편, '바랬다', '놀랬다', '나무랬다', '같애' 같은 말들은 현재 표준어로 인정되지는 않지만, '구어체'의 느낌을 살리려 할 때 저도 꽤 드물지 않게 쓰는 표현들입니다. 이건 사실 엄밀한 의미에선 표준어 사정 문제도 아닙니다. 기본형이 아예 '바래다', '놀래다', '나무래다' 등으로 변이한 걸로는 보이지 않기 때문입니다.* 그보다는 어미 '-아'나 '-았-'이 붙을 때 그 어미의 형태가 '-애'나 '-앴-'으로 변이하는 걸로 해석하는 게 더 타당해 보입니다. 문법적으로는 '수의 불규칙'**이라고 하는 범주로 설명이 가능한 현상이기 때문에, 문법 설명만 더 정교하게 다듬는다면 표준어에서 배격할 근거가 전혀 없을 텐데 참 딱한 일입니다.

물론 복잡한 문법 설명 다 떠나서 '귀납적'으로 실제로 많은 사람들이 보편적으로 쓰고 있는 말이라면 표준적이지 않다고 못박을 근거가 없는 것이기도 합니다. '가엾은[가엽쓴], 가엾어[가엽써]' 등과 '가여운, 가여워' 등이 다 두루 쓰이고 있

---

* 물론 단어에 따라 조금씩 편차는 있습니다. 이를테면 '바랩니다'는 꽤 어색하고 '나무랩니다'도 썩 자연스럽지는 않은데, '놀랩니다'는 그런 대로 받아들일 만하거든요.

** '수의 불규칙'은 용언의 특정한 활용형에서 규칙 활용과 불규칙 활용이 임의적으로 넘나드는 경우를 가리키는데요. '오다'가 명령형 종결어미 '-아라'로 활용할 때 '와라'라는 규칙형과 '오너라'라는 불규칙형이 넘나들고 있어서 '-너라 불규칙'이라고 범주화하기도 합니다.

다는 이유에서 일찌감치 '가엾다'와 '가엽다'도 복수 표준어로 인정하고 있는데, 혹시 '바랬다', '나무랬다', '놀랬다'는 그보다 보편적이 아니어서 인정하지 못하겠다면 더 부지런히 써야겠다는 의지(?)를 다질 수밖에요.

?

맞춤법이 한국어 문법에 대한 전문지식이 없는 일반인을 위한 것이라면, 맞춤법을 제정하고 개정하는 걸 전문가들의 손에만 맡길 게 아니라 일반인들이 더 적극적으로 참여해야 하는 것 아닐까요?

!

충분히 가능한 일이라고 봅니다. 간접적인 방식으로나마 이미 일반인들 사이에서 형성된 표기 관행이 맞춤법 규정에 적잖이 반영되어 있기도 합니다. 다만 언어 정보를 다루는 최소한의 과학적 방법론에 대한 합의가 전제되지 않으면, 자칫 생산적인 토론보다는 소모적인 입씨름으로 흐를 우려가 크다는 점도 무시할 수는 없습니다. 그 난점을 효과적으로 제어할 장치가 담보된다는 전제만 충족된다면, 다양한 계층의 일반인들의 의견이 '규범'에 직접적으로 개입할 통로를 확보하는 게 더 민주적이라는 점을 부인하긴 어렵습니다.

'표준어'는 실체 없는 관념이다
표준어의 테두리(〈표준어 규정〉 제1항)

앞서 제2강에서 현행 〈표준어 규정〉의 성격과 한계에 관해서는 충분히 이야기한 바 있습니다. 그래서 이 책에서 〈표준어 규정〉의 내용을 축조하여 해설하지는 않으려 합니다. 다만 제1항의 내용만큼은 〈표준어 규정〉이 제정되기 이전에 본디 맞춤법에 포함돼 있던 내용이기도 하고, 표준어의 구체적인 내용은 규범이 아닌 정보라 하더라도 그 대략적인 테두리에 관해서 사회적 컨센서스가 확인될 필요가 있는 것도 부인하기 어렵기에, '지금 여기'의 한국어에 대한 이해의 지평을 넓히는 차원에서라도 짚고 넘어가려 합니다.

본디 〈한글 맞춤법 통일안〉의 제2항에는, **표준말은 대체로 현재 중류 사회에서 쓰는 서울말로 한다.**라는 규정이 있었습니다. 이것이 〈표준어 규정〉 제1항 **표준어는 교양 있는 사람들이 두루 쓰는 현대 서울말로 정함을 원칙으로 한다.**라는 규정의 원형이지요. 그런데 국립국어원은 이 조문을 해설하면서, "표준어 선정의 기준이 바뀐 것은 없다. 다시 말하면, …… 내용보다는 표현의 개정이라고 봄이 옳을 것이다."라고 분명하게 밝히고 있습니다.

이것은 두 가지 사실을 말해 줍니다. 우선 표준어의 테두리는 크게 시간·지역·계층 세 가지 기준으로 판단할 수 있다는 것, 그리고 시간적으로는 현재(혹은 현대), 지역적으로는 서울, 계층적으로는 중간계층(중류 사회 혹은 교양 있는 사람)이 그 기준이 될 수 있다는 것이지요. 구체적으로 어떤 말이 여기에 포함될지 여기에서 벗어날지에 대해서는 사전 편찬자마다 얼마든지 판단이 다를 수 있겠으나, 이런 기준 자체에는 대체로 많은 사람들이 동의할 수 있을 것이라 봅니다.

아니라고요? 가령 왜 '서울말'이 독점적인 지위를 차지해야 하는지 불만스럽다고요? 조금 뒤에 다시 설명하겠지만, 그건 '서울말'을 어떻게 정의하느냐에 따라 판단이 달라질 수 있습니다. '교양 있는 사람'도 그 못지않게 오해되는 개념이고요. 사실 그 자체로 자명해 보이는 '현대'에도 다양한 해석의 여지가 있습니다. 하나하나 숙고해 보도록 하지요.

'현재'인가 '현대'인가

제3강에서 한국어를 어렵게 여기는 이유로 한국어의 변화 속도가 매우 빠르다는 사정을 설명했습니다. 기억하시지요? 말이 시간 속에서 급격하게 변화할 때, 어디까지를 표준적인 한국어로

둘러보기 '원리'부터 차근차근

잡아야 하는가는 크나큰 문젯거리입니다. 이미 낡아서 대다수 언중의 어휘 목록에 더이상 남아 있지 않은 말까지 표준적이라고 우기는 것도, 반대로 아직 대다수에게 익숙해지지 않은 생경한 신조어를 표준적이라고 내세우는 것도 썩 바람직한 일은 아닐 겁니다. 결국 '과거'에야 어쨌건 혹은 '미래'에 어찌될 것이건 '현재' 시점에서 실제로 대다수에게 보편적으로 표현되고 수용되는 말인지가 가장 중요한 기준일 겁니다. 그렇습니다. 기준은 어디까지나 '과거'도 '미래'도 아닌 '현재'입니다. 그리고 '미래'는 어차피 아직 실현되지 않았으므로 '현재'라는 기준을 통해 실제로 배제되는 것은 '과거'입니다. 그래서 '표준어의 상대어는 방언(사투리)'이라는 흔한 통념과는 달리 '고어' 또한 '표준어'의 상대어일 수 있습니다.

그런데 '현재'라는 시간은 직관적으로는 자명하지만, 실은 유클리드적인 개념입니다. 시간은 쉴새없이 흐르기 때문에 '현재'는 두께가 없는 시간이지요. 제가 '지금'이라고 말한 그 순간, 그 '지금'은 이미 존재하지 않는 '과거'가 돼 버리잖아요. 그래서 '현재'에는 실체가 없습니다. 그래서 '현대'라는 표현을 통해 일정한 '두께'를 부여한 겁니다. 국립국어원은 "역사적 흐름에서의 구획을 인식해서"라고 해설하고 있습니다. 그렇다면 대체 언제부터를 '현대'라고 볼 것인가에 따라서 표준어의 기준이 달라지겠지요?

하지만 여기에 대해선 뚜렷한 기준이 제시되어 있지 않습니다. 아니 대체적인 기준조차 언급하고 있지 않습니다. 한편으로 보면 해석의 자유를 전적으로 '표준어 인식/사정의 주체'에게 넘긴 셈이니 꽤 바람직하다고 볼 수도 있고, 다른 한편으론 실제로는 아무런 의미도 없는 하나마나한 규정이라고 볼 수도 있습니다. 대체 언제부터 '현대'라는 걸까요?

역사학에서는 어떻게 구획하지요? 대략 해방 이후를 '현대'로 잡는 게 통설인 것 같습니다만, 달리 보시는 분들도 없지는 않지요. 만일 이 기준을 따른다면 이 규정은 이런 의미입니다. "해방 이전 시기에 대다수에게 널리 사용되었던 말이라 할지라도, 해방 이후 시기에 대다수에게 사용되지 못하고 상당히 제한된 범위의 사용자들 사이에서만 통용되었다면 표준적인 한국어라고 보기 어렵다." 이 기준이 타당할지 저는 솔직히 의문스럽습니다. 제3강에서 이야기했듯, 1950년대의 한국어와 지금 2010년대의 한국어 사이에는 무시하지 못할 간극이 있습니다. 그건 이 시기에 한국 사회가 농경사회에서 산업사회로 크게 변동했기 때문입니다. 그게 언어 변화와 무슨 상관이 있을까요?

전통적인 농경사회에서는 대다수 사람들이 땅에 매여 살았고 사는 마을을 멀리 벗어날 일이 거의 없었습니다. 그건 거꾸로 말해 자기가 사는 마을로 찾아오는 외지인을 접촉할 일도 별로 없었다는 뜻입니다. 그건 내가 흉내내면서 배울 수 있는 말의 범위가 대략 어느 정도 잦은 왕래가 가능할 만큼 좁은 지역 단위에 사는 사람들을 벗어나지 못한다는 뜻입니다. 그렇게 그 바깥 사람들과 서로 단절된 채로 몇 세대를 살다 보면 서로 말이 달라질 수도 있겠지요? 그게 바로 '(지역) 방언'이 생기는 이유입니

둘러보기 '원리'부터 차근차근

다. 해방 직후만 하더라도 남한 인구의 70퍼센트가 농민이었다고 합니다.

그런데 1950년에 전쟁이 일어납니다. 일단 지역적인 성장 배경이 다른 낯선 외지인들이 군복을 입고 마을에 진주하기도 했고, 반대로 평생 자기가 태어난 마을을 떠날 일이 없었을 사람들이 피난에 나서 낯선 외지로 삶의 터전을 옮기기도 했습니다. 전쟁을 계기로 지역적으로 언어적 배경이 달랐던 사람들 사이의 접촉이 폭발적으로 증가하게 된 것이죠. 그러면서 서로 달랐던 말들이 서로 닮아가면서 섞일 수밖에 없게 됩니다. 전쟁은 3년 만에 끝났지만 고향으로 돌아가지 못한 사람들도 많았습니다.

그리고 1960년대로 접어들면 본격적으로 산업화가 추진되고 이농 현상이 도드라지면서 도시화가 가속화됩니다. 대도시를 중심으로 다양한 지역 배경을 가진 사람들이 모여들면서 그전에는 그다지 접촉할 기회가 없었을 다양한 한국어들이 서로 섞이면서 영향을 주고받는 역동적인 조건이 구조화되는 것입니다. 교통·통신의 발달로 전국 일일생활권 시대가 열리면서 지역간 접촉은 더욱 활발해지고, 대량생산·대량소비의 대중사회가 열리면서 대중매체를 통해 대중문화가 형성되어 언어를 통합하는 강력한 사회적 기제로 작용합니다.

산업화 초기만 해도 한국어를 통합하는 힘은 국가 행정력의 주도로 이루어질 수밖에 없었습니다. 각급 학교의 교과서나 훈련받은 아나운서들이 도맡던 국영 라디오 방송보다 더 강력한 매개는 없었습니다. 그러나 영화산업이 융성하고 텔레비전 방송을 계기로 본격화된 상업방송이 발전하면서 언어 통합의 주도권을 넘겨받게 되고, 대중의 '언어적 자의식'이 고양됩니다. 달리 말하면 교과서가 가르치고 라디오 아나운서가 시범 보이는 한국어가 가장 '표준적'인 한국어라고만 생각해 왔던 사람들이 실제 현실은 그렇지 않고 교과서가 가르치는 것과는 사뭇 다른 한국어를 사용하는 사람들이 훨씬 많다는 것을 자연스럽게 깨닫게 되는 것이지요. 그렇게 우리가 '현재' 쓰고 있는 한국어의 대체적인 테두리가 형성되어 온 것입니다.

제3강에서 이야기한 바와 같이 이 과정은 매우 급격하게 이루어졌습니다. 1950년대에도 성인이었던 분들이 지금도 생존해 계시기도 하니까요. 그래서 해방 이후의 한국어를 '현대 한국어'라고 한다고 해서 큰 무리는 없을 것입니다. 그러나 다른 한편, 그 사이에 한국어에는 작지 않은 변화가 일어났고 1950년대에 이미 성인이었던 분들도 정도의 차이는 있을망정 그 변화의 영향을 분명히 받았을 것이며 최소한 그 시절에 쓰던 말을 고스란히 지금까지 쓰고 있지는 않은 분들이 대다수일 것입니다. 따라서 '현대 한국어'의 기준을 어디에서 세워야 할지에 대해서는 보는 각도에 따라 다양한 의견이 있을 수 있습니다. 가령 아주 과격하게는 1987년 이후(군부독재가 끝나고 이른바 제6공화국이 성립된 시기)라고 볼 수도 있고, 심지어 좀더 파격적으로는 1997년 이후(이른바 국제통화기금 구제금융 사태로 촉발된 폭넓은 사회변동)로 더 좁혀 잡을 수도 있습니다.

물론 이건 관련 학자들이 좀더 정밀하게 연구해야 할 과제일 테고 함부로 단언하는 건 제 깜냥을 크게 벗어나는 일일 것입니다. 다만 '현대'라는 표준어의 시간적 기준이 그리 명료한 것만은 아니라는 점을 환기하려는 것뿐입니다. 결론적으로 여기서 말하는 '현대'란 그저 "많은 사람들(=한국어 사용자들)이 '현대'라고 여기는 시대"라는 의미쯤으로 그야말로 귀납적으로 받아들이는 게 적절할 듯싶습니다.

'서울말'? '서울 지역에서 쓰이는 말'?

한국어에 지역적 변이가 있다는 것은 누구나 직관적으로 쉽게 알아차릴 수 있는 일입니다. 그래서 '표준어'가 아닌 말, 즉 '비표준어'라고 하면 직관적으로 '사투리'부터 떠올리기도 하고, 거꾸로 '사투리'에 대비되는 '서울말'을 '표준어'로 자연스럽게 인식하기도 합니다. 다시 풀어 말하자면, 한국어에는 다양한 지역 방언이 있지요. 그 가운데에는 서울을 중심으로 한 경기 일원에서 주로 쓰이던 이른바 '중부 방언'도 있고, 이것을 흔히 '서울말'이라고 생각하는 게 통례입니다. 그런데 여기엔 크나큰 오해가 있습니다.

지금이야 도시화가 크게 진전되어 이 지역에 인구가 집중되기도 했고 교육이나 대중매체의 영향으로 표준어 사용이 확대되기도 했습니다만, 〈한글 맞춤법 통일안〉에서 '서울말'을 기준으로 삼던 1930년대만 하더라도 사정이 꽤 달랐을 것입니다. 중부 방언 사용자가 전체 한국어 사용자에서 차지하는 비중은 많이 잡아도 20퍼센트를 넘지 못했을 것이고, 정확히 알려진 바는 없지만 아마도 가장 규모가 큰 방언 집단이 아니었을 가능성도 큽니다. 그런데도 서울말을 표준으로 삼은 까닭은 어디에 있을까요. 그 당시에도 서울이 한반도의 중심 도시였기 때문이라고 쉽게 생각할 수도 있겠지만, 그렇다고 꼭 언어적인 대표성이 있다고 못박을 근거로는 아무래도 석연치 않습니다. 거듭 강조했듯이, 가장 보편적인 표현에 대한 정보를 담고 있지 않다면 군이 표준어로 제시하는 의미가 없을 것이기 때문입니다. 서울이 한반도의 행정 중심지라고 해서 서울말이 가장 보편적이라는 결론이 저절로 도출되지도 않을 테고요.

위에서 짤막하게 살폈듯 지역 간에 왕래가 거의 없었던 탓에 각기 다른 '방언'이 생겨난 것이라면 사실 그 가운데 어떤 방언도 '보편적인' 한국어를 대표한다고 주장할 수는 없을 것이고, 그건 이른바 '중부 방언'도 마찬가지일 것입니다. 물론 전통적인 농경사회라고 해서 왕래가 아주 없었던 것은 아니지요. 특히나 중세 유럽과는 달리 조선은 중앙집권국가였고 중앙의 행정력이 일찍부터 지방에까지 작용하고 있었으니까요. 지역적 배경을 달리하는 사람들이 중심지인 서울로 모여들었을 겁니다. 애당초 한양은 그런 목적을 위해 조성한 계획도시이기도 했고요.

그렇다면 이렇게 한번 생각해 보지요. 전라도 일원의 '호남 방언' 사용 지역을 제외하고 그 바깥에서 '호남 방언' 사용자와 접촉할 가능성이 가장 높은 지역을 한 군데만 꼽으라면 어디였겠습니까. 대구? 평양? 아니죠. 서울입니다. 또는 경상도 일원의 '영남 방언' 사용 지역을 제외하고 그 바깥에서 '영남 방언' 사용 자와 접촉할 가능성이 가장 높은 지역은? 역시 서울입니다. 어느 방언을 대입해도 마찬가지 결론이겠지요?

이걸 고스란히 뒤집어 봅시다. 가령 '영남 방언' 사용자가 대 다수일 대구에서 무난하게 소통되는 말이라고 해서 한반도 어디 서나 무난하게 소통될 수 있다고 생각할 수 있을까요? '호남 방 언' 사용자가 대다수일 광주에서 무난하게 소통되는 말이라고 해서 한반도 어디서나 무난하게 소통될 수 있다고 생각하기도 어렵겠지요. 그러나 서울이라면 다릅니다. 가령 서울에는 '호남 방언' 사용자도 (적어도 대구나 평양보다는 많이) 살고 있으니 서울 에서 무난히 소통되는 말이라면 적어도 대구나 평양에서 무난히 소통되는 말보다는 호남 지역에서도 통할 가능성이 조금은 높을 거라고 기대할 수 있을 겁니다. 서울에는 '영남 방언' 사용자도 (적어도 광주나 함흥보다는 많이) 살고 있으니 서울에서 무난히 소 통되는 말이라면 적어도 광주나 함흥에서 무난히 소통되는 말보 다는 영남 지역에서도 통할 가능성이 조금은 높을 겁니다. 어떤 다른 방언을 대입해도 역시 마찬가지겠지요? 바로 이러한 이치 로 '서울말'이 보편성을 얻게 되는 것입니다.

그렇다면 이건 엄밀히 말해 흔히 오해하듯 '서울 토박이들이 쓰는 말'(심지어 '서울 사대문 안에서 3대 이상 살아온 토박이'라는 좀 더 과격한 견해도 있었지요)과는 좀 다른 개념일 수밖에 없습니다. 오히려 다양한 방언들이 서로 부딪치는 과정에서 최대한 다양한 방언들과 소통이 가능하도록 형성되어 가는 어떤 방향성을 '서울말'로 뭉뚱그려 표현했다고 보는 게 더 정확합니다. 그리고 그렇게 해석할 때라야만 '서울말'이 한국어를 대표하는 보편성을 지닌다고 주장할 최소한의 근거가 마련되는 것입니다.

그래서 특정한 방언을 지칭하는 것으로 오해되기 쉬운 '서울말'보다는 그저 '서울 지역에서 쓰이는 말'이라고 하는 게 '서울말'을 표준으로 삼는 근거에 더 부합하는 표현일 수 있습니다. 실제로 1979년 국어심의회에서 내놓은 안에서는 '서울 지역에서 쓰이는 말'이라고 표현했다고 합니다. 그럼에도 이 안을 채택하지 않고 기존의 '서울말'이라는 표현을 고수한 이유를 국립국어원은 이렇게 설명합니다. "서울 지역에서 가장 보편적으로 쓰이는 말은 확실히 어떤 공통적인 큰 흐름이 있어, 지방에서 새로 편입해 온 어린이가 얼마 안 가 그 흐름에 동화되는 예를 자주 본다. 이 공통적인 큰 흐름이 바로 서울말인 것이다." 여기에서 주목해야 할 핵심적인 어구는 '공통적인 흐름'입니다. 서울 토박이들의 말에 동화된다는 것과는 사뭇 다른 의미로 읽히지 않습니까?

실은 표준어 규정이 말하는 '서울말'은 실제로 존재하는 '방언' 중의 하나가 아니라 "대다수 한국어 사용자들이 서울말이라고 생각하는" 관념적인 말인 것입니다. 그 예를 드는 건 어렵지 않습니다. 서울 토박이들을 포함하여 대다수 한국어 사용자들에게서 연결어미 **-고**를 실제로는 [구]로 발음하는 경향이 폭넓게 나타납니다. [먹고 자고]가 아니라 [먹구 자구]인 거지요. 어떤 분들은 이게 바로 전형적인 '서울 사투리'라고 이야기하기도 합니다. 그런데 재미있는 건 대다수 한국어 사용자들이 그럼에도 관념적으로는 **먹고 자고**가 표준적이라고 확고하게 인식하고 있다는 겁니다. 그 관념의 총체, 위에 인용한 국립국어원의 표현에 따르면 "공통적인 큰 흐름" 바로 그것이 표준어의 기준이 되는 '서울말'인 것입니다.

그런데 저는 여전히 '서울 지역에서 쓰이는 말'로 기준을 잡는 것이 한국어를 더 풍성하게 하는 길이 아닐까 생각하고 있습니다. 그 까닭은 이렇습니다. 언어적으로 서로 다른 지역적 배경을 가진 사람들 사이의 접촉이 이제는 거의 일상화되었습니다. 서울은 물론이려니와 웬만한 규모의 도시에서도 온갖 방언을 두루 접촉할 기회가 생기는 게 그리 드문 일이 아닙니다. 그리고 다양한 방언 사용자들이 각자 자기 입에 붙은 방언을 무심히 사용하는데도, 웬만큼 심한 사투리가 아니라면 다른 방언 사용자가 못 알아듣는 일은 거의 없습니다. 접촉이 빈번해지면서 그만큼 익숙해졌기 때문입니다. 달리 말해 내 입에서 실제로 나오는 말(발화)을 기준으로 한다면 여전히 방언권 사이의 경계가 분명하지만, 내가 무난히 알아들을 수 있는 말(수용)을 기준으로 한다면 방언을 구획짓는 것이 거의 무의미하지 않을까 싶다는 것입니다. 그렇다면 특정한 방언권 사람들이 주로 사용(=발화)하고 다른 방언권 사람들은 좀체로 사용하지 않는 말이라 해도, 한국어 사용자 대다수가 그 의미를 이해(=수용)하는 데 지장이 없다면 그 말이 보편적인 한국어가 아니라고 못박을 근거가 없어지는 것 아닐까요?

선뜻 이해가 안 가신다면 왜 애당초 '보편성'이 문제가 되었는지를 다시 곰곰이 되짚어 보시기 바랍니다. 언어적 보편성을 따질 때 더 중요한 관건은 발화(얼마나 많은 사람들이 그렇게 말하느냐)가 아니라 수용(얼마나 많은 사람들이 그 말의 의미를 정확히 알아듣느냐)일 것입니다. 따라서 대다수 한국어 사용자들이 별 어려움 없이 의미를 이해할 수 있는 말을 단지 실제로 그렇게 말하는 사람은 특정 방언 사용자들뿐이라 해서 굳이 표준어에서 배제할 필요는 없을 것입니다. 무엇보다도 비슷한 의미를 나타내는 표현이 풍부할수록 더 발전된 언어라는 건 분명하니까요.

좀 다른 예지만, 이를테면 **~하건 말건** 할 때의 어미 **-건**과 **~하든 말든**의 **-든** 가운데 어느 쪽이 옳으냐는 질문을 받고 황당했던 기억이 있습니다. 대체 얼마나 규범 강박에 사로잡혀 있으면 이걸 옳고 그름의 차원에서 바라보는 걸까 딱해졌지요. 그런데 한편 생각해 보면, 우리 사회는 지금껏 '표준어'란 바로 그럴 때 필요한 거라고 가르쳐 왔던 것도 사실입니다. 같은 의미가 다양한 형태로 표현되고 있을 때 그중 어느 하나를 표준으로 잡아 주지 않으면 이 말 저 말이 뒤섞이면서 혼란스러워진다고 배우지 않았던가요? 그런데 그게 대체 왜 '혼란'인지, 혹은 백 걸음 양보해서 '혼란'스러워질 수 있다 해도 과연 '혼란'이 나쁜 건지를 숙고할 기회는 전혀 없었습니다.

그러니까 어떨 때는 **-든**이라고도 하고 어떨 때는 **-건**이라고도 하는데 의미가 다른 것 같지도 않다면(이 두 어미는 거의 완벽하게 호환되며 뉘앙스 차이조차도 거의 감지되지 않지요) 어느 한 쪽으로 '통일'해 줘야 하나요? 그러지 않으면 막 혼란스러워지나요? 저는 오히려 이렇게도 쓸 수 있고 저렇게도 쓸 수 있으니 글을 쓰거나 말을 할 때 거듭되는 표현으로 지루해지지 않도록 적절히 뒤섞어 쓸 수 있어서 좋은데요? 사실 특별히 강조할 필요가 있는 경우가 아니라면 같은 말의 반복 표현은 피하는 게 통례이고 보면, 서로 의미가 겹쳐서 호환이 가능한 다양한 표현이 풍부하게 공존하는 게 더 바람직한 일 아닌가요?

'중류 사회'와 '교양 있는 사람들'

이제 지역 방언에서 살펴보았던 이 이치를 그대로 사회 방언으로 가져와 적용해 봅시다. 전통 사회에서는 신분에 따라서 사는 모습이 꽤 달랐으며, 더러는 신분제에 의해 그렇게 강제되기도 했습니다. 이를테면 하층 신분에 속한 사람은 입을 수 있는 옷, 살 수 있는 집이 제한되어 있었지요. 사는 모습이 달랐으니 말도 달라질 수밖에 없었을 겁니다. 그리고 어떤 말들은 신분제에 의해 강제되어 하층 계급은 입에 올려서는 안 되는 말도 있었을 거라는 추측도 가능합니다. 어떤 옷을 입느냐만 봐도 신분을 알 수 있듯, 어떤 말을 쓰느냐에서도 신분이 드러났을 겁니다. 가령 텔레비전 사극 따위에 옛 말투들이 등장하는 것을 보면서 왕실에서는 여염과는 다른 말을 썼으리라는 것을 누구나 짐작할 수 있는데요, 만일 조선 시대에 일반 평민들이 장난 삼아 왕실에서나 쓰는 말을 사용했다면 어떤 일이 벌어졌을까요. 모르긴 해도 절대 '장난'으로 가볍게 여겨지지 않았을 겁니다. 어쩌면 반역죄로 다스려졌을지도요. 말 한마디 잘못했다가 일가가 몰살당할 수도 있는 살벌한 세상이었던 거지요. 바로 그게 신분제입니다.

1894년 갑오개혁으로 공식적으로 신분제는 타파됩니다. 그러나 사회적으로는 신분제의 잔재가 꽤 오래 남아 있었지요. 좀더 정밀한 고증이 필요하긴 하겠지만 거칠게 뭉뚱그리자면, 아마도 해방과 전쟁을 겪으면서 양반이니 상놈(평민)이니 하는 사회적 구별이 무너졌으리라고 보는 게 자연스러울 겁니다. 달리 말하면 〈한글 맞춤법 통일안〉이 마련되었던 1933년의 시점에서라면, 갑오개혁 때 성인이었던 사람이 여전히 생존해 있었을 것이고 사회적으로도 신분제적인 관념이 살아 있었을 겁니다. 즉 공식적으로 신분제가 폐지되었더라도 예전에 속했던 신분에 따라 쓰는 말도 사뭇 달랐겠지요.

그렇다면 이 경우에도 이를테면 지역적으로 '서울'에 해당하는, 다양한 지역적 배경을 가진 사람들이 섞여 사는 공간을 사회 계층에도 대입해 상정할 수 있을까요? 가령 양반 귀족층과 평민층 사이에 존재하던 '중인' 신분이라면 어떨까요? 사실 엄격한 신분사회에선 양반과 평민이 직접 대면해서 말을 섞을 일은 거의 없었을 겁니다. 적어도 공식적으로는 중인 신분에 속한 사람들을 중간에 매개로 삼는 게 정상적인 의사소통으로 간주되었을 테고요. 달리 말하면 양반과도 말을 섞고 평민과도 말을 섞는 중인이라면 인구 자체로는 전체에서 차지하는 비중이 보잘것없을 지라도 가장 '보편적'인 한국어를 표상하기에 적합했을 겁니다. 최소한 평민들은 접해 볼 기회가 별로 없었을 양반 귀족의 말보다는 또는 거꾸로 양반들은 구태여 알 필요도 없었을 평민들끼리의 말보다는 보편성에 근접할 겁니다. 그래서 그것을 '중류 사회'라고 표현했던 게 아닐까 하는 해석이 있습니다. 그렇다고 이미 오래전에 폐지된 신분제의 망령을 되살려 '중인 계급'이라고 표현할 수는 없었을 테니까요.

그런데 근대 자본주의 사회에서 사회 계층은 신분에 따라 나뉘지 않습니다. 궁극적으로는 경제적 계급에 따라 나뉘겠지만 순수하게 경제적 계급의 경계에 따라 말이 달라지지도 않습니다. 이를테면 벼락부자가 가난한 시절에 익숙하던 말을 쓸 수도 있는 것이고 하층 계급에 속한 사람도 얼마든지 상류층처럼 말할 수도 있지요. 사실 계급과 무관하게 '모든' 사회 구성원이 평등하게 같은 말을 사용하는 걸 지향하는 게 근대 국민국가의 이념이기도 하고, 어쩌면 '표준어'라는 관념도 그러한 지향으로부터 도출된 것일 테고요. 따라서 상류층과 하류층의 말이 다르다는 것을 전제로 중류층의 말로 '표준'을 삼는다는 발상이 더는 유효하지 않게 됩니다.

가령 이제 와서 '중류 사회'라고 하면 누가 양반과 평민을 매개하던 중인이라는 신분을 상상하겠습니까. 차라리 흔히 '중산층'이라 뭉뚱그려지는 경제적 중류 계급을 떠올리겠지요. 그런데 다양한 사회 방언이 실제로 존재하고 그 사이에서 '보편성'의 테두리를 잡아야 할 필요는 분명히 있다 해도, 사회 방언의 분화 양상을 경제적 계급의 경계로 환원시켜 구획지을 수는 없는 노릇이니 어떤 방향으로든 개정을 해야 할 필요가 생겨난 겁니다. 대체 현대 사회의 다양한 사회 방언들을 통합해낼 수 있는 '보편성'의 근거를 어디에서 찾을 수 있을까, 이게 핵심적인 문제의식이었던 거지요.

그리고 그 대안으로 찾아낸 표현이 '교양'입니다. '교양'이라는 것이 교육과 문화적 체험을 통해 체화되는 것이라면 '교육 수준'이나 '문화적 배경'이 사회 방언을 구획짓는 주요한 변인이라 파악한 결과라고 할 수 있습니다. 이런 배경을 충분히 염두에 두고 곱씹어야, 이것이 우리가 일상적으로 사용하고 있는 통념적인 의미의 '교양'과는 꽤 거리가 있는 개념이라는 걸 이해할 수 있습니다.

좀 얄팍한 비유지만, 우리가 일상에서 '교양 있다'고 말한다면, 문화적으로 상·중·하 어떤 계층을 떠올리기가 쉽겠습니까? 아마 모르긴 해도 대다수는 교육 수준이 높고 문화 체험이 풍부한 '상류층'을 떠올릴 겁니다. 그런데 그런 사람들의 말이 그보다 교육 수준이 낮고 문화 체험의 폭이 빈약한 사람들의 말과는 분명히 다르긴 하겠지만, 그것이 과연 교육 수준과 문화적 배경을 달리하는 모든 한국어 사용자의 말을 대표할 수 있는 '보편성'을 가진다고 말할 수 있을까요? 게다가 서두에 인용했듯 "내용상 달라진 건 없고 표현만 바꿨을 뿐"이라는 취지로 해설되고 있다면, 교육 수준이나 문화적 배경이라는 기준에서 보더라도 '상

둘러보기 '원리'부터 차근차근

류'보다는 대략 '중간 정도'를 뜻한다고 보는 게 훨씬 타당할 겁니다. 그러니까 이때의 '교양'은 통념적인 의미로 이해하더라도 '최소한의 교양'쯤으로 제한해서 해석하는 게 좋겠지요.

하지만 한 걸음 나아가 아예 통념 자체에서 벗어나 '교양'을 새롭게 정의해 봐도 의미가 있을 것입니다. 가령 김규항 선생의 이런 말을 떠올려 보지요. "교양이 문화적인 지식이나 감정 표현의 절제, 우아한 말과 행동 따위라는 생각은 봉건적이다. 교양이란 '사회적인 분별력'이다. 세상에서 일어나는 일의 옳고 그름을 따지고 그 뜻과 관계를 파악하는 능력, 그게 교양이다. 그걸 실천에 옮기는 사람이 '교양 있는 사람'이다." 저는 바로 이런 의미의 '교양'이 표준어 규정에서 말하는 '교양'에 가장 가까운 개념이라고 생각합니다. 다른 말로 하면 '상식'이지요. 상식을 영어로는 common sense라고 합니다. 말뜻 그대로만 풀이해도 '보편성'이 드러납니다. '사회 구성원이 공유하는 의미(감각)'라는 뜻이니까요.

그런데 '상식'이라는 말도 '교양'만큼이나 일상의 때가 묻어서, 일종의 '지식'처럼 여겨지는 경향이 강합니다. 가령《취직시험 일반상식》따위에서 다루는 내용이 말 그대로 누구나 알고 있음 직한 공통의 지식이라고 믿는 사람은 없을 겁니다. 정말 그렇다면 따로 공부할 필요도 없게요? 그래서 저는 좀더 쉬운 말로 '경우'라는 말을 대안으로 제시하곤 합니다. '경우 바르다'고 할 때의 그 '경우' 말입니다. 그야말로 '최소한의 사회적 분별력'이라는 뜻으로 쓰는 말이잖아요. 참고로 법률용어로는 '조리'라고

하기도 합니다.

그런데 이것은 '현대'나 '서울말'과 마찬가지로, 아니 그보다 훨씬 더 추상적이고 관념적인 개념입니다. 즉 '경우 있는 사람들이 쓰는 말'이라는 구체적인 실체가 따로 있는 게 아니라, 그 개념의 본질적 속성에서부터 "사회 구성원 대다수가 '경우 있는 사람이 쓰는 말'이라고 생각하는 말"이라는 뜻일 수밖에 없지 않겠습니까. 이를테면 어떤 사람들은 욕설 따위의 비속어를 아무렇지도 않게 내뱉는 걸 경우 없는 짓이라고 생각할 수 있지만, 또 다른 사람들은 그쯤은 친근감을 표현하는 개성 넘치는 표현이지 딱히 경우를 의심할 만한 건 아니라고 생각할 수도 있습니다. 어느 쪽의 판단이 옳은지를 가리려면 어떻게 해야 할까요? 더 많은 사람들한테 물어보는 수밖에 없습니다. 상대적으로 더 많은 사람들이 불쾌한 욕설로 여기면 '표준어'의 테두리에서 벗어나는 비속어인 것이고, 더 많은 사람들이 개성 있는 표현으로 받아들일 수 있다면 더는 비속어라고 못박을 수만은 없게 되는 것뿐이지요.

정리하자면, '표준어'란 그것을 틀잡는 '현대'가 그렇고 '서울말'이 그렇고 '교양'이 그렇듯 그저 '많은 사람들이 표준어라고 생각하는' 대체적인 범위를 아우르는 관념이지, 구체적인 실체가 아닙니다. 구체적으로 어떤 말이 이 테두리 안에 있는지 벗어나는지는 충분히 열려 있는 것이지요. 그것을 정리해서 정보로 제공할 수는 있지만(사전), 이 사전의 판단과 저 사전의 판단이 다를 수도 있습니다. 아니 다른 게 어쩌면 당연하고, 그렇기 때문에 그것을 규범으로 성문화하는 것은 만용입니다.

　실제로 〈표준어 규정〉이 각론에서 다루고 있는 내용은 크게 둘 중의 하나입니다. 하나는 규범으로 정해 놓지 않는다고 해서 벗어날 가능성이 거의 없는 하나마나한 규정들인데, 이를테면 **갈비**는 표준어이고 그에 대응하는 **가리**는 표준어가 아니라는 식입니다. 제가 한국어를 50년 넘게 쓰면서 다양한 한국어 사용자를 만나 왔지만, **갈비**를 **가리**라고 하는 사람은 지금껏 듣도 보도 못했습니다. 혹시 그런 분 보신 적 있나요? 그렇다면 이런 걸 규정에 담아 놓는 게 무슨 의미가 있을까요? 다른 하나는 **알타리무**를 버리고 **총각무**만을 표준어로 취한다든가 하는 앞서의 예처럼 얼마든지 논란의 여지가 있는데도 일방적으로 강제하는 내용입니다. 그래서 일일이 규정 하나하나를 짚어 해설하지 않고 넘어가겠다는 것입니다.

?

　정말 현재 한국 사회에서 '경우(사회적 분별력) 있는 사람'이 '보편성'을 가질 수 있을까요? 오히려 이를테면 '남성들이 두루 쓰는 현대 가부장제의 사회 방언'이 훨씬 더 '보편적'인 건 아닐까요? 만일 그렇다면 '보편성'이라는 기준은 과연 여전히 타당할까요?

!

매우 적절한 지적입니다. 말은 자연상태에 존재하는 것이 아니라 그 자체로 사회적 권력관계 위에 놓여 있습니다. 따라서 '자연스러운' 언어 직관이라 해서 말 그대로 '자연스럽다'고 착각하면 곤란합니다. 가령 차별의식이 만연한 사회에선 차별적 언어들이 '보편적'일 수밖에 없습니다. 하지만 그런 표현들이 더 '보편적'이라 해서 단지 그 이유만으로, 이를테면 그보다 훨씬 '어색한' 그러나 좀더 중립적인 표현보다 더 바람직하다고 할 수는 없을 겁니다.

그러나 다른 한편, 겉으로 드러나는 언어 표현만 교정한다고 해서 그 기저에 있는 차별의식이 저절로 사라지지는 않을 겁니다. 그런 긍정적인 효과를 거두는 경우도 아주 없지는 않지만, 오히려 거꾸로 처음엔 중립적이던 말에 차별의식이 배어들어 오염되는 사례가 훨씬 더 많습니다. 가령 '다문화'라는 말의 극단적인 오염이 그 대표적인 예일 것입니다.

그래서 어떤 바람직하지 않은 말을 억지로 쓰게 하거나 쓰지 못하게 하는 다소 과격한 방법은 그 '선의'에도 불구하고 그다지 효과적이지도 않을뿐더러 심지어 현실에 엄연히 존재하는 차별의식을 오히려 희석하거나 은폐해 버리는 역효과가 생겨나기도 합니다. 바람직한 대체 표현을 사용하는 발화 공간을 더 넓혀 나가는 일이 유일하게 효과적일 수 있는 경우는, 역설적이지만 일부러 '낯설게 하는' 과정을 통해 기존의 표현에 내재된 차별의식을 지속적으로 '폭로'해 낼 수 있을 때뿐입니다.

　쉽게 말하자면, 상대적으로 입에 붙기 좋은 대체 표현을 통해 빠르게 말만 대체해 나가는 게 능사가 아니라는 겁니다. 오히려 거꾸로 좀체로 입에 붙기 어려워서 확산을 꾀하는 게 어리석어 보이는 말일수록 지속적으로 '무심코 쓰던 말에 배어 있는 차별의식'을 일깨워 내는 데 더 강력한 매개가 될 수 있다는 거지요. 실은 이것이야말로 이른바 '정치적 올바름Political Correctness' 운동의 본뜻이기도 합니다. 흔히 오해되지만, 단순히 '나쁜' 말 대신 더 '착한' 말을 쓰자는 게 PC가 아닙니다. 그런 점에서 애당초 좀체로 입에 붙기 어려울 게 뻔한 말일수록 더 효과적이라면, 왜 그런 좋은 말을 안 쓰느냐는 식으로 나무라는 태도는 자가당착일 수밖에 없겠지요.

　그런데 좀 다른 각도에서 보면, 저는 이 질문 자체가 사전이 제공하는 '정보'를 '규범'으로 여긴 탓에 생겨난 의문일 수도 있겠다고 생각합니다. 반드시 그렇게만 써야 한다는 '규범'으로 여기지만 않는다면, (설령 어떤 바람직한 의도가 있다 해도) 현실에 있는 걸 없다고 하거나 없는 걸 있다고 왜곡하는 것이 오히려 적어도 '정보'로서는 아무런 가치가 없는 것 아닐까 싶습니다. 때로는 무엇이 더 '보편적'인지 모르지 않지만, 그럼에도 '보편성'을 거스를 수밖에 없을 때도 있지 않겠습니까? 그렇다고 무엇이 더 '보편적'인지 알 필요가 없는 것도 아니고 어쩌면 그래서 더 분명하게 알아야만 하는 게 아닐까 싶달까요.

?

현대 한국어의 기준을 1987년으로 잡는 것과 1997년으로 잡는 건 어떤 차이가 있나요?

!

간단히 말씀드리면, 한국 사회의 '문화적 르네상스' 시기라 평가할 만한 1990년대에 쏟아져 나온 한국어 글말들을 한국어 사용자 대다수가 어떻게 바라보느냐에 달린 문제라고 봅니다. 만일 대다수가 '현재'의 한국어와 별다른 차이가 없다고 여긴다면 1987년 이후로 잡는 게 더 타당할 것이고, 당대를 살아낸 사람에게는 거의 '문체 혁명'으로까지 여겨지는* 그 시기의 글말조차도 '현재'의 시점에선 낡아 보여서 1970~80년대 글말과 크게 달라 보이지 않는다면 1997년 이후로 잡는 게 더 타당하겠지요. 실제로 어떤 판단이 더 대세가 될지 저로서는 확신할 수 없습니다.

---

* 이 시기의 변화를 특징적으로 간추리면, '구어체'가 폭발적으로 '글말'에 도입되면서 한국어 문어를 그 이전 시기와는 확연히 달라지게 했다는 점입니다. 예를 들어, '하였다', '하여서' 같은 표현이 글말에서도 거의 자취를 감추고 '했다', '해서'가 대세가 되었다거나 '것'의 속어적 표현으로나 여겨졌던 '거'가 당당히 '것'의 준말로 언어적 시민권을 획득했다거나 1인칭 대명사에서 '필자'와 같은 겸양 표현이 '나'로 폭넓게 대체된 게 바로 이 시기입니다. 참고로 1997년 이후의 두드러진 변화는, 그 이전 시기에는 이른바 '식자층'에 국한되었던 '글말'의 생산 주체가 사회적으로 다양해졌다는 점을 꼽을 수 있습니다.

둘러보기 '원리'부터 차근차근

'만성골수성백혈병'이라 써도 된다고요?
띄어쓰기의 기본 원리(〈한글 맞춤법〉 제2항)

드디어 현장 실무자들이 가장 어려워하는 주제를 다룰 때가 되었습니다. 가령 북에디터 사이트의 질문답변 게시판에서 어문규범 관련 질문 가운데 대략 9할가량이 띄어쓰기 관련 질문이기도 합니다. 그만큼 어려워한다는 뜻이겠지요. 그런데 적잖은 분들이 띄어쓰기에 관해 심각한 오해를 하고 있다는 걸 발견하고 씁쓸해지곤 합니다. 실은 그 오해 때문에 띄어쓰기를 더 어려워하는 것 같기도 합니다. 한마디로 간추리면 "한국어의 띄어쓰기에는 일반인들은 쉬이 알기 어려운 전문적이고 복잡하며 심오한 원리가 있는데, 다만 내가 한국어의 이론적 지식에 대한 공부가 모자라서 제대로 모를 뿐이다."쯤의 생각입니다.

그런데 유감스럽게도 그런 '전문적이고 복잡하며 심오한' 원리 따위는 없습니다. 띄어쓰기의 규범적 원칙은 딱 하나입니다. 바로 〈한글 맞춤법〉 제2항의 규정, **문장의 각 단어는 띄어 씀을 원칙으로 한다.**입니다. 즉 단어와 단어 사이는 띄어 쓰고, 한 단어라면 붙여 쓰라는 겁니다. 간단하죠? 복잡할 거 하나도 없습니다. 물론 단어냐 아니냐를 가르는 기준이 좀 심오하긴 합니다만, 딱히 전문적이라고 보기도 어렵습니다. 전문가라고 해서 한국어에서 단어를 명료하게 정의할 수 있는 것이 아니기 때문입니다. 쉽게 말해 한국어를 전공한 대학교수라고 해서 여러분 같은 일반인보다 단어와 단어 아닌 것을 더 정확하게 가를 수 있지는 않다는 것입니다.

'단어'의 실체를 찾아서

쓸데없는 얘기라는 걸 미리 전제하고, 좀 전문적인 얘기를 해 보도록 하겠습니다. 오로지 띄어쓰기에 이론적인 지식이 전혀 쓸데가 없다는 걸 드러내기 위해서 꺼내든 얘기이니 굳이 긴장하실 필요는 없고요, 대략적인 줄거리만 이해하시면 됩니다.

  '단어'는 흔히 '최소 자립 형식'이라 정의됩니다. 보통은 '뜻을 가진 말의 최소 단위'라고 착각하기 쉬운데, 그건 '형태소'라고 따로 개념화되어 있습니다. 하나의 형태소가 하나의 단어일 수도 있고, 둘 이상의 형태소가 한 단어를 이루기도 합니다. 이때 혼자서도 단어가 될 수 있는 형태소를 '자립형태소'라고 하고 그렇지 않은 경우를 '의존형태소'라고 합니다. 그러니까 '의존형태소'는 뜻을 가진 최소 단위이기는 해도 단어는 아닙니다. 반대로 말하면 '자립'하여 뜻을 드러낼 수 있는 최소 단위가 단어라고 할 수 있습니다. 여기까지는 어려울 게 전혀 없습니다.

 그러나 이 정의를 그대로 적용하면, '합성어'(정확히는 '통어적 합성어')가 설명되지 않습니다.* 합성어도 물론 '자립' 형식이긴 합니다만, '최소' 자립 형식은 아니거든요. 더 나눠도 자립성을 잃지 않으니까요. 가령 **사회과학**이라는 단어를 예로 들어 보지요. **사회**도 단어이고 **과학**도 단어인데 **사회과학**도 단어입니다. 그러나 **사회과학**이라는 말을 **사회**과 **과학**으로 더 잘게 나눠도 둘 다 자립성이 있으므로 **사회과학**은 '최소'의 자립 형식은 아닌 거지요. 그런데 한국어는 합성어를 만드는 힘이 매우 강해서 일반론에 들어맞지 않는 '예외'라고만 치부하기엔 만만찮은 규모로 합성어가 존재하고 지금 이 순간에도 새로운 합성어가 계속 생성되고 있습니다.

 따라서 합성어까지를 포괄하는 '단어'의 새로운 정의가 필요한데, 대체 둘 이상의 단어가 얼마나 긴밀하게 결합하면 한 단어가 되었다고 할 수 있을지, 반대로 말하면 결합성이 얼마나 약하면 한 단어가 되지는 못한 어구로 봐야 하는지, 그 기준을 이론적으로 명료하게 잡기가 어렵습니다. 물론 몇 가지 유력한 가설들이 없지는 않고 충분히 참고할 만한 입론들이기는 합니다만,

---

* '오다'와 '가다'가 합쳐져 '오가다'가 되는 것처럼 둘 이상의 어근이 결합한 '비통어적 합성어'도 있습니다만, 어차피 분리해도 단어가 되지는 않기 때문에 규범적으로 크게 문제될 만한 사항은 없습니다. 따라서 이 책에서 별다른 부가설명 없이 그냥 '합성어'라고 하면 둘 이상의 단어가 결합해서 새로운 단어를 이루는 '통어적 합성어'만을 가리키는 걸로 미리 약속합니다.

제가 아는 한 현재까지 어떤 한국어학자도 그걸 이론적으로 깔끔하게 정리해내지는 못했고 앞으로도 멀지 않은 미래에 그럴 가능성은 별로 없어 보입니다.

비단 합성어만이 아니라, 가령 관형사(단어이므로 뒷말과 띄어 씁니다)와 접두사(뒤에 오는 단어에 덧붙여 새로운 단어를 만들어 주는 의존형태소이므로 뒷말에 붙여 씁니다) 사이의 경계나 의존명사(단어이므로 앞말과 띄어 씁니다)와 접미사(앞에 오는 단어에 덧붙여 새로운 단어를 만들어 주는 의존형태소이므로 앞말에 붙여 씁니다) 사이의 경계도 모호하긴 마찬가지입니다. 관형사가 '독립적인' 단어라고는 해도, 가령 **철수**(명사), **간다**(동사), **빨리**(부사) 등만으로도 문장이 되는 다른 품사들과 달리 **새 책**이든 **새 신발**이든 하다 못해 아무 뜻이 없는 **것**이라도 붙여 **새 것**이든 수식을 받는 말을 덧붙이지 않으면 **새**만으로는 문장이 안 된다는 데서도 상대적으로 의존성이 매우 강하다는 점을 쉽게 확인할 수 있습니다. 하물며 의존명사는 얼마나 의존성이 강하면 이름부터가 아예 의존명사겠습니까. 그러니 이렇듯 의존적이지만 단어임에 틀림없는 말들과 단어로 인정하기 곤란한 접사(접두사와 접미사를 아울러 가리킵니다)를 명료하게 분별해 주는 이론은 적어도 현재까지는 없고 앞으로도 그리 미덥지는 못한 형편입니다.

따라서 띄어쓰기의 요령을 이론적으로 명료하게 터득한다는 건 애당초 불가능한 일입니다. 문법을 이론적으로 따져 가며 정확한 띄어쓰기를 하겠다고 덤벼 봤자 점점 더 오리무중에 빠질 수밖에 없습니다. 달리 말하면, 한국어 문법에 관한 이론을 전문적으로 더 공부한다고 해서 띄어쓰기를 더 잘하게 되는 것도 아니고, 반대로 이론적인 전문지식이 모자라기 때문에 띄어쓰기에 자신이 없어지는 것도 아니라는 겁니다. 그렇다면 어떻게 해야 할까요?

관점을 좀 바꿔 봅시다. 도대체 띄어쓰기는 왜 하는 걸까요? 그건 띄어쓰기를 전혀 하지 않거나 잘못했을 경우에 어떤 일이 벌어질지를 뒤집어 생각해 보면 바로 답이 나오는 문제입니다. 흔한 말로 '아버지 가방에 들어가시는' 사태가 벌어지겠지요. 또 언젠가 자유로에 **고양시장애인주간**이라는 홍보문구가 나붙은 적이 있다고도 합니다. 즉 띄어쓰기는 글을 읽는 사람에게 의미 인식의 단위를 설정해 주는 일입니다. 그리고 그것이 **사회∨과학**이라고 띄어 썼을 때와 **사회과학**이라고 붙여 썼을 때의 차이입니다. **사회**라는 말의 의미와 **과학**이라는 말의 의미를 통해 **사회∨과학**이라는 말의 의미를 가늠할 수도 있지만 **사회과학**이라는 말의 의미를 한덩어리로 받아들일 수도 있는 거지요. 그렇다면 어떤 이론적 기준으로 **사회과학**이 합성어로 인정될 수 있는지는 제쳐놓고(그건 위에서 살폈듯 학자들에게도 꽤 까다로운 문제이며 합의된 결론도 없습니다), 그저 어느 쪽으로 읽는 게 더 의미 파악이 수월한지만 생각해 보자는 거지요. 물론 사람에 따라 다를 겁니다. 그러니 '누가' 읽을 글인지를 먼저 따져 봐야 할 겁니다.

〈한글 맞춤법〉 제50항은 **전문 용어는 단어별로 띄어 씀을 원칙으로 하되, 붙여 쓸 수 있다.**라고 규정하고 있는데, 그 예시가 아주 흥미롭습니다. **만성∨골수성∨백혈병**이 원칙이지만, **만성골수성백**

혈병도 허용한다(=규범에 어긋나지는 않는다)는 것입니다. 그런데 상식적으로 한번 생각해 봅시다. 아무리 규범상 틀린 띄어쓰기는 아니라 해도 독자가 어떻게 읽을지를 손톱만큼이라도 배려하는 그야말로 '경우 있는' 사람이라면 이렇게 쓰지도 않을 테고, 이렇게 써 놓고 "규정에 어긋나지 않는데 뭐가 문제냐"고 우기지도 않을 겁니다. 일반적인 기준에서 '아버지 가방에 들어가시는' 수준의 띄어쓰기로 빈축을 살 게 뻔하다는 걸 충분히 짐작할 수 있습니다.

그런데 대체 규범은 왜 이런 이상한 띄어쓰기를 허용한다고 구체적인 예시로까지 못박아 규정한 걸까요? 되풀이하지만 이건 복잡한 문법 이론을 따져 봐야 골치만 아프지 답이 안 나오는 문제입니다. 하지만 관점을 바꾸면 그 취지가 분명하게 드러납니다. 혹시라도 이 말을 붙여 쓰는 게 띄어 쓰는 것보다 더 편한 사람도 있을까요? 있다면 어떤 사람들일까요? 이 낯선 병명에 일상적으로 노출된 언어 환경에 있는 사람들, 이를테면 의사, 간호사, 혹은 만성 골수성 백혈병 환자나 그 가족들을 상상할 수 있을 겁니다. 친절하게 띄어 써 준다고 해서 무슨 문제가 생기는 건 아니지만, 붙여 쓴다면 이 말이 포함된 문장을 훨씬 빠르게 읽어 나갈 수 있을 겁니다. 물론 이 말이 익숙지 않은 대다수의 사람들은 띄어 써 주지 않으면 선뜻 의미 파악이 안 돼서 더 버벅거리겠지만요. 따라서 이 규정은 그 말에 충분히 익숙해서 붙여 쓰는 게 더 편한 사람들이 그렇게 쓰는 걸 억지로 막지 않겠다는 뜻입니다.

둘러보기 '원리'부터 차근차근

만일 (그래서는 안 되겠지만) 만성 골수성 백혈병이 감기만큼이나 흔한 질병이 된다면, 대다수의 사람들에게 붙여 쓰는 게 더 편해질지도 모르겠습니다. 물론 그런 일이 일어날 가능성은 매우 희박하지만, 심지어 그렇게 희박한 가능성에 대해서조차 열어 놓겠다는 게 하필 이 말을 예시한 취지가 아닐까 짐작합니다. 앞으로 더 많은 사람들이 한 단어로 인식할 가능성이 희박한 이런 말조차 허용한다면, 하물며 **사회 과학** 같은 말은 어떻겠습니까. 실제로 1980년대 중후반만 하더라도 70퍼센트 정도의 책에서 **사회**∨**과학**으로 띄어 썼던 걸로 기억합니다. 현재는 90퍼센트 이상의 책에서 붙여 쓰고 있지요. 그 세월 속에서 이 말을 한 단어로 받아들이는 게 더 편한 사람들이 많아져서 대다수가 되었다는 뜻입니다. 이걸 이론적으로 표현하면 30년 전에는 합성어로 인정되기 어려웠던 **사회과학**이라는 단어가 어느 샌가 언중 사이에서 새롭게 생겨난 것이라고 할 수 있습니다. 간추려 말하면, 이렇게 자연스럽게 합성어가 생겨나는 역사적 과정을 규범이 함부로 재단하지 않겠다는 것입니다.

말 나온 김에 덧붙이자면 띄어쓰기 관련 규정(제41~50항) 열 개 중에 원칙대로 하지 않아도 허용된다고 표현된 규정이 무려 여섯 개*나 됩니다. 어떤 분들은 그렇게 모호하게 규정해 놓으니 더 헷갈린다고 불만스러워하기도 하는데, 참 딱한 일입니다. 차

---

* 띄어 씀이 원칙이나 붙여 씀도 허용: 제43항 단서, 제46 · 47 · 49 · 50항, 붙여 씀이 원칙이나 띄어 씀도 허용: 제48항 단서. 제12강에서 다시 설명합니다.

라리 반드시 띄어 쓰라고 하든가 반드시 붙여 쓰라고 하면 편한데 이래도 되고 저래도 된다고 하니 대체 어떻게 히라는 건지 혼란스럽다고요? 그냥 알아서 하시라는 겁니다. 어느 쪽이 조금이라도 더 수월하게 읽힐지를 문맥을 보며 스스로 판단하시라는 겁니다. 아무리 '선택 장애'라는 말이 유행어가 되고 '애정남'(애매한 것을 정해 주는 남자)이라는 개그가 나올 지경이라고는 하지만, 규범적 강제는 적을수록 좋은 것 아닌가요?

따라서 띄어쓰기에 자신이 없다는 건 띄어 써 놓고 읽었을 때와 붙여 써 놓고 읽었을 때의 차이를 예민하게 감지하지 못하거나 주관적으로는 그 차이를 모르지 않는다 해도 글을 읽을 사람들의 입장에서 어느 쪽이 읽기에 더 수월할지를 가늠해내기 어렵다는 뜻입니다. 결코 한국어 문법에 대한 이론적 지식이 모자라서가 아닌 거지요.

띄어쓰기도 흉내내기다

사실 평균 수준 이상의 교육을 받은 사람이라면, (다른 맞춤법 규정들과 마찬가지로) 띄어쓰기도 그런 대로 잘 하고 있을 겁니다. 아니라고요? 꽤 높은 수준의 교육을 받았지만 띄어쓰기는 자신 없다고요? 이건 잘하고 있을 때는 너무나 당연해서 의식하지 못하다가 아리송할 때만 강력하게 기억되기 때문에 일어나는 착각입니다. 예를 들어 보지요. **밥을 먹는다**라는 문장을 떠올려 보겠습니다. 만일 이 문장을 **밥을**∨**먹**∨**는다**와 같이 띄어 썼다면 어떨까요? 아마도 평균 수준 이상의 교육을 받은 사람이라면 피식 실소가 나올 겁니다. "이게 대체 무슨 말이래? 아버지 가방에 들어가는 것도 아니고……." 좀더 성의가 있다면, 혹은 자신의 이해관계가 걸린 일이라면 **밥을**∨**먹는다**로 올바르게 고치는 수고를 마다하지 않을 테고요. 굳이 그런 오지랖을 발휘하지는 않더라도 이미 무의식중에 그렇게 고쳐서 읽고 있을 거라고 보는 게 자연스러울 겁니다.

무슨 규범을 이론적으로 시시콜콜 따지지 않더라도 직관적으로 그렇게 되고 있다는 게 중요합니다. 거꾸로 질문해 보면 바로 알 수 있습니다. 왜 **먹는다**는 **먹**∨**는다**처럼 띄어 쓰면 안 되고 반드시 붙여 써야 하는지 설명해 보세요. 쉽지 않을 겁니다. 혹은 나름대로는 아주 깔끔하게 설명해낼 수 있다 해도 그걸 (한국어 문법에 대한 전문지식을 가지지 않은) 다른 사람에게 이해시킬 수 있을지는 그다지 자신이 없을 겁니다. 우리들 대다수는 '왜 그렇게 해야 하는지는 또렷하게 알지 못하는 채로도' 얼마든지 정확한 띄어쓰기를 하고 있다는 뜻입니다. 그리고 실은 대부분의 경우에 그렇습니다. 띄어 써야 할지 붙여 써야 할지 헷갈리는 게 오히려 '예외적인' 경우라는 거지요.

그렇다면 왜 그렇게 해야 하는지를 이론적으로 충분히 납득하지 못했는데도 어떻게 그걸 심지어 의식조차 못 할 만큼 자연스럽게 내면화할 수 있었을까요? 한참 앞으로 돌아가서 제1강에서, "모든 기호의 습득은 (넘겨짚기를 통한) 흉내내기"라고 설명했던 걸 기억하시나요? 예, 바로 그겁니다. 한글을 배운 이래로 우리는 무수한 **먹는다**를 보고 의미를 파악해 왔습니다. **먹∨는다**는 본 적이 없을 겁니다. 옳고 그름을 떠나서 눈에 익지 않아서 일단 어색할 수밖에 없습니다. 그러니까 자연스럽게 압도적으로 내 눈에 익은 **먹는다** 쪽으로 '직관적으로' 이끌리는 겁니다.

밥을먹는다처럼 다 붙여 썼다 해도 마찬가지입니다. 만일 이런 문장을 타이핑해야 한다면 거의 무의식적으로 **밥을**과 **먹는다** 사이에 스페이스바를 누를 겁니다. 하지만 이건 왜 띄어 써야 하는지 이론적으로 설명할 수 있나요? 혹은 그렇다 해도 그걸 이를테면 이제 막 띄어쓰기를 배우는 초등학생도 이해시킬 만큼 풀어 말할 수 있나요? 아무도 우리가 초등학생일 때 그렇게 가르쳐 주지는 않았을 겁니다. 그런 걸 배운 기억도 없지요? 그런데도 우리는 너무나 당연하게 그게 옳다는 걸 압니다. 어떻게요? 그저 한글을 배운 이래로 무수하게 많은 **~을 먹는다** 또는 나아가 일반적으로 '무엇을 어찌한다' 꼴 문장을 보면서 눈에 익힌 것뿐입니다. 이런 꼴의 문장에서 두 말(문법적으로는 '목적어'와 '서술어')을 붙여 쓴 걸 본 적이 거의 없는 겁니다. 요즘은 휴대폰 문자메시지가 일상화되면서 붙여 쓴 꼴도 예전보다는 눈에 익겠지만 지면에 활자화된 것과는 좀 다른 느낌일 테고, 지면에 활자화하기엔 그런 띄어쓰기가 여전히 어색하게 여겨질 겁니다.

그렇다면 헷갈리는 띄어쓰기로 이 이치를 확장해 보지요. 만일 지금껏 주야장천 띄어 쓴 것만 본 말이라면? 문법이고 뭐고 간에 그냥 직관적으로 띄어 쓸 겁니다. 고민할 여지가 전혀 없지요. 반대로 붙여 쓴 것만 줄창 봐 왔다면? 역시 별다른 의식 없이 붙여 쓸 겁니다. 그냥 직관적으로! 따라서 띄어 써야 할지 붙여 써야 할지 헷갈린다면 그건 둘 중의 한 가지 경우일 수밖에 없습니다. 띄어 쓴 것도 붙여 쓴 것도 모두 눈에 익히지 못한 '낯선' 말이거나 반대로 띄어 쓴 것도 붙여 쓴 것도 다 어느 정도씩은 눈에 익어서이거나. 다른 가능성은 없습니다. 만일 전자라면 그건 그 말이 실제로 쓰이는 맥락으로 뛰어들어 그 말 자체를 익혀야 하는 거지 띄어쓰기를 이론적으로 파고들 문제가 아닙니다. 게다가 문법 이론에 정통해진다고 해서 이 문제를 해결할 수 있는 것도 아닙니다.

《편집에 정답은 없다》에서 예시했던 사례를 다시 끌고 오자면, 이라크전쟁 때 미국 정부가 명분 삼았던 **대량 살상 무기**를 기억하실 겁니다. 이 말을 띄어쓰기 하는 방법은 네 가지가 있겠죠. ① **대량∨살상∨무기**처럼 모두 띄어 쓰거나 ② **대량살상무기**처럼 모두 붙여 쓰거나 ③ **대량∨살상무기**나 ④ **대량살상∨무기**처럼 한쪽은 띄고 한쪽은 붙이거나. 제가 칠판에 이 예시를 적자마자 손을 번쩍 들고 "①번이 원칙이지만 ②번도 허용합니다."라고 자신만만하게 답을 내놓은 친구가 있었어요. 맞춤법 규정을 달달 외우고 있는 거지요. **만성 골수성 백혈병**을 예시했던 제50항의 조문을 그대로 읊은 거니까요. 그래서 제가 물었습니다. "②번조차 허용한다면 ③번과 ④번도 당연히 허용하겠지요? 그렇다면 네 가지 모두 허용되겠네요? 그런데 이건 틀린 띄어쓰기 하나를 찾는 문제입니다. 어떤 띄어쓰기가 틀렸나요?" 그 학생은 잘 모르겠다면서 머리를 긁적이더군요.

맞춤법 원리에 대한 이론적인 지식이 필요한 문제가 아니었던 겁니다. 오로지 부시 행정부가 이라크에 쳐들어가기 위해서 문제 삼았던 것이 '대량 살상무기'인가 '대량살상 무기'인가를 정확히 알아야만 해결할 수 있는 문제였던 거지요. 이 맥락을 정확히 이해하고 있던 사람이라면, ③번과 같은 띄어쓰기는 **아버지**∨**가방에**∨**들어가신다**만큼이나 어색했을 겁니다. 그렇다면 이 띄어쓰기를 틀린 사람에게 "띄어쓰기 공부를 더 해야겠다"고 조언하는 게 옳겠습니까, "시사 문제에 정밀한 시야를 확보하는 게 좋겠다"고 조언하는 게 옳겠습니까?

이번엔 후자의 경우, 즉 띄어 쓴 것도 눈에 익고 붙여 쓴 것도 눈에 익은 경우를 보겠습니다. 이건 유감스럽게도 규범적으로 맞고 틀리고를 가릴 문제가 아닙니다. 둘 다 익숙하다는 건 실제로 띄어 쓰는 사람도 일정한 규모 이상으로 있고 붙여 쓰는 사람도 그만큼은 있다는 뜻입니다. 위의 예에서 규범적으로는 ①, ②, ④ 모두 틀리지 않으며 심지어 ③도 뜻이 다를 뿐 말 그대로 '틀린' 띄어쓰기는 아닙니다. 그렇다면 ①, ②, ④ 중에 어떤 띄어쓰기를 선택해야 할지를 판단하는 데 규범에 대한 이론적 지식은 아무 쓸모가 없습니다. 위의 문제를 "틀린 띄어쓰기 하나를 고르시오."가 아니라 "가장 적절한 띄어쓰기 하나를 고르시오."로 바꾼다면 아무리 밤새워 가며 맞춤법 규정을 공부한 사람이라도 (하물며 전자에도 머리를 긁적이는데 후자라면 더더욱) 속수무책일 겁니다.

물론 어느 쪽으로 쓰든 규범적으로 틀렸다고 지적할 사람은 없습니다. 그렇다면 순수하게 규범적 관점에선 고민할 필요도 없는 거지요. 맞고 틀리고를 따질 수 없는 문제를 놓고 뭐가 맞는 건지를 가리려고만 드니 요령부득일 수밖에 없는 겁니다. 이건 그저 **만성 골수성 백혈병**이냐 **만성골수성백혈병**이냐처럼 내가 어느 편을 들 것인가의 문제입니다. 적어도 ③번으로 쓰면 뜻이 달라져서 틀린다고 할 때 ④번이 ①번이나 ②번보다 더 '친절한' 띄어쓰기라는 건 분명합니다. 아무리 규범적으로 ①이 원칙이고 ②조차 허용된다고 해도, 그렇게 쓰면 ③으로 해석하든 ④로 해석하든 독자가 알아서 하시라는 뜻이 되니까요. 오로지 ④처럼 썼을 때만 ③의 뜻으로 '잘못 읽을' 가능성을 미리 막아 주는 효과가 생겨납니다.

그래서 이 맥락에서 가장 적절한 띄어쓰기는 ④라고 말할 수 있는데, 이런 판단에 어떤 이론적 지식도 동원할 필요가 없다는 데 주목해 주세요. 그저 텍스트의 의미를 얼마나 정교하게 전달하고자 하는가, 그리고 읽는 사람을 얼마나 배려할 것인가만이 관건일 뿐입니다. 나아가 이 경우와는 달리 붙여 쓰든 띄어 쓰든 뜻이 달라지지 않는, 이를테면 **사회과학** 같은 말이라면 어느 쪽이 맞는지를 따지는 거 자체가 허망한 일입니다.

띄어쓰기 문제에서 가장 명징하게 드러나긴 하지만, 이건 모든 '어문규범'(이라고 착각하는) 문제에 공통적으로 적용할 수 있는 접근 방법입니다. 즉 '원고를 정밀하게 읽는 데 소홀해서' 또는 '독자의 입장을 좀더 친절하게 배려하는 데 서툴러서' 생겨나는 문제를 모조리 '한국어 문법에 대한 이론적 지식이 모자라서'라고 잘못 생각하는 바람에, 그런 이유에서라면 굳이 할 필요가 없는 엉뚱한 공부를 하느라 머리를 싸매거나 그렇게 매달리는데도 여전히 해결이 안 되는 문제가 수두룩하니 더 자신이 없어지는 이상한 악순환에 빠져드는 것이지요.

'기본기'에 충실하자

우리가 실무적으로 고민하는 대부분의 띄어쓰기 문제는 반드시 지켜야 하는 규범의 문제가 아니라, 텍스트를 둘러싼 맥락에 따라 가장 적절한 띄어쓰기를 선택할 문제일 뿐입니다. 물론 반드시 지켜야 하는 띄어쓰기도 있습니다만, 충분한 주의를 기울이지 않아서라면 모를까 그걸 몰라서 틀릴 사람은 거의 없을 겁니다. 앞서 제1강에서 했던 말을 되풀이하자면, 만일 '아버지 가방에 들어가시'는 띄어쓰기를 해 놓고도 뭐가 문제인지 모르는 사람이 있다면 "띄어쓰기 공부 좀 하시지"가 아니라 "대체 책을 얼마나 안 읽었으면"이라고 생각할 겁니다.

어떤 분들은, 적잖은 책을 읽기는 했지만 누가 띄어쓰기까지 신경쓰면서 읽었겠느냐고 반론하기도 합니다. 자주 봤던 말인데도 막상 띄어쓰기를 하려 들면 헷갈릴 수도 있지, 아무리 눈에 익었다고 그걸 누가 일일이 다 기억해 두겠느냐는 거지요. 물론 그렇습니다. 눈에 익은 걸 또렷이 기억한다기보다는 눈에 익지 않은 걸 어색해한다는 쪽이 더 진실에 가깝습니다. 그러나 책을 읽을 때 띄어쓰기나 맞춤법에 별다른 주의를 기울이지 않는다는 건 선뜻 납득하기 어렵습니다. 그건 그만큼 글을 정밀하게 읽는 훈련이 모자랐다는 자백이나 다름없다고 할까요.

언젠가 **대량 살상 무기**에 덧붙여 **집단 등교 거부**를 예로 들면서 "**집단등교**∨**거부**처럼 띄어쓰기를 하면 '집단등교'를 거부하고 '개별등교'하겠다는 뜻이 돼 버린다"고 우스갯소리를 한 적이 있는데, 강의가 끝나고 어느 학생이 그게 무슨 뜻인지를 이해하지 못하겠다고 찾아온 적이 있었습니다. 풀어 말하자면 **집단**∨**등교 거부**와 **집단등교**∨**거부**의 뜻이 왜 달라지는지를 이해하지 못하겠다는 거지요. 뭐 충분히 훈련되지 않았다면 별다른 주의를 기울이지 않고 그냥 읽었을 때 얼른 눈에 들어오지 않을 수는 있습니다. 그런데 그런 경우라도 누군가가 환기해 준다면 "아 그렇구나. 미처 거기까지는 생각 못 했네." 싶어지는 게 보통입니다. 두 띄어쓰기의 의미 차이는 이론적으로 해명할 문제가 아니라 다양한 글을 읽으면서 직관적으로 터득되는 것이니까요. 다만 그 직관이 매우 예민한 사람과 그렇지 못한 사람의 차이가 있을 뿐입니다.

따라서 그게 어떻게 다른지 아무리 생각해도 도저히 모르겠다면 저로선 솔직히 방법이 없습니다.* 제가 작은 도움이라도 드릴 수 있는 건, 그저 누군가가 환기해 준다면 그제서야 알아차릴 수는 있어도 혼자서는 좀체 거기까지 생각이 미치지 못하는 분들입니다. 저는 글을 충분히 주의 깊게 곱씹어 찬찬히 정독하는 훈련을 하시라고 권하곤 합니다. 나아가 같은 문장을 이렇게도 써 보고 저렇게도 써 보면서 어떻게 의미가 미묘하게 달라지는지를 직접 느껴 보는 연습을 부지런히 하시라고도 권합니다.

이런 이치는 실무에도 그대로 적용할 수 있습니다. 만일 띄어 쓰는 게 좋을지 붙여 쓰는 게 더 좋을지 자신이 서지 않는 말이 있다면, 우선 띄어 썼을 때와 붙여 썼을 때 의미 차이가 생기는지부터 확인해 보세요. '대량의 살상무기'와 '대량살상을 할 수 있는 무기'처럼 확연히 다르다면, 맥락에 비추어 틀림없이 어느 한쪽은 '틀린' 띄어쓰기일 겁니다. 그렇지 않고 띄어 쓰든 붙여 쓰든 큰 차이가 없다면, 사실 어느 쪽으로 쓰든 크게 상관은 없습니다. 당장은 붙여 쓴 말이 사전에 올라 있지 않다 해도 많은 사람들이 붙여 쓰다 보면 새로운 단어로 사전에 올라갈 수도 있

---

* 뭐가 어디서부터 어떻게 잘못되면 그리 되는지 나아가 어떻게 하면 그 차이를 분별해낼 수 있도록 이끌지는 아마도 무척 전문적인 연구에 기반한 정교한 접근이 필요한 대목일 테고 제 깜냥을 훨씬 벗어난 일입니다.

둘러보기 '원리'부터 차근차근

고, 그 반대의 경우*도 얼마든지 가능합니다.

다만 좀더 '친절한' 띄어쓰기를 하고 싶다면, 그 말이 포함된 문장을 기준으로 앞뒤 한두 문단 정도를 의미를 새겨 가며 찬찬히 읽어 보세요. 띄어 써 놓은 채로도 읽어 보고, 붙여 써 놓은 채로도 읽어 보는 겁니다. 눈으로만 읽어서는 잘 모르겠거든 소리내서 읽어 봅니다. 글로 적혀 있을 때조차 말은 본질적으로 청각 기호라는 사실을 잊지 마세요. 소리내서 읽어 보면 틀림없이 붙여 놓았을 때와 띄어 놓았을 때 사이에 명료한 의미 차이는 아니더라도 아주 미세한 호흡의 차이가 분명하게 감지될 겁니다. 그게 어떻게 다른지를 말로 설명해 낼 수 없어도 괜찮고 왜 그런 차이가 생기는지 이론적으로 해명할 필요도 없습니다. 그저 소리내서 읽었을 때 조금이라도 더 매끄럽게 읽히는 쪽이 더 친절한 띄어쓰기라는 점만 수긍하시면 충분합니다. 아무리 눈으로 읽고 소리내서 읽어도 별다른 차이를 못 느끼겠다면, 그냥 별 차이가 없는 거니까 고민할 필요도 없는 겁니다.

물론 좀더 정밀하게 들어가면 반드시 띄어 쓰거나 반드시 붙여 써야 하는 경우도 당연히 있고, 더러는 대다수 언중의 언어 직관을 거슬러야 하는 경우도 없지는 않습니다. 가령 의존명사

---

* 가령 사전에는 접두사라고만 풀이되어 있어 붙여 쓰도록 안내하는 말이라도 많은 사람들이 띄어 쓰다 보면 관형사로 인정될지도 모르지요. 요컨대 접두사니까 붙여 쓰고 관형사니까 띄어 쓰는 게 아니라, 반대로 많은 사람들이 붙여 쓰면 그걸 접두사라고 또는 많은 사람들이 띄어 쓰면 그건 관형사라고 문법적으로 '해석'하는 겁니다. 모든 문법 이론은 '귀납적 해석'이니까요.

는 워낙 의존적이라 별다른 주의를 기울이지 않는다면 띄어 쓰는 게 오히려 직관적으로는 더 어색할 수도 있습니다. 하지만 군이 의존명사라는 문법 범주를 설정해서 띄어 쓰도록 하는 데는 그럴 만한 이유가 있습니다. 그런 것만 주의를 기울이시면 됩니다. 자세한 내용은 각론(제12강)에서 다시 설명하겠습니다.

?

간혹 학자들이 해당 분야의 학술 용어들이 합성어로 최대한 많이 인정되는 것이 그 분야의 사회적 중요도를 나타내는 척도인 양 여겨서, 되도록 붙여서 표기해 달라는 요구를 했다는 에피소드를 들었는데, 어떻게 생각하시나요?

!

그럴 법은 하다고 생각합니다. 본문에서도 설명했듯 소수의 관련자들만 붙여 쓰는 게 편하던 전문용어가 널리 합성어로 인정된다는 것은 그만큼 그 개념이 대중화가 되어 대다수의 언중에게 충분히 익숙해졌다는 뜻이기도 하니까요. 아무래도 소위 '핫'한 분야일수록 주요 개념들이 대중화되는 양상이 더 활발하고 전면적으로 나타나겠지요. 그러나 다른 한편으론 씁쓸하기도 합니다. 자연스럽게 붙여 쓰는 경향을 최대한 정직하게 반영해 달라는 것도 아니고 군이 억지를 써 가면서까지 유치하기 짝이 없는 '인정 투쟁'에 매몰되는 모습이 썩 달갑지는 않달까요.

?

혹시 글을 필사하는 것도 띄어쓰기를 익히는 데 도움이 될까요?

!

네, 비단 띄어쓰기만이 아니라 모든 언어기호의 습독에 꽤 큰 도움이 됩니다. 소리내서 읽는 것이 청각기호의 질감을 내면화하는 가장 확실한 방법이라면 손으로 쓰는 것은 시각기호의 질감을 체화하는 가장 분명한 방법입니다. 초등학교 1~2학년 때 그렇게 받아쓰기를 시킨 것도 그래서이고, 영어 처음 배울 때 사선지 노트에 같은 문장을 반복해서 쓰도록 한 것도 그래서입니다. 전근대 사회에서 한국어와는 완전히 문법 구조가 다른 한문을 익히기 위해 소리내어 읽고 손으로 베껴쓰도록 강제하는 '서당식' 공부가 기초 교육의 주류를 이루었던 게 우연도 아니고 그저 낡은 방식이라 무시해 치울 만한 일도 아닙니다.

'외국어의 한글 표기법' 아닌가요?

외래어 표기법의 규범적 근거(〈한글 맞춤법〉 제3항·〈표준어 규정〉 제2항)

〈한글 맞춤법〉 제3항은 **외래어는 '외래어 표기법'에 따라 적는다.**고 규정하고 있습니다. 그러니까 일단 외래어의 표기는 〈한글 맞춤법〉의 (일반적) 규정이 아니라 〈외래어 표기법〉을 우선해서 적용하라는 뜻이지요. 〈표준어 규정〉의 제2항에도 **외래어는 따로 사정한다.**는 규정을 두어 별도로 취급하고 있습니다. 이 두 규정을 종합하면, 〈표준어 규정〉에 따라 '따로 사정한' 외래어는 〈한글 맞춤법〉 규정에 따라 〈외래어 표기법〉대로 적는다고 이해할 수 있습니다. 달리 해석의 여지가 없는 뻔한 얘기 같지만, 의외로 난처한 문제가 내재돼 있는 아주 문제적인 규정입니다.

'외래어'의 규범적 의미

외래어란 "외국에서 들어온 말로 국어처럼 쓰이는 단어"라 국어 사전에 풀이되어 있습니다. 그렇다면 당연히 한자어도 엄밀한 의미에서 외래어에 속할 것입니다. 어떻든 고유어는 아니니까요. 하지만 한자어는 고유어와 별도로 '따로 사정'하지도 않을뿐더러 〈한글 맞춤법〉에도 두음법칙을 비롯하여 이루 헤아릴 수 없는 한자어 관련 조항을 두고 있어서 굳이 〈외래어 표기법〉에 따라 적을' 대상이 아니라는 게 분명합니다. 그건 일반적인 통념에 비춰도 그리 어색한 일이 아닙니다. 엄밀한 의미에서야 그렇지만, 일반적으로는 외래어라고 하면 한자어를 제외하는 게 통례니까요. 그러니 〈한글 맞춤법〉 제3항이나 〈표준어 규정〉 제2항에서 말하는 **외래어**는 '한자어를 제외한 외래어'라고 이해할 수 있을 겁니다.

　그런데 흥미롭게도 〈표준어 규정〉 제9항('ㅣ' **역행 동화 현상에 의한 발음은 원칙적으로 표준 발음으로 인정하지 아니하되, 다만……**)은 **냄비**를 버젓이 예시어로 제시하고 있습니다. 이 규정에 **냄비**가 포함되었다는 것은, 이 단어가 숱한 한자어들과 마찬가지로 '따로 사정'할 외래어가 아니라는 뜻입니다. 하지만 **냄비**는 **구두**처럼 어원적으로는 엄연히 일본어에서 온 외래어입니다. 이건 참 난처한 일입니다. 〈한글 맞춤법〉 제3항과 〈표준어 규정〉 제2항에서 말하는 '외래어'의 의미가 매우 모호하다는 증거이기 때문입니다. 물론 이에 대한 적절한 설명도 없지는 않습니다. 이런 말들은 어원 의식이 희미해져서 어원을 연구하는 학자가 아닌 일반인들에게라면 고유어와 거의 구별되지 않는다는 것입니다. 사실 일반적으로 한자어를 외래어로 여기지 않는 것도 그래서입니다.*
그렇다면 이 규정에서 말하는 '외래어'란 학술적으로 엄밀하게
어원을 따져 정의되는 것이 아니라 그저 ('표준어'의 테두리가 그렇
듯, 혹은 '단어'의 테두리가 그렇듯) "많은 사람들이 외래어라 여기
는 말" 정도의 뜻이라고 두루뭉술하게 이해하는 것이 가장 적절
할 것입니다. 즉 많은 사람들이 더는 외래어라 여기지 않는 **담배**
나 **빵** 같은 말들이 이 규정에서 말하는 '따로 사정'하거나 〈외래
어 표기법〉에 따라 적어야' 하는 '외래어'가 아님은 명백합니다.
얘기가 여기서 끝날 수 있었다면 저도 좋겠습니다.

그러나 이 말들이 처음부터 외래어라는 의식이 희미했던 건
아닐 겁니다. 오랜 시간 동안 쓰다 보니 굳이 어원을 의식하지
않게 된 것이겠지요. 그건 지금 외래어로 인식되고 있는 말들도
마찬가지일 겁니다. 일상 속에서 빈번하게 쓰다 보면 당장은 아
니더라도 언젠가는 어원 의식이 희미해질 테고, 더는 외래어라
고 여기지 않게 될 수 있는 말들도 적지 않을 겁니다. 모든 외래
어가 다 그렇게 되지는 않을지라도 말이지요.

이를테면 **뻐쓰**나 **까페** 같은 말을 떠올려 보지요. 저는 지금 일
부러 이 말들을 '소리나는 대로' 적었습니다. 저는 이 말들이 굳
이 영어 **bus**나 프랑스어 **cafe**에서 온 말이라는 것을 의식할 이

---

* 그런데도 〈한글 맞춤법〉에는 굳이 한자어를 고유어와 구별해야 한다는 규정이 있
어 앞뒤가 안 맞기도 합니다. 바로 제30항 '사이시옷' 규정입니다. 이에 관해서는 제
14강에서 다시 자세히 다루겠습니다.

유도 없고 딱히 또렷이 의식하지도 않습니다. 그건 **냄비**나 **구두**가 일본어 なべ(나베)나 くつ(구쓰)에서 온 말이라는 걸 의식할 이유도 없고 딱히 또렷이 의식하지도 않는 것과 크게 다르지 않습니다. 그래서 그저 〈한글 맞춤법〉의 일반 원칙에 따라 (따로 적용해야 할 '어법'에는 해당사항이 없으므로) '소리대로' 적었을 뿐인데 제가 쓰는 워드프로세서는 떡하니 빨간 줄을 그어 틀린 표기라고 알려 줍니다. 사전에 **버스**, **카페**라고 올라가 있으니 당연한 것이겠지요.

하지만 사전에 그렇게 올린 이유는 그것이 **교양 있는 사람들이 두루 쓰는 현대 서울말**이어서가 아니라, 순전히 〈외래어 표기법〉이 그렇게 쓰라고 규정하고 있기 때문입니다. 그도 그럴 것이 사회적 계층과 지역적 배경, 연령을 막론하고 일부러 우스꽝스럽게 비틀어서 말하는 경우가 아니라면 **뻐쓰**를 굳이 [버스]라고 발음하는 사람을 저는 여태 본 적이 없습니다. **까페**는 더러 [카페]라고 발음하는 사람도 없지는 않지만 그건 아마도 표기에 이끌려 의식적으로 발음을 교정한 결과이기 쉽습니다. 그러니까 '말을 소리대로 적는' 게 아니라 거꾸로 '글로 적는 대로' 말을 뜯어맞추고 있더라는 것이지요.

대표적인 예가 바로 **짜장면**입니다. 다행히도 워드프로세서는 이 말에 빨간 줄을 긋지 않는군요. 몇 해 전에 표준어로 인정된 결과입니다. 그 이전까지는 **자장면**만을 옳다고 했었지요. 이건 이를테면 애당초 **담방고**, **담바고** 등의 형태로 쓰이던 말이 **담배**로 굳어진 것과는 다릅니다. 많은 사람들이 **자장면**이라고 하던 걸 시간이 지나면서 **짜장면**이라고 하게 됐기 때문이 아니라는 거죠. 규범적으로 **자장면**만이 옳다는 강변이 횡행하는 동안에도 의연히 대다수 언중에게 그건 **짜장면**이었습니다. 역시 저는 지금껏 살면서 **짜장면**을 [자장면]이라고 발음하는 사람은 방송 아나운서들말고는 본 적이 없습니다. 오죽하면 제가 강의 때마다 "그럼 '간짜장'은 '간자장'이라는 게냐"고 우스개를 하곤 했을까요. 물론 대다수 한국어 사용자가 **짜장면**을 그야말로 '표준적'으로 쓰고 있는 와중에도 꿋꿋이 **자장면**이라는 표기를 고집한 건 순전히 이 말이 중국어에서 온 외래어기 때문에 〈외래어 표기법〉에 따르면 그게 옳다는 이유에서였습니다.

이제 좀 감이 오시나요? **뻐쓰**를 굳이 **버스**라고 적어야 하는 건 아직 외래어라는 의식이 언중 사이에 남아 있기 때문이지만 (아니라면 **담배**나 **냄비**와 다르게 취급해야 할 이유가 없지요), 얄궂게도 **뻐쓰**를 한사코 **버스**라고 적는 통에 오히려 그 어원을 의식하지 않을래야 않을 수가 없도록 환기되고 있다는 것입니다. 발음에 들어맞지 않는 그 표기를 볼 때마다 마치 "이건 외래어야. 그 사실을 잊지 마."라고 일깨워 주는 것 같지 않나요? 한마디로 간추리자면, **외래어는 '외래어 표기법'에 따라 적는다**는 규정이 왜 필요한지 모르겠다는 것입니다. 그저 **교양 있는 사람들이 두루 쓰는 현대 서울말**의 테두리에서 언중의 대세를 좇아 **소리대로 적되 어법에 맞도록** 표기하면 충분하지 않은가요?

둘 이상의 표기가 혼용될 때, 꼭 어느 한쪽으로 통일을 해야 혼란스럽지 않다는 것도 좀 어처구니없는 강박입니다. **까페**라고 쓰는 사람도 있고 **카페**라고 쓰는 사람도 있다고 해서 대체 무슨 문제가 있나요? 만일 그게 문제가 된다면 왜 **예쁘다**와 **이쁘다**를 모두 표준어로 인정하고 또는 **짜장면**과 **자장면**을 모두 인정하기로 한 걸까요? 복수 표준어를 인정한다고 해서 혼란스러워졌나요? 웹스터 사전도 이미 오래 전에 **light**만이 아니라 **lite**도 인정했다고 하는데 그렇다고 무슨 혼란이 생겼다는 얘기는 못 들었습니다.

　말이란 언제나 맥락 속에서 뜻을 드러냅니다. 대다수 언중이 뜻을 파악하는 데 지장이 없다면 다양한 형태가 뒤섞여 쓰이는 걸 굳이 막을 이유도 없고, 심지어 언중의 대세를 거스르는 표기를 고집할 이유도 없습니다.

〈외래어 표기법〉 제5항의 의미

사실 이런 전향적인 태도가 〈외래어 표기법〉을 정면으로 거스르는 것도 아닙니다. 〈외래어 표기법〉의 '총칙'에는 모두 다섯 개의 규정이 있는데, (이어지는 제8강에서 설명할 제2항을 제외한다면) 전체적인 기조에서 〈한글 맞춤법〉과의 조화를 매우 중시하고 있다는 것을 알 수 있습니다. 이는 '외래어'를 굳이 특별하게 취급하더라도 그야말로 '필요한 최소한'에 그치겠다는 의지의 표명이기도 합니다.

　대표적으로 제1항은 **외래어는 국어의 현용 24 자모만으로 적는다.**

이고* 제4항은 **파열음 표기에는 된소리를 쓰지 않는 것을 원칙으로 한다.**인데요, 앞서 제4강에서 〈한글 맞춤법〉 제4항을 소개하면서 잠깐 언급했던 내용입니다. 외래어 표기만을 위한 자모를 따로 인정하지 않겠다는 뜻이고, 이는 외래어도 한국어의 일부로 자연스럽게 받아들이는 게 옳다는 뜻입니다. 〈한글 맞춤법〉이 된소리 표기를 꼭 필요한 경우만을 예외적으로 허용하는 것처럼 외래어 역시도 기본 자모만으로 충분히 표기할 수 있다면(정말 충분한지는 이어지는 제8강에서 제2항을 설명하면서 다시 다룹니다) 된소리를 쓰지 않도록 하겠다는 것입니다. 이 원리는 제3항 **받침에는 'ㄱ, ㄴ, ㄹ, ㅁ, ㅂ, ㅅ, ㅇ'만을 쓴다.**와도 연결됩니다. 한국어에서 끝소리는 사실 이 일곱 가지**밖에 없습니다. 다만 '뜻이 드러나도록' 쓰기 위해 다른 자모들도 받침으로 폭넓게 활용하지만, 외래어의 경우엔 그냥 소리대로 적으면 되기 때문에 공연히 표기만 번잡스러워질 필요가 없다는 취지입니다.

그러나 가장 주목해야 할 규정은 제5항 **이미 굳어진 외래어는 관용을 존중하되, 그 범위와 용례는 따로 정한다.**입니다. 도대체 얼마나 굳어져야 '이미 굳어진 외래어'에 속할지는 논외로 하더라도, 어떤 단어의 '범위와 용례'를 정해 두는 걸 뭐라고 하지요? 바로

---

* 여기에서도 '외래어'의 개념적 혼란이 보입니다. 마치 '외래어'는 '국어'가 아니라는 듯한 문장 구조잖아요. 다음 절(〈외래어 표기법〉의 진정한 쓸모)에서 다시 이어 가겠습니다.

** 실제 소릿값은 [ㅅ]이 아니라 [ㄷ]이지만, 〈한글 맞춤법〉 제7항('ㄷ' 소리로 나는 받침 중에서 'ㄷ'으로 적을 근거가 없는 것은 'ㅅ'으로 적는다.)이 적용된 것입니다.

'사전'입니다. 즉 이 규정은 사실상 그저 '사전에 싣는다'는 너무나 당연해서 하나마나한 규정인 셈이고, 전체적인 규범 체계(예컨대 〈표준어 규정〉 제2항에 담긴 〈외래어 표기법〉의 규범적 근거)를 염두에 둔다면 굳이 **외래어는 따로 사정**할 필요 없이 그냥 '표준어 사정'의 영역에서 다루어도 충분하다는 뜻이 돼 버립니다. 앞서 살펴보았듯 **담배**나 **빵**처럼 어원 의식이 아주 희미해진 외래어는 이미 그렇게 하고 있기도 하고요.

　하지만 어원 의식이 남아 있는 경우에도 '관용을 존중'해서 규정에 벗어난 표기를 허용하는 사례는 무궁무진합니다. 얼른 떠올릴 수 있는 단어로는 **타입**이 있습니다. 이 말은 명백히 영어 **type**에서 유래한 외래어이고, 〈외래어 표기법〉의 '영어 표기 세칙'에 따르면 '타이프'로 적는 게 옳습니다. 단모음 뒤가 아니면 파열음의 받침 표기를 하지 않도록 했기 때문이지요. 가령 **light**도 '라잇'이 아니라 **라이트**잖아요? 게다가 '타자기'라는 뜻의 **타이프라이터**typewriter를 줄여 말할 때는 여전히 **타이프**라고 쓰지 '타입'이나 '타입라이터'라고 줄여 쓰지는 않기도 합니다. 달리 말하자면 특정한 범위의 용례에서만 **타입**으로 표기하는 관행이 굳어진 것이지요. 반대로 **세트**set의 경우엔 단모음이므로 규범상의 원칙대로만 하자면 '셋'이라고 적는 게 옳습니다. 실제로 다른 단어와 합성어를 이룰 때는 이를테면 **헤드셋**headset처럼 쓰기도 하니까요. 그러나 아마도 고유어 **셋**(3)과의 혼동을 피하려는 집단무의식이 작용한 결과였을 가능성이 높겠지만, 많은 사람들이 이미 **세트**로 쓰는 관용을 존중해서 이렇게 쓰도록 허용한 것이지요.

심지어 일반명사보다 좀더 엄격하게 다뤄야 하는 고유명사(왜 그런지는 다음 절에서 다시 설명합니다)의 경우에도 '이미 굳어진 관용'이 얼마든지 인정됩니다. 대표적으로는 **뉴욕**New York이 그렇습니다. 둘째 음절이 역시 단모음이 아니므로 '뉴요크'로 적어야 하지요. 같은 형태소가 포함된 **요크셔**Yorkshire를 '욕셔'라고 적지는 않으니까요. 그러나 이미 많은 사람들이 압도적으로 **뉴욕**이라고 쓰고 있기 때문에 그 관행을 인정하지 않을 수 없었던 것입니다. 또는 '외래어'라고 하기엔 좀 찜찜해서 여전히 '외국어'에 더 가까운 말인데도 '이미 굳어진 관용'이 존재하는 아이러니한 경우도 있습니다. **굿모닝** 혹은 그저 감탄사로 **굿!**이라고 해도 마찬가지입니다. **good**의 끝소리는 명백히 무성음 [t]가 아니라 유성음 [d]이기 때문에 규범을 정확히 지키자면 '구드모닝'이나 '구드!'라고 표기하는 게 옳겠지만, 그렇게 썼다가는 그 뜻을 짐작하기조차 쉽지 않을 겁니다.*

그렇다면 **까페**라고 표기하는 사람이 적어도 지금보다는 압도적으로 많아진다면 **까페**도 허용될 수 있을까요. 충분히 가능한 일입니다. 이미 **짜장면**의 사례가 분명하게 보여 주고 있기도 하고요. 혹은 많은 사람들에게 아직은 좀 낯선 표기지만 **뻐쓰**는 어

---

* 좀 다른 얘기지만, 이 정도라면 아무리 '외국어 남용'에 눈살을 찌푸리는 분이라도 이 말이 '외래어'로서 한국어 속에 당당히 자리잡았다고 깔끔하게 인정하지 않을 수 없을 겁니다.

떨까요? 그렇게 쓰는 사람이 압도적으로 많아진다면 '이미 굳어진 외래어'의 관용적 표기로 인정되지 말란 법도 없을 겁니다. 외래어의 경우에도 의연히 사전은 많은 사람들이 실제로 쓰고 있는 말의 '정보'를 담아 놓은 것이지, 실제의 쓰임과는 거리가 있는 당위적인 관념어를 강제하기 위한 '규범'이 아닐 테니까요. 그런데 구체적인 언어 현실에서 〈외래어 표기법〉에 발목이 잡혀서 실제 발음과는 거리가 먼 표기가 강요되고 있다면 이건 아주 불합리한 일입니다. '이미 굳어진' 표기를 인정할 참이라면, 최소한 '굳어질지 그렇지 않을지' 두고 지켜봐도 되는데 '굳어지는' 길을 한사코 막아 놓고 '굳어진' 표기가 아니므로 인정할 수 없다는 건 궁색한 순환논법일 뿐입니다.

〈외래어 표기법〉의 진정한 쓸모

그렇다면 〈외래어 표기법〉은 (〈표준어 규정〉처럼) 아무 필요도 없는 쓸데없는 규정일까요? 그렇지는 않습니다. 〈표준어 규정〉은 폐지되는 게 옳다고 생각하지만, 〈외래어 표기법〉을 폐지해야 한다고 생각하지는 않습니다. 정작 〈외래어 표기법〉의 쓸모는 우리가 통념적으로 생각하는 '외래어'와는 좀 동떨어질 수도 있는 영역에 따로 있기 때문입니다. **까페**든 **카페**든 어차피 문맥 속에서 뜻이 드러나므로 어느 쪽으로 쓰든 굳이 강제할 이유는 없겠지만, 이런 이치가 적용되기 어려운 말들도 있거든요. 바로 고유명사입니다.

고유명사가 가리키는 대상은 그야말로 '고유한 존재'이기 때문에, 단순히 문맥 안에서만 의미를 파악할 수는 없습니다. 가령 인명이라면 지금 읽는 글에 언급된 그 사람이, 내가 지금껏 알고 있던(혹은 앞으로 다른 글을 통해 알게 될) 그 사람과 같은 사람인지가 확인되어야만 그 고유명사의 의미를 파악한 것이라 할 수 있겠지요. 지명도 마찬가지일 테고요. 사실 고유명사는 한국어 어휘라고 하기엔 좀 어정쩡한 대목이 있습니다. 어쩌면 '외래어'라기보다는 차라리 '외국어'에 더 가까울지도 모릅니다. 그러고 보니, 한국어 문장에 부득이하게 외국어 표현을 한글로 표기해야 할 경우가 아주 없지도 않군요.* 바로 이런 경우에 〈외래어 표기법〉은 아주 쓸모있게 활용될 수 있습니다.

그래서 〈외래어 표기법〉보다는 어쩌면 '외국어의 한글 표기법'이 더 적절하게 그 역할을 규정한 명칭일지도 모릅니다. 제8강에서 다시 살피겠지만, 〈외래어 표기법〉의 원리는 〈국어의 로마자 표기법〉의 원리와 아주 긴밀하게 맞닿아 서로 짝을 이루고 있습니다. 그런 맥락에서도 '외국어의 한글 표기법'이 〈국어의 로마자 표기법〉과 더 정확하게 대구를 이루기도 하니까요. 또 그 편이 정작 〈외래어 표기법〉과 전체적인 체계에 더 잘 어울린다는

---

* 더구나 한국 사회도 점차 다언어 사회로 나아가면서 다른 언어 상용자와의 일상적 접촉 가능성이 늘어나고 있다는 점에서 다양한 외국어가 한글 문장 안에 표기될 필요가 점점 더 커지고 있기도 합니다.

점도 지적할 수 있겠지요.*

〈외래어 표기법〉의 체계는 〈한글 맞춤법〉이나 〈표준어 규정〉과 비교할 때 좀 독특합니다. 제1장 '총칙'에 이어지는 제2장 '표기일람표'는 말 그대로 '표'들을 나열하고 있는데, '국제음성기호와 한글 대조표'를 비롯해서 에스파냐어, 이탈리아어 등 다양한 언어의 자모 또는 발음부호와 한글의 대조표를 담고 있습니다. 영어를 비롯한 다양한 언어의 '표기 세칙'을 규정한 제3장이 그 뒤를 잇지요. 그런데 좀 이상하지 않습니까? 말 그대로 '외래어'라면 이미 한국어의 일부인데 그저 한국어 사용자들이 어떻게 쓰고 있는지만 살피면 되지 왜 영어나 일본어 같은 '외국어'의 체계를 고려해야 할까요. 어차피 '외국어'에서 유래한 말이니 그것까지는 마지못해 수긍할 수 있다 해도, 그렇다면 폴란드어, 체코어, 세르보크로아트어에서 유래한 외래어는 대체 얼마나 많기에 표기 규정이 필요했을까요. 정작 전 세계 인구의 4분의 1이 쓰고 유엔의 6대 공용어 가운데 하나인 아랍어 표기법도 없는 부실한 〈외래어 표기법〉인데 말이죠.** 공연히 별 연관도 없을 듯한 '외래어' 핑계를 애매하게 둘러대지 않고 깔끔하게 '외국어의 한글 표기법'이라고 했더라면 훨씬 자연스러웠을 체계가 아닐지

---

* 앞 절의 주석에서 언급했듯, 제1항도 "외국어는 국어의 현용 24자모만으로 적는다."라고 하는 편이 개념적으로 훨씬 깔끔합니다.

** 〈외래어 표기법〉은 완성된 규범이 아닙니다. 처음 제정될 때 포함되어 있지 않던 새로운 언어에 대한 '한글 대조표'와 '표기 세칙'이 속속 정리되어 추가되어 왔고, 앞으로도 계속 추가해 나가야 할 것으로 보입니다.

요. 〈외래어 표기법〉이 그렇게 제자리를 찾는다면, 〈한글 맞춤법〉 제3항은 아마도 이런 방향으로 수정되어야 할 겁니다. "고유명사를 비롯하여 어원이 뚜렷한 외래어는 '외국어의 한글 표기법'을 준용하는 것을 원칙으로 한다."

이제 왜 고유명사는 그냥 언중의 대세에 맡겨 놓으면 안 되고 적잖은 사람이 다소 불편하더라도 명확한 원칙에 따른 표기만을 인정해야 하는지를 좀더 궁리해 볼까요. 제가 성장기를 보내던 1970년대만 하더라도 신문에선 대체로 한자를 썼기 때문에 중국 인명은 그냥 한자로 표기했고 그걸 읽는 사람들도 그 한자를 그냥 한국어 발음으로 읽는 게 자연스러웠습니다. 그래서 방송에서도 한국어 한자음으로 읽는 게 대세였고요. 제 기억이 맞다면, 방송에서 중국 인명을 중국어 발음대로 읽기 시작한 건 노태우 정부 시절 한중 수교 무렵부터인 것 같습니다. 그래서 **모택동**이라는 인물의 이름을 신문·방송 등을 통해 제법 자주 접할 수 있었지요. 그런데 학교에서는 반공도덕이라는 과목이 있어서 중국 공산화 과정을 배워야 했는데 **마오쩌둥**이라는 인물을 당연히 중요하게 다뤘겠지요? 고백하자면, 매우 둔했던 저는 그 두 사람이 같은 사람이라는 걸 한참 뒤에야, 아마도 몇 년쯤 흘러 거의 성인이 될 무렵에야 알아차렸습니다. 그걸 알게 됐을 때 '그동안 도대체 어떻게 모를 수 있었는지' 스스로 어처구니없어했던 기억이 남아 있거든요. 비슷한 예를 드는 건 어렵지 않습니다.

한번은 이런 일도 있었어요. 〈외래어 표기법〉이 불편하고 어딘지 어색해 보인다고 외국 인명을 굳이 한글로 표기하는 수고를 생략한 채 그냥 로마자로만 적어 놓는 분들이 아직도 많습니다. 특히 학술 서적들이 그렇지요. 어쩌면 글을 쓰신 분들도 책으로만 접했던 인명이라 어떻게 읽는지 몰라서(그리고 굳이 찾아볼 성의까지는 발휘하지 못해서)일 수도 있습니다. 그런 책을 읽던 후배가 "혹시 조지 루카스라는 사람 아느냐"고 물은 적이 있어요. 그래서 "〈스타워즈〉 만든 영화감독 아니냐"고 무심히 대꾸했더니 고개를 갸웃거리며 "근데 그 사람이 왜 철학책에 나오냐"고 되묻더라고요. 뭐 〈매트릭스〉라는 영화를 놓고도 두툼한 철학책이 나오기도 하니까 영화감독이 철학책에 나오지 말라는 법은 없지만 딱 짚이는 구석이 있어서 책을 달라고 해서 앞뒤 문맥을 재빠르게 살폈지요. 아니나 다를까. "이건 조지 루카스가 아니라 죄르지 루카치로군." 뭐 영어권 사람들은 자기들 발음대로 '조지 루카스'라고 읽을지도 모르겠지만요. 어느 영어 상용자가 덴마크의 유명한 동화작가 안데르센을 '앤더슨'이라고 하는 통에 "난 모르는 사람"이라고 대꾸했다가 졸지에 안데르센 동화도 못 읽어 본 메마른 어린 시절을 보낸 사람이 돼 버린 적이 있기도 하니까요. 저마다 제 편한 대로 쓰게 놔두면 그야말로 '혼란'이 불가피하다는 겁니다.

물론 〈외래어 표기법〉이 정비되는 과정에서 오랫동안 익숙하게 써 오던 표기가 바뀌는 바람에 일대 혼란이 일어나는 일이 빈번했기 때문에 많은 분들이 불만스러워하는 걸 알고 있습니다. 예컨대 수십 년 동안 **도스토예프스키**라고 쓰던 걸 하루아침에 '러시아어 표기 세칙'에 따라 **도스토옙스키**로 쓰는 게 옳다고 하니 당장은 불편할 수도 있겠지요. 하지만 그렇다고 편한 대로 쓰도록 허용하다 보면 저마다 표기가 달라져 혼란으로 인한 불편이 더 커지게 됩니다.

지금도 어느 출판사는 프랑스의 수도를 구태여 **빠리**라고 표기하는 걸 고집하고 있습니다. 그 출판사에서 이를테면 대다수가 **마사지**라고 쓰는 걸 군이 **마싸지**라고 표기하는 것까지는 그저 좀 낯설다 뿐이지 크게 불편할 일은 없을 겁니다. 위에서 설명했듯 문맥 속에서 뜻이 분명하게 파악되는 데다가, 혹시라도 그 출판사말고도 그렇게 쓰는 사람이 더 많아진다면 당장의 낯섦도 누그러질 테고요. 하지만 고유명사는 참 난감합니다. 설마 **빠리**가 다른 출판물들을 통해 익숙한 **파리**라는 걸 혼동하는 사람이야 거의 없겠지만, 꼭 그렇게 널리 알려진 유명한 인명이나 지명만 책에 나오란 법은 없잖아요?

같은 대상에 대한 다양한 표기가 출현하는 바람에 혼란이 생겨난다면 누군가가 나서 그걸 중재해 줄 사회적 필요는 분명히 있고, 나아가 그런 혼란의 가능성을 막기 위해 혼란이 일어나기를 기다리지 않고 미리 중재안을 제시한다면 더 좋은 일이겠지요. 그리고 그것이 '중재'를 위한 것이라면, 가능하면 가장 단순명료하고 이론적으로 타당한 원리에 기반할 때 가장 큰 설득력을 가질 것입니다. 이를테면 **빠리**를 고집하는 출판사에도 나름의 근거는 있을 터이므로, **파리**라는 표기가 그보다 더 설득력 있는 근거를 제시하지 못한다면 '중재'로서 받아들여지기는 어려울 테니까요.

그래서 〈외래어 표기법〉(이라 쓰고 '외국어의 한글 표기법'이라 읽어야 할)은 보편적으로 적용할 수 있는 일관된 체계에 기반해 마련되어 있는데, 유감스럽게도 (이 책을 관통하는 전체적인 논지와는 사뭇 상반되지만) 언어학에 전문적인 소양이 없는 일반인들이 그 체계를 시시콜콜 이해하기는 쉽지 않습니다.* 일반적인 어문규범 문제에 관해서라면 그 옳고 그름을 판정내려 주라고 국립국어원이 있는 게 아니니 거기에 물어볼 문제가 아니라고 일관되게 주장하는 저조차도, 고유명사 표기만큼은 국립국어원 사이트를 최우선적으로 조회해 보는 게 최선이라고 권하는 까닭이 그것입니다. 달리 말해 당장은 좀 불편하고 혹시 납득이 잘 안 가더라도 일단은 국립국어원에서 〈외래어 표기법〉에 따라 제시한 표기를 따르는 게 글을 읽을 사람들의 혼란을 최소화할 수 있는 방법이라는 것이지요.

그렇다고 〈외래어 표기법〉에 무오류의 절대적 권위가 있다고 주장할 생각은 전혀 없습니다. 〈외래어 표기법〉도 사람이 만든 것이고 당연히 불합리한 대목도 없지 않습니다. 오해하지 않기를 바라지만, 이때 불합리하다는 건 구체적인 단어 하나하나의 표기가 불만스럽다는 뜻이 아닙니다. 이를테면 전체적인 체계에서 더 간략하고 깔끔하게 다듬을 여지가 있는데도 그다지 설득

---

* 개략적인 기본 원리는 제8강에서 다루겠지만, 기본 원리를 파악했다고 해서 이 원리가 적용된 규정의 내용을 정확히 이해하기는 어렵습니다. 아니 역설적이지만, 이 사실을 납득할 때라야만 기본 원리를 제대로 파악했다고 말할 수 있을 것 같기도 합니다.

력이 없는 이유로 그보다 복잡하고 번거로운 체계를 고수한다거나 하는 문제를 뜻합니다. 따라서 체계를 전체적으로 개선하기 위해 학술적인 비판의 형식으로 토론을 제기할 수는 있겠지만, 그리고 그런 토론의 마당은 더 활성화될수록 좋겠지만,* 적어도 고유명사 표기에서 현행 〈외래어 표기법〉 자체를 인정하지 않고 편의만을 좇아 규범을 무시한 표기를 고집하는 태도는 매우 무책임한 '힘자랑'으로만 보입니다.

?

강의 주제와는 좀 동떨어진 질문일 수도 있지만 워드프로세서에 '빨간 줄'이 그어진다는 대목을 보고 떠오른 건데, 맞춤법 검사기를 얼마나 신뢰하시나요?

!

그다지 신뢰하지 않습니다. 실용적인 한글 맞춤법 검사기가 만들어지기 어려운 이유는 크게 두 가지가 있습니다. 하나는, 역설적이지만 한글 맞춤법이 너무 과학적인 체계인 데다 한글 자판의 구조도 매우 체계적이라서 그렇습니다. 어쩌다가 한 글자를 잘못 쳤는데도 마침 그 단어가 사전에 올라 있다면 맞춤법 검사기는 그걸 잡아내지 못합니다. 영어의 경우엔 철자

---

* 이를테면 이 책의 제15강의 내용은 그런 취지에서 마련되었습니다.

와 발음의 관계가 느슨한 데다 자판 구조도 워낙 뒤죽박죽인 나머지 한 글자 잘못 쳤는데 하필 그런 말도 있는 경우는 매우 드물어서 꽤 쓸모가 있지만, 한국어는 유감스럽게도 그런 경우가 무척 많을 수밖에 없습니다. 옳게 썼는데도 빨간 줄을 긋는 건 그냥 넘어가면 그만이지만, 잘못 썼는데도 못 짚어내는 글자가 많다면 신뢰하기 어렵겠지요.

다른 한 가지 이유는 한국어의 문법 구조와 관련되어 있습니다. 제6강에서 설명했듯 한국어에서 단어의 테두리를 정의하기가 쉽지 않은데, 맞춤법 검사기는 물론이려니와 컴퓨터로 자연언어를 처리하는 과정에서 가장 기본이 되는 단위는 스페이스바와 스페이스바 사이입니다. 즉 맞춤법 검사기의 원리는 내장된 사전에 그런 단어가 있는지를 찾아봐 주는 것인데, 아무리 정교하게 설계된 검사기라도 존재할 수 있는 모든 한국어 단어를 내장하는 건 불가능합니다. 우선 단어와 단어 아닌 것의 경계가 불분명할 뿐 아니라 새로운 단어는 지금도 생겨나고 있으니까요.

특히 전문적으로 글을 다루는 분이라면 반드시 '자동교정' 기능은 꺼 놓고 쓰실 것을 권합니다. 분명한 의도를 가지고 쓴 것까지 함부로 고쳐 놓는 낭패를 당해 보면 왜 그래야 하는지 어렵잖게 납득하실 겁니다.

한국이 다언어 사회로 나아가고 있다고 봐도 될까요?

!

한국에는 이미 다양한 다언어 사회가 존재합니다. 가령 제주 지역은 오랫동안 제주어와 표준 한국어가 함께 쓰이는 다언어 사회였습니다. 제주어를 '다른' 언어로 인정하지 않고 그저 '방언'으로 여겼던 다분히 패권적인 시선이 그 사실을 인정하지 않았을 뿐이지요. 근래에 차이나타운으로 떠올랐다는 서울 대림동도 중국어와 한국어가 공존하는 다언어 사회일 테고요. 결혼이주 여성 인구가 만만찮은 농촌 지역도 한두 군데는 아닐 겁니다. 이런 지역들은 복수 공용어를 지향하는 게 바람직합니다. 이를테면 베트남어 사용 인구가 일정 비율을 넘어서는 지역이라면 당연히 모든 공문서, 공용시설 안내문 등은 한국어 버전과 베트남어 버전을 다 갖춰야 하는 거지요.

'오렌지'가 아니라 '어륀지'라고요?

〈외래어 표기법〉의 기본 원리(〈외래어 표기법〉 제2항)

〈한글 맞춤법〉의 제1항(**표준어를 소리대로 적되 어법에 맞도록**)이나 〈표준어 규정〉의 제1항(**교양 있는 사람들이 두루 쓰는 현대 서울말**)에 해당하는 〈외래어 표기법〉의 기본 원리는 제2항 **외래어의 1 음운은 원칙적으로 1 기호로 적는다.**에 담겨 있습니다. 제7강에서 살펴보기도 했지만, 이 규정의 '외래어'라는 표현은 문면 그대로 해석하기엔 꽤 당혹스럽습니다. 외래어는 한국어의 일부로 이미 한국어의 음운 구조에 포섭되어 있으므로(그렇지 않다면 그건 '외래어'가 아니라 '외국어'입니다.) 굳이 〈외래어 표기법〉을 따로 만들어야 할 필요를 스스로 부인하는 셈이고, 나아가 다양한 외국어에 대한 '표기 세칙'과도 별 상관이 없는 '총칙'이 돼 버리기 때문이지요.

따라서 이 규정은 이렇게 정밀하게 해석되어야 기본 원리로서 분명한 의미를 가집니다. "외래어는 그 말이 유래한 외국어의 1음운을 한글 1기호로 적는다." 나아가 제7강에서 살핀 대로, 〈외래어 표기법〉에 '외국어의 한글 표기법'으로 그 역할에 걸맞은 제 자리를 찾아 준다면, "외국어 또는 고유명사를 비롯하여 이원이 분명한 외래어는……"이라 표현하는 게 정확하겠지요.

'음운'이란 무엇인가

이 원리를 제대로 이해하려면 우선 '음운'이 무엇인지부터 알아 야겠지요? '음운'은 말소리의 기본 단위입니다. 말은 '소릿값의 차이를 통해 의미의 차이를 드러내는' 청각기호라고 했던 걸 염 두에 두자면, 말을 사용하는 사람들이 소릿값의 차이를 인식(함 으로써 의미의 차이를 인식)할 수 있는 말소리의 단위라고 바꿔 말 할 수 있습니다. 예를 들어 보지요. 한국어를 사용하는 사람들은 **불**과 **풀**과 **뿔**의 의미 차이를 분명하게 인식할 수 있습니다. 이때 달라지는 부분은 ㅂ과 ㅍ과 ㅃ이라는 소리뿐 나머지 부분은 '울' 로 모두 같은 소리입니다. 이로부터 한국어에는 ㅂ과 ㅍ과 ㅃ이 라는 서로 다른 음운이 있다는 것을 알 수 있습니다. 다른 예를 들어 볼까요. 작은 상자를 뜻하는 **갑**과 두려움을 뜻하는 **겁**은 소 리의 차이를 통해 뜻을 분명히 구별할 수 있는데 이 경우에도 달 라지는 부분은 모음 ㅏ 와 ㅓ뿐입니다. 따라서 한국어에는 ㅏ 와 ㅓ라는 음운이 있다고 말할 수 있게 되는 거지요.

여기까지는 이해하기 쉽지만, 문제가 그리 간단한 건 아닙니 다. 똑같은 ㄱ소리를 발음한다고 해도 사람마다 조금씩 다를 수 있고, 같은 사람이라도 매번 조금씩 다르게 소리내기도 합니다. 녹음기를 틀지 않는 이상 매번 완전히 똑같은 소리를 낼 수 있는 사람은 없을 겁니다. 그러나 한국어를 사용하는 사람들은 모두 그것을 같은 소리 ㄱ으로 인식하고 그 차이를 무시합니다. 그래서 음운은 실은 사람의 음성기관에서 만들어지는 '물리적인 소리' 그 자체가 아니라 뇌에서 그 차이를 인식하느냐에 따라 결정되는 '관념적인 소릿값'입니다.

그리고 유감스럽게도 서로 다른 언어를 사용하는 사람들은 소리의 차이를 인식하는 결도 조금씩 달라서, 어떤 언어에서 같은 소리로 인식되는 소리도 다른 언어에서는 다른 소리로 인식되기도 하고, 반대로 어떤 언어에서 다른 소리로 인식되는 소리를 다른 언어에서는 같은 소리로 인식하기도 합니다. 외국어 상용자에게 한국어를 가르쳐 본 사람은 누구나 알고 있는 사실이지만, 한국어 사용자에게는 너무나 당연한 **불**과 **풀**과 **뿔**의 차이를 가르치기가 쉽지 않습니다. 한국어를 외국어로 배운 사람들은 웬만큼 능숙해지기 전까지는 이 세 단어를 분명하게 구별해서 발음하지 못하는 경우가 많습니다. 그건 반대로 말해도 마찬가지입니다. 한국어 사용자들이 처음 영어를 배울 때는 [l]소리와 [r]소리를 구별해서 듣거나 발음하는 것도 수월치 않고, 영어 상용자들이라면 너무나 분명하게 구별할 sick과 thick을 구별해 내는 건 그보다 훨씬 어렵다는 건 다들 경험으로 아실 겁니다.

따라서 '외국어의 1음운을 한글 1기호로 적는다'는 건, 해당 외국어 사용자들이 같다고 인식하는 소리는 한글로도 같은 기호를 사용하라는 뜻입니다. 얼핏 끄덕일 수 있는 당연한 말 같지만, 실은 현행 〈외래어 표기법〉이 엉망이라고 타박하는 분들이 가장 많이 오해하는 게 바로 이 대목입니다. 이렇게 대비시켜 보면 확연히 드러나는데요, '한국어 사용자들에게 가장 비슷하게 인식되는 소리대로 적는' 게 옳다고 주장하시는 분들이 매우 많다는 것입니다.

앞에서 예를 들었던 **빠리**라는 표기도 그런 발상의 연장선에서 나온 것입니다. 실제로 파리 사람들은 **파리**가 아니라 **빠리**에 더 가깝게 발음한다는 거지요. 일견 일리가 있어 보일지도 모릅니다. 그런데 위에서 말했듯 ㅍ과 ㅃ은 한국어 사용자들에게나 분명하게 구별되는 소리일 뿐입니다. 프랑스어 음운 p는 단어에 따라서, 좀더 정확히는 그 음운이 놓인 음운학적 조건에 따라서 (한국어 사용자들이 듣기에) ㅍ과 더 비슷하게 발음되기도 하고 ㅃ이나 심지어 ㅂ과 더 비슷하게 발음될 때도 있지만, 프랑스 사람들에게는 어차피 다 같은 소리일 뿐입니다.

거꾸로 이야기해도 마찬가지입니다. **고기**나 **바보** 같은 한국어 단어를 떠올려 보지요. 영어를 비롯해 프랑스어, 독일어 등 유성음과 무성음을 구별하는 음운 체계를 가진 언어(이웃나라에서 쓰는 일본어만 해도 여기에 해당합니다)를 사용하는 사람들에게는 이 말들의 첫음절 자음과 둘째 음절 자음이 서로 다른 소리로 확실히 구별됩니다. 이 단어들을 국제음성기호로 적으면 [kogi]와 [pɑbo]가 되거든요. 그런데 한국어 사용자들에게는 똑같은 ㄱ이고 똑같은 ㅂ이지 전혀 다른 소리로 인식되지 않습니다. **불,**

풀, 뿔의 차이도 구별하지 못하는 사람들이 **바보**의 첫음절 ㅂ과 둘째 음절 ㅂ은 또 구별한다니, 좀 신기하지요? 그런데 그건 입장을 바꿔도 마찬가지입니다. 영어나 프랑스어, 혹은 일본어 사용자들도 한국어 사용자들을 그만큼 신기하게 여길 겁니다. **바보**의 두 ㅂ도 구별하지 못하는 사람들이 어떻게 **불, 풀, 뿔**을 구별할 수 있는지 말입니다.

옆길로 잠깐 새자면, 바로 이것이 〈국어의 로마자 표기법〉을 둘러싼 오랜 논쟁과 정책적 혼란의 계기입니다. 본래는 현행과 마찬가지로 한국어의 1음운을 로마자 1기호로 적는 것을 원칙으로 해서 ㄱ은 실제로 [k]로 소리나든 [g]로 소리나든 어차피 한국어에서는 구별되지 않는 소리이니 같은 글자 g로 적도록 했었습니다. 그러다가 1980년대에 서울올림픽을 앞두고 전두환 정부가 이걸 영어 사용자에게 인식되는 소릿값에 따른 체계*로 바꿔 버렸다가, 현행 〈국어의 로마자 표기법〉에서 다시 원래의 원칙대로 되돌린 흑역사가 있습니다. 전두환 정부의 무리수도 무리수지만, 이왕 그렇게 쓰기로 했다면 그대로 쓰면 될 걸 엄청난 혼란과 비용을 감수하면서까지 되돌릴 수밖에 없었던 까닭은 무엇일까요.

크게 두 가지 이유가 있습니다. 한국어에서 같은 소리라면 같은 글자로 쓰는 게 의미(의 연관관계) 파악이 더 수월하리라는 점,

---

* 숭실전문학교 교장이던 선교사 조지 매퀸과 하버드대 교수 애드윈 라이샤워가 1937년에 만든 것으로 알려진 이른바 '매퀸-라이샤워(MR) 표기법'.

그리고 그보다 더 중요하게는, 꼭 영어가 아니더라도 한국어와 는 음운 체계가 다른 특정 외국어 사용자에게 구별되는 소릿값 을 기준으로 한다면 표기가 확정되지 않은 한국어 단어를 모두 개별적으로 소릿값을 따져 봐야 표기를 확정할 수 있는 데 반해 서, 한국어 음운과 로마자 사이의 대응 규칙만 정해 놓으면 모든 한국어 단어에 그대로 적용할 수 있는 보편성이 있으므로 그 편 이 더 합리적이라는 점입니다.

이 이치를 그대로 뒤집어 〈외래어 표기법〉(이라 쓰고 '외국어의 한글 표기법'이라 읽는)에 적용해 보겠습니다. 한국어 사용자들에 게 아무리 다른 소리로 인식되더라도 어차피 해당 외국어에서 는 전혀 의미 차이를 일으키지 않는 소리를 굳이 다른 글자로 적 어야 할 이유가 있을까요. 뭐 한글의 글자 수가 많다면 이왕이면 더 정밀한 게 더 좋지 않겠느냐고 할 수 있을지도 모르지만, 어 차피 쓸 수 있는 기호는 〈외래어 표기법〉 제1항의 규정대로 **한글 의 현용 24 자모**밖에 없습니다. 해당 외국어에서 분명하게 구별되 는 소리를 구별되는 글자로 적기에도 벅차지요. 영어의 예를 들 자면, sink와 think를 구별할 닿소리 글자가 마땅찮은 나머지 모 두 **싱크**라고 표기할 수밖에 없는 판국에, king과 sky의 [k] 소리 가 한국어 사용자들에겐 (전자는 '킹'에 더 가깝게, 후자는 '스까이' 에 더 가깝게) 구별된다고 해서 그걸 달리 표기하는 건 아무래도 우습지요?

게다가 표기법이 확정되지 않은 새로운 단어를 마주칠 때마다 그 소릿값이 한국어의 어떤 소리에 가장 가깝게 들리는지를 따지고 심지어 이 소리에 더 가깝다 저 소리에 더 가깝다 갑론을박의 논쟁을 치러 내야 하는 것보다는 어떤 음운은 어떤 글자로 표기한다는 원칙을 미리 정해 놓고 일관되게 적용하는 편이 훨씬 편리하기도 합니다.

개별적 대응이 아닌 총체적 대응 관계

이런 원리를 이해한다면, 남는 문제는 이제 어떤 음운을 어떤 기호로 적느냐뿐입니다. 즉 실제로 ㅍ에 가깝게 소리나든 ㅃ에 가깝게 소리나든 ㅂ에 가깝게 소리나든 같은 음운이라면 같은 글자로 적는다는 원칙에 수긍하더라도 그중에 어떤 글자를 선택하느냐는 또 다른 차원의 문제인 것이지요. 물론 앞에서 말했듯, 영어를 비롯한 많은 외국어들이 무성음 [p]와 유성음 [b]를 구별하기 때문에, ㅂ이라는 기호는 b를 위해 남겨두어야 합니다. 따라서 선택지는 ㅍ과 ㅃ으로 압축되겠지요? 이 대목에서 위력을 발휘하는 것이 바로 〈한글 맞춤법〉 제4항의 '붙임 1' 규정*입니다. 만일 ㅍ으로 적을 수밖에 없는 다른 음운이 있다면 모를까 기본 글자인 ㅍ을 제쳐 두고 군이 겹자음 ㅃ을 쓰는 건 불합리하다는 거지요. 그래서 **빠리**가 아니라 **파리**로 적기로 한 겁니다. 그

---

* ("한글 자모의 수는 스물넉 자로" 하되) "위의(기본) 자모로써 적을 수 없는 소리는 두 개 이상의 자모를 어울러서" 쓰도록 한 내용입니다.

리고 프랑스어만이 아니라 파열음의 '된소리'를 '예삿소리'와는 달리 독자적인 음운으로 구별하는 다른 외국어가 (거의) 없다는 현실적 정황을 참작해 이 원리를 보편화하면, 바로 제4항 **파열음 표기에는 된소리를 쓰지 않는 것을 원칙으로 한다.**는 규정으로 구체화할 수 있겠지요.

파열음은 아니지만, 영어 s의 표기에도 이런 이치가 적용됩니다. 영어의 음운 s는 (자음 앞이 아니라면) 거의 예외 없이 한국어 사용자들에게는 ㅆ에 가장 가까운 소리로 인식됩니다. 제7강에서 예를 든 외래어 **세트**도 실제로는 [쎄트]라고 발음하잖아요. 그러니 **빠리**를 고집하는 어느 출판사처럼 ㅆ으로 적자는 주장이 나오는 건 그 자체로 이상한 일이 아닙니다. 하지만 그렇게 되면 ㅅ이라는 유용하게 써먹을 수 있는 기본 글자는 놀려 두는 결과가 될 테니, 군이 ㅆ으로 적기보다는 그냥 ㅅ으로 쓰게 한 것입니다.

나아가 이런 이치를 확장시키면, 좀더 구조적인 원리가 숨겨져 있다는 걸 발견하게 됩니다. 즉 어떤 외국어의 표기법을 체계화할 때, 개별 음운 하나하나에 대해 어떤 한글 기호가 가장 적절할지를 가려 나가는 방식으로 정리하는 게 아니라는 겁니다. 그 언어의 음운 목록을 전체적으로 놓고 한글 자모를 대응시킬 수 있는 규칙의 여러 가지 가능성 가운데 어떤 규칙이 가장 적절할지를 가리는 방식이라는 거지요. 그게 그거 같지만, 두 방법은 실제로 꽤 다른 효과를 가져옵니다. 군이 비유적으로 말하자면 '절대우위'가 아니라 '비교우위'를 적용한다는 거지요.

좀 엉뚱한 비유가 될지는 모르겠지만, 0부터 9까지 열 개의 수를 1부터 10까지 열 개의 수에 1대1로 대응시키는 규칙을 생각해 봅시다. 여러 가지 방법이 있지만, 전체적으로 원래의 수에 '가장 가깝게' 대응시키는 방법을 찾는다고 가정해 보지요. 우선 1부터 9까지는 똑같은 수가 이미 있으므로 그대로 대응하는 게 가장 좋겠다고 생각할 수 있을 겁니다. 그런데 이렇게 하면 0에 대응시킬 수는 가장 거리가 먼 10밖에 안 남게 될 겁니다. 아홉 개의 수는 정확히 대응하지만 나머지 하나는 엉뚱한 수에 대응시킬 수밖에 없는 거지요. 하지만 정확치는 않더라도 0에 1, 1에 2……식으로 1씩 차이가 나는 수와 대응시키면 전체적으로는 원래 수에 가장 가깝게 대응시킨 결과를 얻을 겁니다.

　이 이치를 그대로 적용해 보지요. 한글로 적을 때 어떤 글자로 적는 게 적절할지가 상대적으로 더 분명해 보이는 음운들이 있겠지요. 그럼 고민할 필요도 없이 일단 그 음운들에 대한 기호는 바로 정해지겠지요. 그런데 이렇게 하다 보면 어떤 음운은 그 소릿값과는 거리가 꽤 먼 엉뚱한 글자들만 남게 되는 바람에 선택지가 별로 없어져서 다른 음운과 같은 기호를 쓰거나(위에서 예시한 **싱크**처럼), 아니면 여러 글자를 겹쳐 써야 해서 번거롭게 될 수밖에 없겠지요. 정 달리 표기할 방법이 없다면 감수해야 하는 문제이긴 하지만, 만일 그렇게까지 하는데도 여전히 활용되지 않는 기본 자모가 남아 있다면 더 간편한 방법이 없을지를 더 궁리해 볼 여지가 생기는 거지요.

　그래서 방향을 바꿔서 생각해 봅니다. 분명히 더 가까운 소릿값을 가진 글자가 있는 음운이라도 그대로 대응시키는 대신, 그 글자에 대응시키는 것말고는 다른 방법이 별로 없는 다른 음운이 있다면 그 글자를 그 음운에 양보(?)하고 그보다는 좀 덜 가깝긴 해도 아주 이상하지는 않은 소릿값을 가진 다른 글자를 대응시켜 주는 겁니다. 이런 방식으로 해 나가면 전체적으로 가장 간결한 체계를 만들 수 있게 된다는 거지요. 앞의 제7강에서 "언어학에 전문적인 소양이 없는 일반인들이 그 체계를 시시콜콜 이해하기는 쉽지 않다"고 했던 이유가 바로 여기에 있습니다. 적잖은 분들이 〈외래어 표기법〉에 대해 가지는 불만 중에는 이런 구조적 원리에까지 미처 생각이 닿지 못해서 생겨난 문제들도 꽤 있거든요.

따라서 어떤 외국어에 대한 한글 표기법을 정하려면, 우선 그 언어의 음운 구조를 총체적으로 파악해서 음운 목록을 작성해야 합니다. 그런데 이 과제를 해결하는 능력은 해당 외국어를 얼마나 유창하게 잘 구사하는지와는 거의 무관합니다. 그보다는 음운학의 기본 개념을 얼마나 정확하게 이해한 바탕에서 그 외국어에 접근했느냐가 훨씬 중요합니다. 그걸 증명하는 건 어려운 일이 아닙니다. 이를테면 한국어를 모어로 상용하며 따라서 한국어를 유창하게 구사하고 있는 여러분들에게 한국어의 음운 목록을 작성해 보라고 한다면, 아마도 음운학의 기본 개념에 훈련된 전공자가 아니라면 대다수에게는 결코 쉽지 않은 문제일 것입니다. 하물며 외국에서 몇십 년을 살고 모어 수준으로 외국어를 구사할 수 있다고 해서 그 외국어의 음운 목록을 작성해서 그걸 한글에 대응시키는 가장 합리적인 방법을 제시할 수 있다고 믿는 건 만용입니다.*

　이명박 정부 초기의 이른바 '어륀지' 파동**이 기억에도 새롭습니다만, 그것이 얼마나 터무니없는 주장인지는 이렇게 차근차근 원리적으로 파고들면 얼마든지 반박해 낼 수 있습니다. 이와 관련된 〈외래어 표기법〉에 대한 흔한 오해 가운데 하나가 외국어 교육에 지장을 준다는 것인데요. 위에서 살펴보았듯 '외국어의 한글 표기법'은 외국어 발음을 가장 가까운 소릿값을 표현하는 한글로 옮기는 게 아니라 외국어의 음운 체계를 가장 촘촘하고 간결하게 한글에 대응시키는 규칙이기 때문에, 실제 발음과 얼마간 거리가 생기는 게 당연합니다. 한글은 한국어의 음운 체계에 최적화된 글자 체계이기 때문에 한국어와는 다른 음운 체계를 가진 외국어를 완벽하게 한글로 옮길 방법은 사실 없습니다.

　어차피 최선이 불가능하다면 차선을 취해야 하는데 이때 차선이 꼭 '최대한 가까운 소릿값으로 표현'하는 게 아닐 수도 있다는 겁니다. 실제 발음과 거리가 좀 멀어지더라도 대응 규칙의 일관성과 간결성 그리고 음운 사이의 구별을 최대화하는 게 단순한 '발음의 유사성'보다 더 중요한 가치일 수도 있으니까요. 외

<hr />

* 거꾸로 앞서 〈국어의 로마자 표기법〉을 언급하면서 예를 든 'MR 표기법'의 문제점도 이와 무관치 않습니다. 선교사 매퀸은 한국어가 꽤 유창했지만 언어학 전문가가 아니었고, 라이샤워는 언어학자이긴 했어도 한국어는 잘 몰랐던 것으로 전해집니다.

** '오렌지'가 아니라 '어륀지'라고 표기해야 한다는 주장.

국어에 유창해지고 싶다면 외국어 자체를 익혀야지, 기껏해야 (정확히 일치하지도 않는) '가장 가까운 발음'으로 옮겨 놓은 한글 표기를 붙들고 있어 봐야 유창한 외국어는커녕 탤런트 조형기 씨가 유행시킨 '신토불이 팝송' 같은 개그밖에 더 되겠습니까.

고유명사 표기의 실무적 접근

일반명사라면 〈외래어 표기법〉의 규범을 주요하게 참고할 수는 있겠지만 지나치게 얽매일 필요까지는 없다 해도 고유명사는 좀 더 엄격하게 규범을 적용할 필요가 있다는 것은 제7강에서 상세히 살핀 바가 있지요. 이런 특성 때문인지 〈외래어 표기법〉도 제4장에서 특별히 '인명, 지명 표기의 원칙'을 규정하고 있기는 합니다. 그런데 그 내용은 좀 실망스럽습니다. 그도 그럴 것이 그저 당연한 내용을 확인하는 데 그치고 있기 때문입니다. 제1항은 **외국의 인명, 지명의 표기는 제1장, 제2장, 제3장의 규정을 따르는 것을 원칙으로 한다.**이고 제2항은 **제3장에 포함되어 있지 않은 언어권의 인명, 지명은 원지음을 따르는 것을 원칙으로 한다.**입니다. 그러니까 한마디로 고유명사는 〈외래어 표기법〉을 따르라는 하나마나한(혹시 일반명사는 〈외래어 표기법〉을 따르지 않아도 된다는 '전향적인' 의미가 아니라면) 얘기죠. 그래서 저는 여기에서 한 발 더 나아가 정작 고유명사 표기에서 실무상으로 문제가 되는 지점들을 짚어 보도록 하겠습니다.

당연히 고유명사는 '현지음'을 기준으로 합니다. 아무리 영어권 사람들이 자기들 편한 대로 '조지 루카스'라고 부른다 해도 헝가리 사람 '죄르지 루카치'는 **죄르지 루카치**이고, 영국 작가 셰익스피어가 쓴 〈베니스의 상인〉이 아무리 유명해도 이탈리아 도시 베네치아는 **베네치아**지요. 그런데 두 언어권에 걸쳐 있는 경우는 어떨까요. 이를테면 독일 태생으로 미국에서 주로 활동하면서 퍼스트네임은 영어식으로 '앨버트'라고 읽고 라스트네임은 독일어식으로 '아인슈타인'이라고 읽는 **앨버트 아인슈타인** 같은 경우도 적지 않지만, 인명은 그래도 당사자의 사용례가 분명하니 덜 어려운 편입니다. 만화영화로도 유명한 동화 《플란더스의 개》를 기억하시나요. 물론 **플란더스**는 '현지음'이 아닙니다. 영어식으로 변형된 것이지요(그나마도 제대로 된 표기는 **플랜더스**고요). 그런데 이 지역은 다언어 사회이고 네덜란드어로는 **플렌데런**, 왈룬어로는 **플랑드르**라고 하지요. 어느 쪽으로 쓰는 게 더 적절할지를 단언하기는 쉽지 않습니다.

심지어 한 지역에서 교차하는 두 언어권 사이에 정치적 갈등이 내재돼 있는 경우엔 정치적 입장에 따라 달라지는 사례도 수두룩합니다. 좀 고약한 예지만 한국어로는 **독도**라고 하고 일본어로는 **다케시마**라고 하는 섬도 바로 이 경우이겠습니다. 시야가 좁고 견문이 짧은 나머지 어느 한쪽(예컨대 '다케시마')의 일방적인 표현을 '현지'에선 으레 그렇게 쓰는 줄로만 알고 별 생각 없이 쓰는 유럽 어느 나라 사람의 좁은 소견이 딱하다면, 우리 중 어느 누구도 마찬가지 이유로 똑같은 어리석음을 범하지 말라는 보장이 없다는 점을 기억해 두어야 합니다.

　가장 가까운 예로는 중국어를 들 수 있겠습니다. 우리가 '중국어'라고 알고 있는 말은 사실 수많은 중국어계 언어* 중에서 베이징 중심의 이른바 '보통화'普通話(표준 중국어, 영어로는 mandarin)'를 뜻합니다. 그러나 중국 정부의 지속적인 '보통화' 보급 정책에도 불구하고 중국은 여전히 다언어 사회입니다. 특히나 오랫동안 영국의 지배를 받았던 홍콩은 광둥어(영어로는 Cantonese) 사용 지역입니다. 이때 중국계 홍콩인의 이름을 중국어를 기준으로 할지 광둥어를 기준으로 할지는 꽤 복잡한 문제일 수 있습니다. 가령 홍콩 독립 문제가 불거지고 있는 이즈음에 중국계 홍콩인의 이름을 별 생각 없이 중국어 표기법에 따라 적으면, '본의 아니게'도 홍콩에 대한 중국의 종주권을 인정한다는 뜻으로 읽힐 수도 있는 일입니다.

　게다가 한국이 워낙 세계에서도 유례를 찾기 어려운 단일언어 사회라 실감하기 어려워서 그렇지 이 세상엔 단일언어 사회보다 다언어 사회가 훨씬 더 많습니다. 그러니 얼핏 당연한 듯 보이는 '현지음'을 따른다는 원칙도 결코 만만한 게 아닙니다. 까다롭지

---

* 한 개별언어 내부의 방언적 차이인지 아예 서로 다른 언어인지를 가르는 기준은 학술적으로 그리 분명하지만은 않으며, 정치적 관계의 영향을 크게 받기도 합니다. 예컨대 흔히 '제주 방언'이라고 알려진 말을 과연 '한국어'의 방언 가운데 하나로 볼 수 있을지는 의문의 여지가 큽니다. 정치적 고려를 빼놓고 순수하게 언어학적으로만 관찰한다면 '제주어'라는 별개의 언어로 보는 게 더 타당할 수도 있습니다. 이런 이치를 중국어에 적용하면 현재 중국 영토에 속하는 지역에서도 표준 중국어의 방언이라고 보기 어려운 다양한 언어들이 혼재한다고 할 수 있습니다.

만 어떻게 하는 게 '현지음 기준'의 취지를 더 잘 살리는 길인지를 케이스 바이 케이스로 잘 판단하는 수밖에 없겠지요.

문제를 더 복잡하게 하는 건 하나의 언어권 안에서도 일종의 방언적 변이가 폭넓게 나타나는 경우에 기준을 잡기가 수월치 않다는 점입니다. 아랍어 표기법이 정비되지 못하는 이유도 워낙 사용권역이 넓고 여러 나라에 걸쳐 있다 보니* 어느 지역의 아랍어를 기준으로 할지를 정하는 것부터가 난제이기 때문이라는 뒷얘기를 들은 적이 있습니다. 그렇게까지 깊이 들어가지는 않더라도 당장 보편적인 세계언어라는 영어부터도 영국식 발음과 미국식 발음의 격차가 꽤 커서 실무자들을 당황하게 하곤 합니다. 현재 뚜렷한 규정이 있는 것은 아니지만, 대체로는 영국 발음을 기준으로 표기를 사정하는 관행이 꽤 오래 유지되어 왔기 때문에 미국식 영어에 익숙해져 있는 대중들의 빈축을 사곤 하는 일도 드물지 않게 일어납니다.

가령 꽤 사용빈도가 높은 영어 이름 Bob의 한글 표기는 **보브**이지만, 굳이 **밥**이라고 쓰겠다는 분들이 적지 않지요. 그런데 미국식으로 쓴다 해도 **바브**이지 밥은 어불성설입니다. 다시 강조하지만, 이때 끝소리 ㅂ을 받침으로 적지 않는 건 실제 소릿값이 그 편에 더 가깝다는 (논란의 여지가 꽤 큰) 판단에 따른 것이 아니라 그저 그 음운이 [p]가 아니라 [b]라는 것을 표시하기 위한 기

---

* 게다가 아랍어 문자에는 모음이 없어서 자음만을 표기하기 때문에 지역에 따른 발음 차이가 꽤 크기도 하답니다.

호일 뿐이라는 것을 기억해 주셨으면 합니다. 아무려나 미국의 지명이나 미국 태생으로 미국에서 활동하는 사람의 인명을 영국식 발음을 기준으로 삼는 건 ('영어'지 '미어'는 아니지 않느냐는 궁색한 항변을 감안한다 해도) 좀 우스운 일입니다.

다만 '현지음 기준' 원칙과 관련하여 가장 유의해야 할 점 하나만 환기하고 넘어가겠습니다. 한국은 다른 어느 외국어보다도 영어 의존도가 심해서, 비영어권의 고유명사인데도 (대개는 미국에 유학하거나 영어 책으로만 공부한 경험에 이끌린) 저자들이 자신에게 익숙한 영어식 표기를 그대로 쓰는 경우가 많습니다. 그래서 **안데르센**을 **앤더슨**으로 둔갑시키는 사태가 벌어지지 않도록 각별히 긴장할 필요가 있습니다. 또는 **마오쩌둥**과 **모택동**이 같은 사람이라는 걸 몰랐던 저처럼 혹시라도 저 유명한 **율리우스 카이사르**조차도 **줄리어스 시저**와 다른 사람이라고 착각할 사람이 없으리라고 누가 장담할 수 있을까요. 카이사르가 영어 사용자였을 리도 없고 라틴어를 쓰던 시대였으므로 **율리우스 카이사르**가 원칙적인 표기겠지요. 다만 워낙 역사적인 인물인지라 영어권에서도 폭넓게 언급되어 축적된 문헌이 꽤 되는지라 맥락에 따라서는 **줄리어스 시저**라는 표기를 사용할 수도 있겠지만 이 경우에도 최초로 언급되는 대목에서만큼은 **율리우스 카이사르**라는 명칭을 병기해 주는 게 바람직합니다.

이런 실무적 원칙은 이를테면 독일어로 **카를 대제**라고 하기도 하고 프랑스어로 **샤를마뉴 대제**라고도 하는(그러나 라틴어가 공용어이던 시절이었으니 **카롤루스 대제**라고 쓰는 것이 가장 바람직한) 두

나라 역사에서 모두 중요하게 다뤄지는 인물에 대해서도 마찬가지로 적용될 수 있겠지요. 맥락에 따라 프랑스어든 독일어든 어느 쪽으로도 쓸 수는 있겠지만, 최초로 언급되는 대목에서 상대쪽 표기를 병기해 주는 것이 혼동을 막을 수 있는 최선이 아닐까 생각합니다.

?

〈외래어 표기법〉을 따르지 않고 편의적인 표기를 고집하는 저자를 설득할 때, 요즘은 "규범대로 표기하는 것이 구글 검색량에서 우위"라는 것을 근거로 삼기도 하는데, 적절할까요?

!

오, 제가 한 수 배웠습니다. 아주 괜찮네요. 그런데 만일 규범에 어긋난 표기가 검색량에서 더 우위에 있으면 어쩌지요? 아주 낭패스러운 역효과가 날 수 있으니 '전가의 보도'처럼 함부로 들이대긴 어렵겠네요. 가령 **알렉산더 대왕**과 **알렉산드로스 대왕** 중 어느 쪽 검색량이 더 많을까요?

?

〈외래어 표기법〉에 '표기 세칙'이 마련되어 있지 않은 외국어의 고유명사 표기는 어떻게 해야 하나요?

!

우선 '표기 세칙'이 있는 외국어라도, 일단 국립국어원 사이트에 등록된 고유명사인지부터 확인해 보고 그대로 따르시는 게 편합니다. 만일 등록돼 있지 않은 말인데 '표기 세칙'이 없는 언어라면, 일단 로마자 표기를 참고하면서 혹시 누가 먼저 표기해 놓은 사례가 있는지도 인터넷 검색을 통해 교차검증하는 등 가능한 모든 수단을 동원해서 실제 발음을 가늠한 뒤에 '국제음성기호와 한글 대조표'에 따라 적는 게 최선이겠지요.

톺아보기

구슬이
서 말이라도

〈한글 맞춤법〉 축조 해설

한국어의 보편적 음운규칙들
소리에 관한 규정(《한글 맞춤법》 제5~13항)

이제 《한글 맞춤법》의 제3장부터 제6장까지의 규정 하나하나를 찬찬히 살펴보도록 하겠습니다. 구슬이 서 말이라도 꿰어야 보배라는 말처럼 아직은 앙상하기만 한 기본 원리가 다양한 조건에서 어떻게 적용되는지 풍성하게 살을 붙여 보는 것도 좋겠지요. 하지만 그 목적만큼은 분명히 해 두고 싶습니다.

그것은 두 가지입니다. 하나는 앞서 총칙을 해설하면서 살폈던 《한글 맞춤법》의 기본 원리가 어떻게 구체적인 규정에 반영되고 있는지를 확인함으로써 "소리대로 적되 어법에 맞도록"의 의미를 좀더 명확히 이해하는 것입니다. 개별 조문의 내용 자체보다는 총칙과의 유기적 연관에 주목해 달라는 뜻입니다.

다른 하나는 여기에 규정된 내용 이외에는 성문화된 규정으로 존재하는 '규범'이 아니라는 점을 명확히 하기 위해서입니다. 즉 《한글 맞춤법》에 어떤 내용이 규정되어 있는지를 알아야만, 규범도 아니고 규범일 수도 없는 내용을 마치 반드시 지켜야 할 규범이기라도 한 양 자유롭고 풍요로운 언어생활을 옭아매려 드는 무분별한 '허위선동'에 솔깃하지 않을 수 있기 때문입니다.

따라서 단순히 규정들의 내용을 시시콜콜 숙지하도록 하는 것은 결코 이 책의 목표가 아닌 만큼, 맹목적인 '열공'의 자세로 파고들기보다는 오히려 한 발짝 거리를 두고 나무 하나하나보다는 전체적인 숲의 모습을 가늠하면서 죽 훑어본다는 가벼운 마음으로 읽어 주시기 바랍니다.*

제3장 소리에 관한 규정은 된소리(제5항), 구개음화(제6항), 'ㄷ'소리 받침(제7항), 모음(제8~9항), 두음법칙(제10~12항), 겹쳐 나는 소리(제13항) 등 여섯 개의 절로 구성되어 있습니다. 전체적으로 보면 굳이 소리나는 대로 쓰지 않아도 한국어의 '보편적인 음운규칙'에 따라 결과적으로 '소리대로' 쓴다는 원칙에서 벗어나지 않게 되는 경우들을 구체적으로 나열한 규정들이라고 정리할 수 있습니다. 다만 두음법칙 관련 3개 규정은 이러한 기조와 상반되는 내용인 데다가 이해하기가 좀 난해한 모순도 포함되어 있어 제13강에서 따로 살피기로 하고, 나머지 여섯 개 규정만 우선 살피겠습니다.

<hr>

* 이러한 취지에 따라 〈한글 맞춤법〉 규정의 전문을 그대로 전재하지 않고 규정 본문과 대표적인 예시어만을 인용하면서 설명해 나가되, 규정에 제시된 예시어들을 주석으로 간추려 참고하도록 하겠습니다. 국립국어원 사이트(www.korean.go.kr)에서 전문을 확인할 수 있습니다.

'까닭 없이 나는 된소리'?

제5항은 **한 단어 안에서 뚜렷한 까닭 없이 나는 된소리는 다음 음절의 첫소리를 된소리로 적는다.**입니다. 이 규정을 이해하는 열쇠는, 그렇다면 된소리가 날 뚜렷한 까닭이 있는 경우란 무엇을 가리키는지를 파악하는 것입니다. 문맥상 된소리가 나는 '뚜렷한 까닭'이 있다면 오히려 된소리로 적을 필요가 없다는 꽤 역설적인 의미로 이해해야 하기 때문입니다. 따라서 여기에서 말하는 '뚜렷한 까닭'은 말의 의미와는 상관없는 특정한 음운론적 조건에 해당하는 내용일 것입니다.

복잡하다고요? 걱정하실 필요 없습니다. 〈한글 맞춤법〉은 아주 친절하게도 그 '특정한 조건'이 무엇인지를 정확히 명시해 주고 있으니까요. **다만, 'ㄱ, ㅂ' 받침 뒤에서 나는 된소리는, 같은 음절이나 비슷한 음절이 겹쳐 나는 경우가 아니면 된소리로 적지 아니한다.**라는 단서 규정이 바로 그것입니다. 저는 이 규정을 강의할 때 일단 "같은 음절이나 비슷한 음절이 겹쳐 나는 경우가 아니면"의 앞뒤에 괄호를 치고 읽어 달라고 주문합니다. 이 예외는 제13항*을 고려한 것이므로 다시 설명할 기회가 있을 테니 일단은 무시하고 넘어가도 되기 때문입니다.

한국어에서 된소리로도 예삿소리로도 날 수 있는 자음은 모두

---

*"한 단어 안에서 같은 음절이나 비슷한 음절이 겹쳐 나는 부분은 같은 글자로 적는다." 이 강의의 마지막 절에서 다시 설명합니다.

다섯 개(ㄱ, ㄷ, ㅂ, ㅅ, ㅈ)인데요, 제5항에는 이들이 놓일 수 있는 모든 음운적 조건이 모두 나열되어 있다는 점을 주목해 주세요. 앞서 잠깐 언급한 대로 한국어의 받침소리는 모두 일곱 가지(ㄱ, ㄴ, ㄷ, ㄹ, ㅁ, ㅂ, ㅇ)입니다. 여기에 받침이 없는 경우, 즉 모음으로 끝나는 경우까지 포함하면 특정한 자음 앞에 올 수 있는 소리는 모두 여덟 가지가 되겠지요. 이 중에서 먼저 제외해야 할 것은 ㄷ소리 받침인데요, ㄷ소리 받침 뒤에 ㄱ, ㄷ, ㅂ, ㅅ, ㅈ이 오면 (**돛대**를 소리나는 대로 쓰면 [도때]가 되는 것처럼) 앞음절의 끝소리 ㄷ이 뒤음절의 첫소리와 결합해 된소리로 실현되면서 없어지고 여기에 예외는 없습니다. 따라서 결과적으로 된소리로 나는 자음 앞에 ㄷ소리가 오는 경우는 없습니다.

그러면 남는 건 다시 일곱 가지인데, 소리의 성격에 따라 유성음(모음과 ㄴ, ㄹ, ㅁ, ㅇ)과 무성음(ㄱ, ㅂ)으로 나눌 수 있습니다.[*] 그런데 한국어 사용자라면 누구나 예외 없이 무성음(ㄱ, ㅂ) 받침 뒤에 따라오는 ㄱ, ㄷ, ㅂ, ㅅ, ㅈ은 반드시 된소리로 낼 수밖에 없습니다. 그것이 한국어의 '보편적 음운규칙'이기 때문이지요. 의심이 나시면, 제5항 단서에 예시된 단어들을 실제로 발음해 보세요.[**] **국수**는 언제나 [국쑤]로만 발음할 수 있을 뿐, 여간 의식적으로 노력하지 않으면 [국수]라고 발음하는 건 거의 불가

---

[*] 유성음은 성대를 울려서 내는 소리이고 무성음은 성대를 울리지 않고도 낼 수 있는 소리입니다. ㄷ소리도 ㄱ, ㅂ과 마찬가지로 무성음입니다.

[**] 국수, 깍두기, 딱지, 색시; 법석, 갑자기, 몹시.

능합니다. 다른 단어들도 다 마찬가지지요? 게다가 설령 억지로 그렇게 발음한다 해도 꽤 어색하게 들릴 뿐, 무슨 말인지 알아듣지 못하거나 다른 말로 오해하지도 않을 겁니다. 바로 그래서 된소리로 적을 필요가 없어집니다. 굳이 된소리라는 걸 따로 표시해 주지 않아도 어차피 된소리로 날 수밖에 없을 테니까요.

그렇다면 유성음(모음 또는 ㄴ, ㄹ, ㅁ, ㅇ) 뒤에서는 뭐가 다른지 궁금하지 않을 수 없지요? 예시된 단어들로 실험해 보세요.* 이를테면 **오빠**를 **오바**라고 적어 놓는다면, [오빠]가 아닌 [오바]로 발음하겠죠? 예시된 다른 단어들도 다 그렇고요. 이렇게 [ㅂ]소리로도 [ㅃ]소리로도 날 수 있는 음운적 조건이기 때문에 이 단어에서는 왜 하필 된소리가 나는지 '뚜렷한 까닭'은 없다는 것입니다. 혹시 있다 해도 아무도 모르고 실은 굳이 알 필요도 없고요. 그것이 '뚜렷한 까닭 없이 나는'의 정확한 의미입니다. 이 경우엔 된소리라는 걸 분명히 표기해 주지 않으면 예삿소리로 발음된다고 오인할 수 있으므로 된소리로 적으라는 것이지요.

그러나 이 규정은 한자어가 아닌 고유어에만 해당합니다. 이를테면 [대가]로 읽는 '대가大家'도 [대까]로 읽는 '대가代價'도 모두 **대가**로만 적지 후자를 '대까'로 적지는 않습니다. 좀 복잡한 논의가 필요한 문제이기는 합니다만(제14강에서 따로 설명합니다) 여기에서는 '뜻이 드러나도록' 적기 위해서라는 정도로 설명하

---

* 소쩍새, 어깨, 오빠, 아끼다, 기쁘다, 깨끗하다, 가끔, 거꾸로, 이따금; 산뜻하다, 잔뜩; 살짝, 훨씬; 담뿍, 움찔; 몽땅, 엉뚱하다.

고 넘어가겠습니다. 즉 **소쩍새**나 **오빠**의 '쩍'이나 '빠'에는 그 자체로 아무런 뜻이 없지만(문법 용어로 고쳐 말하면 '형태소가 아니지만'), **대가**代價의 '가[까]'는 '값어치'라는 뜻이 있(는 형태소이)고 **가격, 가치, 물가**物價 등의 단어에도 들어 있지요? 앞서 제4강에서 "일정한 뜻을 가진 말이라면 그 시각적인 형태도 일정하게 고정해 놓을 필요가 있다"고 했던 것을 기억하시나요? 네, 바로 그래서입니다. 이렇게 뜻을 가진 말 사이에서 뒤음절의 자음이 된소리로 나는 것을 '사잇소리 현상'이라고 하는데요, 따로 설명해야 할 만큼 복잡한 문제이니 여기서는 좀 궁색한 순환논법이지만 '사잇소리 현상'이라는 까닭이 있으니 아주 '까닭이 없'는 것은 아니겠구나 정도로 일단 이해하고 넘어갑시다.

종속적 관계를 가진 '-이(-)'나 '-히-'?

제6항은 '**ㄷ, ㅌ' 받침 뒤에 종속적 관계를 가진 '-이(-)'나 '-히-'가 올 적에는 그 'ㄷ, ㅌ'이 'ㅈ, ㅊ'으로 소리 나더라도 'ㄷ, ㅌ'으로 적는다.**입니다. 바로 이런 현상을 '구개음화'라고 한다고 배웠던 기억이 나지요? 초등학교, 중학교에서 귀에 못이 박히게 들으셨을 테니 길게 설명하지는 않겠습니다. 요점은 역시 앞에서와 마찬가지로, 이 경우엔 굳이 실제로 소리나는 그대로 ㅈ, ㅊ으로 적지 않더라도 한국어 사용자라면 누구나 자연스럽게 글자로 적힌 ㄷ, ㅌ이 아니라 ㅈ, ㅊ소리로 발음하게 된다는 보편성이 반영된 규정이

라는 것입니다.

그렇다면 아무리 보편적 음운규칙이라고 하더라도 왜 굳이 일부러 실제 발음과는 다르게 표기하는 걸까요? 여기에 바로 답을 떠올릴 수 없다면, 지금 이 책을 제4강부터 다시 차근차근 읽어 주실 것을 권합니다. 다시 읽어 봐도 도무지 모르시겠다고요? 책을 읽을 때는 생각이라는 걸 하면서 읽어야지 글자만 눈으로 쫓는다고 책을 읽는 게 아닌데 참 딱한 일입니다. '뜻이 드러나도록' 적으려고요! 네, 바로 그겁니다.

참고로 '종속적 관계'를 가진 '-이/-이-/-히-'에는 다음과 같은 것들이 있다고 국립국어원이 해설해 주고 있군요. ① 명사 뒤에 붙는 주격 조사(-이), 서술격 조사(-이다), 다른 명사를 파생시키는 접미사(-이), 그리고 ② 동사 어간 뒤에 붙어 명사로 파생시키는 접미사(-이), 부사로 파생시키는 접미사(-이), 피동사나 사동사로 만들어 주는 접미사(-이-/-히-).*

'ㄷ'으로 적을 근거?

제7항 'ㄷ' 소리로 나는 받침 중에서 'ㄷ'으로 적을 근거가 없는 것은 'ㅅ'으로 적는다.는 아주 재미있고 의미심장한 규정입니다. 우선 ㄷ소리로 나는 받침에는 어떤 것들이 있는지 떠올려 보지요. ㄷ, ㅅ,

---

* 끝이, 맏이; 해돋이, 굳이, 같이, 걷히다, 묻히다.

ㅆ, ㅈ, ㅊ, ㅌ, (ㅎ) 따위가 있겠지요. 실제로는 ㄷ으로 소리나긴 하지만, 소리와는 다른 글자들로 적는 이유는 물론 '뜻이 드러나도록' 적기 위해서일 테고요. 그렇다면 그렇게 적을 근거는 어떻게 확인할 수 있을까요? 명사는 모음으로 시작하는 조사 두어 개만 붙여 보면 바로 드러납니다. 주격 조사 **-이**는 구개음화 때문에 왜곡될 수 있으므로 부사격 조사 **-에/-에서**나 보조사 **-은**을 붙여 보면 알 수 있습니다. 또 동사나 형용사의 어간이라면 모음으로 시작하는 어미를 붙여 활용해 보면 드러납니다. 과거시제(혹은 완료상)를 나타내는 선어말어미 **-았-/-었-**이나 연결어미 **-아(서)/-어(서)** 등을 바로 떠올릴 수 있을 겁니다.

그러나 조사가 붙을 수 있는 체언(명사, 대명사, 수사를 아울러 가리킴)이나 어미 활용을 하는 용언(동사, 형용사를 아울러 가리킴)을 제외한 관형사, 부사, 감탄사 등의 단어나, 독립된 단어는 아니지만 접두사(단어 앞에 붙어서 뜻을 더해 주는 기능을 하는 말)로만 쓰이는 말 등은 끝소리가 ㄷ으로 실현되더라도 혹시 다른 글자로 적어야 할 소리가 아닌지를 확인할 근거를 찾을 수가 없습니다. 제7항에 예시된 단어들을 꼼꼼히 살펴보면, 모두 이 범주에 들어가는 것들뿐이라는 것을 쉽게 알아차릴 수 있습니다.* 이렇게 굳이 다른 글자로 적을 근거를 찾을 수 없다면 따로 규정할 필요도 없이 그냥 ㄷ으로 적는 것이 '소리대로'라는 기본 원리에 들어맞는 일입니다. 그런데 제7항은 이런 경우에 ㄷ이 아니라

---

* 덧저고리, 엇셈, 웃어른(접두사); 무릇, 사뭇, 얼핏, 자칫(부사); 옛, 첫, 헛(관형사)

ㅅ으로 적으라고 합니다.

대체 왜 이런 규정을 두어 공연히 복잡하게 비틀어 놓은 것일까요. 그것은 언중의 무의식적인 직관을 존중한 것입니다. 한국어 사용자들은 (왜 그런지 뚜렷한 이유는 알 수 없지만) 대체로 끝소리 ㄷ을 ㅅ이라고 (잘못) 인식하는 경향이 매우 강하게 나타납니다. 예를 들어 **꽃**이 단독으로 쓰일 때 [꼳]이라 발음되는 데 (잘못) 이끌린다면 **꽃은**이나 **꽃을**처럼 조사를 붙였을 때 [꼬든]이나 [꼬들]이라고 (잘못) 발음할 것 같은데 현실에선 희한하게도 [꼬슨] [꼬슬]처럼 뜬금없는 ㅅ소리를 개입시키지요. 그건 **꽃**이 단독으로 쓰일 때의 끝소리를 ㄷ이 아니라 ㅅ이라고 착각하고 있다는 간접적이지만 강력한 증거입니다.

저도 어렸을 때 경험했지만(그 당시엔 맞춤법 규정 따위는 전혀 배운 적이 없고 제7항의 규정은 알지도 못했을 때입니다), **꽃**을 소리 나는 대로 적으라고 하면 '꼳'이 아니라 '꽃'이라고 무심코 적어 오답으로 처리된 기억이 있습니다. 심지어 '꼳'이라는 정답을 제시받고도 왜 그런지 한참이나 의아해하기까지 했더랬습니다. 저만 그런 경험이 있나요? 또는 앞에서 잠깐 살펴본 '사잇소리 현상'에서도 그저 뒤따라오는 말의 첫소리가 된소리로 바뀌는 것뿐인데도 ㅅ소리가 끼어들었다고 인식하는 경향이 있지요? 물론 공정하게 말하면 사잇소리를 ㅅ으로 표기하기 때문에 그리 생각하게 된 것일 수도 있지만, 실은 많은 사람들이 이미 그렇게 생각하기 때문에* 다른 기호가 아닌 하필 ㅅ으로 사잇소리를 표기하기로 한 것이라는 설명도 얼마든지 가능합니다.

우리는 이 대목에서 〈한글 맞춤법〉이 언어학에 전문적인 지식이 없는 일반인들을 얼마나 배려하고 있는지를 알 수 있습니다. 만일 제7항의 규정이 없다고 가정해 봅시다. 그러면 앞서 설명한 대로 다른 글자로 적을 근거가 없는 끝소리 ㄷ은 '당연히' 그냥 ㄷ으로 적게 되겠죠? 그러나 이렇게 하면 규범 자체는 훨씬 간결해지겠지만 실제로는 언중의 직관적 감각을 거스르는 꼴이 되어 오히려 적잖은 긴장과 불편을 유발하는 결과로 나타날 것입니다.** 즉 이 규정은 오랜 세월에 걸쳐 자연스럽게 형성되고 축적된 표기 관행을 딱딱한 이론적 정합성만을 따져 함부로 재단하지 않고 그대로 현실로 인정한 것입니다.

이 책의 서두에서 〈한글 맞춤법〉은 한국어를 전공한 전문가들을 위한 게 아니라 일반인을 위한 것이라고 말씀드렸던 걸 기억하시지요? 그 가장 강력한 증거 가운데 하나가 바로 제7항인 것입니다.

---

* 이는 1933년의 맞춤법 정리 이전에도 그렇게 써 온 오랜 표기 관행이 있었다는 데서도 충분히 확인되는 사실입니다.

** 간결한 규범이 오히려 불편과 긴장을 유발한다는 것은, 말을 배우는 일이 '이론적 지식'으로 습득하는 것이 아니라 '흉내내기'라는 사실을 다시 확인시켜 줍니다. 일반적으로 모든 규범은 간결하고 일관될수록 배우기가 쉽고, 예외가 많고 복잡할수록 '이론적'으로 습득하려면 더 어렵습니다. 맞춤법은 '이론적 지식'의 차원에서만 접근하지 않아야 더 쉽게 이해할 수 있습니다.

보완해야 할 모음 표기 규정

제8항 '계, 례, 몌, 폐, 혜'의 'ㅖ'는 'ㅔ'로 소리 나는 경우가 있더라도 'ㅖ'로 적는다.*와 제9항 '의'나, 자음을 첫소리로 가지고 있는 음절의 'ㅢ'는 'ㅣ'로 소리 나는 경우가 있더라도 'ㅢ'로 적는다.**는 모음과 관련된 규정입니다만, 저는 모음 관련 규정이 이보다는 좀더 풍성하고 세세하게 보완될 필요가 있다고 생각합니다. 그 시대에 안 살아 봐서 모르겠지만, 어쩌면 1930년대엔 이 정도 규정만으로도 충분했을지도 모릅니다. 그러나 그로부터 80년의 세월이 흐르는 동안 한국어의 모음 체계는 심한 동요를 겪었고, 실제 발음과 표기 사이의 거리가 생겨난 경우는 이 두 가지보다 훨씬 많습니다.

예컨대 적어도 현재 50대 이하의 한국어 사용자라면 모음 ㅐ와 ㅔ의 소리를 구별하지 못합니다. 그래서 늘 헷갈려 "그거 '아이(ㅐ)'냐 '어이(ㅔ)'냐?"고 묻곤 하죠. 이게 소리로 바로 구별이 된다면 그런 질문은 할 필요가 없지 않겠어요? 좀더 전문적인 문법 용어로 고쳐 말하면, '현대 한국어'(표준어의 기준이지요?)에서 [ㅐ]와 [ㅔ] 사이에는 음운적 변별이 존재하지 않습니다. 적어도 우리들 대다수는 실제 발음과는 무관한 영어 단어의 철자를 무작정 외우듯이 같은 발음이라도 ㅐ로 적는 경우와 ㅔ로

---

* 계수桂樹, 사례謝禮, 연몌連袂, 폐품廢品, 혜택惠澤, 계집, 핑계, 계시다. 단, 본음이 '게'인 게송偈頌, 게시판揭示板, 휴게실休憩室 등은 예외.

** 의의意義, 본의本義, 하늬바람, 늴리리, 띄어, 씌어, 틔어, 희망希望, 희다 등.

적는 경우를 무작정 익히는 수밖에 달리 방법이 없습니다.

그러니 현실을 제대로 반영한다면 이런 규정이 추가되어야 할 겁니다. "다음과 같은 단어의 'ㅐ'는 'ㅔ'로 소리 나는 경우가 있더라도 'ㅐ'로 적는다." 그리고 여기에 해당하는 '다음 단어'들을 예시하자면 한도 끝도 없을 겁니다만, 그 기준은 사실 명확합니다. "오랫동안 'ㅐ'로 적어 왔던 관행이 있는 경우"라는 것이 바로 실제로는 'ㅔ'로 소리나더라도 굳이 'ㅐ'로 써야 할 유일한 근거일 테니까요. 사실 제8항과 제9항의 규범적 근거도 바로 그것이거든요. 그렇다면 왜 '소리대로 적는다'는 〈한글 맞춤법〉의 기본 원리를 거스르는 이런 복잡한 규정이 필요하고 심지어 더 필요하다고 주장하는지도 어렵지 않게 짐작하실 수 있을 겁니다. 그건 바로 '문자생활의 안정성'이라는 가치 때문입니다.

만일 소리가 변하면 변하는 대로 다 그대로 반영해서 이를테면 구별되지도 않는 ㅐ를 없애고 모두 ㅔ로만 적기로 한다면, 매우 큰 혼란이 올 겁니다. 물론 당장은 혼란스럽더라도 변화를 반영해서 표기법을 정비하는 게 앞으로의 편의를 위해 더 바람직한 일이기는 할 겁니다. 그런데 그게 그리 간단한 사안이 아닙니다. 문제는 지금의 변화 양상도 그리 안정적이지 못해서 언제 어떻게 또 급격한 변화가 올지 모른다는 데 있습니다. 그런 급격한 변화가 일어날 때마다 그에 맞춰 표기법을 대대적으로 고쳐 나가다가는 엄청난 혼란만 되풀이될 뿐 실제로 편의를 확보하는 효과는 거의 없을 겁니다. 그래서 당장은 좀 불편하더라도 일단은 역사적으로 축적된 관행적인 표기를 유지하는 편이 더 나을 수도 있는 것이지요.

혹시 아주 오랜 세월 동안 이런 변화들이 축적되어 '소리대로 쓴다'는 원칙이 완전히 무너질 만큼에 이르러 이를테면 영어처럼 철자만 봐서는 정확한 발음을 알 수 없게 되는 지경이 될지도 모릅니다. 그야말로 근본적인 표기법 개혁이 필요해지는 시점이라고 할 수 있겠지만, 그건 미래 세대들의 과제로 남겨 놓는 겁니다.

당장의 불편을 견디라는 근거치고는 너무 허황한가요? 지금의 변화 양상이 그리 안정적이지 못하다는 건 어떻게 아냐고요? 그건 모음 소리는 자음 소리보다 더 쉽게 변할 수밖에 없다는 이치를 역사적 경험을 통해 알기 때문입니다.* 이를테면 훈민정음 창제 당시의 ㄱ소리는 지금의 ㄱ소리와 크게 다르지 않을 겁니다만, 모음은 이미 17세기에 큰 변화를 겪었던 것으로 알고 있습니다. 본래는 이중모음 [ai]와 [ei]**였던 ㅐ와 ㅔ의 소릿값이 단모음 [æ]와 [e]로 바뀌고, '아래아' 소리가 사라진 게 이때라지요? 그리고 20세기 말에도 그에 필적하는 큰 변화가 일어난 겁니다.

---

* 이론적으로도 굳이 설명하자면 가설이 없지는 않습니다. 자음은 두 입술 사이, 혀와 입천장 사이처럼 두 조음기관을 부딪쳐서 내는 '닿소리'이기 때문에 그 위치에 따른 소릿값이 상대적으로 안정적입니다. 그러나 모음은 순전히 혀의 위치(와 입술 모양)만으로 소릿값의 차이를 만들어내는 '홀소리'여서 그보다는 훨씬 유동적일 수밖에 없습니다. 한국어뿐 아니라 다른 언어(이를테면 영어)에서도 모음의 소릿값이 크게 변하곤 하는 건 그 탓이 아닐까 짐작됩니다.

** 15세기에 모음 ㅓ의 소릿값은 지금과는 다른 [e]로 추정된다고 합니다.

'ㅐ'소리가 사라지고 'ㅔ'로 중화된 것 외에도 굵직한 변화의 목록은 더 이어집니다. 이를테면 일부 방언 지역을 제외하면 '현대 서울말'에서 모음 ㅚ는 (국어 교과서에서 설명하는 것처럼) 단모음 [œ]가 아니지요. 이중모음 [we]와의 음운적 변별을 잃었습니다. 그러니까 'ㅚ/ㅙ/ㅞ'의 소리가 모두 같아져 버려 실제로는 'ㅞ'만 남은 거지요. 이런 현실을 반영한다면 이런 규정도 필요합니다. "다음 단어들의 'ㅚ'와 'ㅙ'는 'ㅞ'로 소리 나는 경우가 있더라도 각각 'ㅚ'와 'ㅙ'로 적는다."

그뿐이 아니지요. 더 고약한 건 'ㅟ' 반모음의 출현입니다. 반모음 'ㅣ'(국제음성기호로는 [j])는 훈민정음 창제 당시부터 아예 이중모음을 위한 별도의 글자 'ㅑ, ㅕ, ㅛ, ㅠ' 등이 마련되어 있었고, 반모음 'ㅗ/ㅜ'(국제음성기호로는 [w])도 〈한글 맞춤법〉 제4항 '붙임' 규정에 따라 두 글자를 겹쳐 쓴 'ㅘ, ㅝ' 등으로 이중모음을 표현할 수 있는데, 난데없이 생겨난 반모음 'ㅟ'(국제음성기호로는 [ɥ])는 유감스럽게도 현용 24자모는 물론 겹글자로도 표현할 방법이 없습니다. 그래서 **방귀를 뀌었다**의 '뀌었'이나 **친구를 사귀어라**의 '귀어' 등은 명백히 1음절로 소리가 나는 경우조차도 새로 글자를 만들지 않는 한 이렇게 두 글자로 쓸 수밖에 없습니다.* 그래서 이런 규정도 필요합니다. "다음 단어들의 'ㅟ어(-)'/'ㅟ었-' 등은 1음절로 소리 나는 경우가 있더라도 두 글자로 적는다."

일단 굵직한 내용들만 나열했지만, 찾아보면 아마 모음의 자잘한 변화 양상은 이보다 더 많을 겁니다. 그런데 이런 변화가

톺아보기 구슬이 서 말이라도

고작 두 세대 정도가 흐르는 사이에 급격하게 일어났다는 점이 중요합니다. 불과 200여 년 전에 꽤 큰 변화를 겪고도 또 이런 급격한 변화가 일어난 겁니다. 그렇다면 지금의 한국어의 모음 체계는 그보다 오래갈 안정적인 체계라고 그 누가 장담할 수 있겠는지요. 표기 체계를 대대적으로 뜯어고친다면 한두 세대가 혼란과 불편을 겪더라도 최소한 대여섯 세대는 편하게 쓸 수 있어야 할 텐데, 그걸 확신할 수 없다는 거지요. 그러니 우선은 〈한글 맞춤법〉 규정이 좀 '누더기'가 되더라도 이렇게 보완해 가면서 '역사적으로 축적된 표기'의 관행에 의존하는 게 오히려 '문자생활의 안정성'이라도 확보하는 길일 듯합니다.

---

* 1음절을 두 글자로 늘여 쓰려니 번거롭기도 하고 마치 2음절인 것처럼 여겨져 구어체의 어감이 안 살아나는 게 마뜩잖은 나머지 '방귀를 꼈다'나 '친구를 사겨라' 같은 부정확한 표기가 늘어나는 것도 이런 사정 때문입니다. 사실 이 소리의 정확한 음가가 [jə]가 아니라 [ɥiə]인 데다가 두 소리 사이에는 분명한 음운적 변별이 있기 때문에 그걸 'ㅕ'로 뭉뚱그려 쓰는 건 적절치 않은 점이 있습니다. 가장 근본적인 해결책이라면 이를테면 이중모음 'ㅝ'를 인정하는 수밖에 없겠지만, 당장은 쉽지 않은 일입니다. 그렇다면 오히려 외래어(정확히는 외국어 고유명사 등)의 경우 명백히 1음절로 소리나는데도 '음운 표시' 때문에 두 글자로 적어야 하는 경우(가령 'Bob'을 '밥'이 아니라 '바브'라고 적듯)처럼 '음절'과 '글자'가 반드시 일치하지 않을 수도 있다고 가르치는 편이 더 현실적이지 않을까 싶습니다.

겹쳐 나는 소리

제13항 **한 단어 안에서 같은 음절이나 비슷한 음절이 겹쳐 나는 부분은 같은 글자로 적는다.**는 우선 앞서 설명했듯 제5항(된소리) 규정의 예외가 되는 내용을 담고 있습니다. 예시된 단어를 훑어보면 이 규정의 취지를 금세 이해할 수 있습니다.* **딱딱하다**나 **짭짤하다** 또는 **꼿꼿하다**는 제5항에 따르면 '딱닥하다', '짭잘하다', '꼬꼿하다' 등으로 적어야 합니다. 'ㄱ, ㅂ' 뒤에 나는 된소리는 된소리로 적지 않는다고 했으니까요.** 그런데 아마 대다수 사람들은 이렇게 쓰라고 하면 오히려 더 헷갈려서 불편함을 느낄 겁니다. 같은 소리나 비슷한 소리가 반복되고 있다는 걸 감각적으로 인식하고 있는 탓에 자연스럽게 같은 글자를 쓰기 쉬울 것이기 때문이지요.

그래서 직관적으로 더 이끌리기 쉬운 쪽으로 쓰도록 길을 열어 준 것입니다. 제7항처럼 언중의 언어 감각을 존중하겠다는 취지인 것입니다. 특히나 여기에 예시된 단어들이 대체로 의성어나 의태어 또는 그와 유사한 성질을 가진 단어라는 점에 주목

ꞏꞏꞏꞏꞏꞏꞏꞏ

* 딱딱, 씩씩, 똑딱똑딱, 싹싹하다, 꼿꼿하다, 쌉쌀하다, 짭짤하다; 놀놀하다, 눅눅하다, 밋밋하다 등.

** 다만 [꼬꼬타다]로 소리나는 말은 둘째 음절의 된소리가 '모음 뒤'에 오게 되므로 된소리로 적지만 제7항에 따라 ㄷ으로 적을 까닭이 없는 ㄷ 끝소리를 ㅅ으로 적어야 할 테고요. 참고로, 이때 '-하다'의 원형을 밝히는 건 제10강에서 설명할 제26항에 따른 것입니다.

한다면 '같은 소리'라는 '감각'을 왜 인정할 수밖에 없는지를 좀 더 뚜렷이 헤아릴 수 있을 겁니다.

물론 **밋밋하다**나 **놀놀하다** 같은 단어는 된소리와는 아무 상관도 없습니다. 이 단어들의 소릿값과 철자의 차이는 한국어의 대표적인 '보편적 음운규칙' 가운데 하나인 자음동화*로 설명할 수 있습니다. 일반적으로 자음동화가 일어나는 경우에는 '뜻을 드러내기 위해' 동화되기 전의 원래 소릿값을 살려 표기하는 건 너무나 당연해서 〈한글 맞춤법〉이 따로 명시적으로 규정해 놓지도 않았습니다. 혹은 특정한 소리가 그 자체로는 뜻을 가지지 않는다면, 원래 다른 자음이었는데 자음동화에 따라 소릿값이 달라진 것인지 아니면 원래부터 그 자음이었는지조차 알 수 없기 때문에 그냥 소리나는 대로 적을 수밖에 없을 테니 역시 따로 규정할 필요가 없었겠지요. 그런데 예시된 단어들은 언중 사이에 '같은 소리'라는 언어 감각이 형성되어 있어서 묘하게 이 경계에 걸쳐 있는 경우라 따로 규정할 필요가 생겨난 겁니다.

풀어 말하면, 이 단어들의 '밋'이나 '놀'은 그 자체로는 아무 뜻이 없으며 혹시 어원적으로 무슨 뜻이 있었더라도 지금에 와서 그걸 알 수도 없습니다. 따라서 원칙대로라면 이 단어들은 그냥

---

* 자음동화에는 비음화와 유음화가 있습니다. 비음화는 ① 끝소리 ㄱ, ㄷ, ㅂ이 비음(콧소리) ㄴ, ㅁ 앞에서 각각 콧소리 ㅇ, ㄴ, ㅁ으로 바뀌고, ② 끝소리 ㅁ, ㅇ 뒤에 오는 ㄹ이 ㄴ으로 바뀌며, 따라서 ③ 끝소리 ㄱ, ㄷ, ㅂ과 ㄹ이 만나면 각각 ㅇ, ㄴ, ㅁ과 ㄴ으로 바뀌는 현상이며, 유음화는 ㄴ과 ㄹ이 만날 때 ㄴ소리가 ㄹ로 바뀌는 현상입니다.

소리나는 대로 **민밋하다**와 **놀롤하다**로 적어야 할 겁니다. 그런데 된소리가 포함된 예시어들과 마찬가지로 대다수의 무의식적인 감각으로는 같은 소리가 겹쳐 나는 걸로 여겨지고 있고 따라서 같은 글자로 적는 쪽으로 더 자연스럽게 이끌릴 것이라는 사정을 고려한 것이지요. 얼핏 보면 뭔가 복잡해서 불편할 것 같지만 알고 보면 실은 더 편하게 쓰도록 배려하다 보니 복잡해 보이는 것뿐입니다.

그 외에도 제13항은 두음법칙(제10~12항)의 예외가 되는 단어들*도 예시하고 있습니다만, 이에 관해서는 제13강에서 따로 설명하면서 다시 언급하겠습니다.

?

모음 체계의 안정성을 확신할 수 없기 때문에 당장의 불편을 감수해야 한다는 건, 과거의 표기 관행에만 붙들리는 지나치게 보수적인 태도 아닐까요?

!

당장 더 편리하다면, 편리한 쪽으로 개정하는 게 맞겠지요. 그런데 '불편'이라는 건 양면성이 있습니다. 실제 소릿값과 일치하지 않아서 번번이 사전을 찾아봐야 하는 것도 불편이지

---

* 연연불망戀戀不忘, 유유상종類類相從, 누누이屢屢-.

만, 반대로 지금까지 써 온 관행을 급격하게 바꾸는 바람에 생겨나는 혼란도 불편입니다. 가령 내년부터 ㅐ와 ㅔ를 구별하지 않고 ㅔ로 통일해서 쓰기로 했다고 가정합시다. 그러면 그렇게 배운 세대는 올해까지 나온 모든 책을 읽는 데 큰 어려움을 겪을 겁니다. 현재 존재하는 모든 책이 다 새로운 표기법대로 새로 출간되지도 않을 테고요. 따라서 표기법 개정은 당장한두 세대가 불편하더라도 미래 세대의 더 큰 편의를 위해서 그 불편을 감수하는 일이지, 지금 당장 우리가 더 편하자고 하는 일이 결코 아닙니다. 그래서 신중할 수밖에 없는 것이지요.

?

타임머신을 타고 가서 직접 들어 본 것도 아닐 텐데, 모음을 표기하는 글자들의 15세기 소릿값이 지금과 달랐다는 걸 어떻게 알 수 있나요?

!

흔히 '해례본'이라고 일컫는 《훈민정음》이라는 훌륭한 안내서가 있기 때문입니다. 사실 한글날도 한글이 만들어진 날(1444년 1월)이 아니라 이 책이 만들어진 날(1446년 10월)을 기념하는 것입니다. 17세기에 모음의 소릿값이 변화했다는 것은 표기의 변화 과정을 통해 추정한 결과고요.

좀 다른 얘기지만 말 나온 김에 참고 삼아 덧붙이자면, 훈민정음이 '창제'된 지 3년 뒤에 비로소 '반포'됐다고 설명하는 세간의 통념은,《훈민정음》이라는 책이 존재한다는 사실을 몰랐던 나머지 그저 글자의 이름으로만 알고 있던 시절에《세종실록》의 모순된 기록을 억지로 해석하려다 빚어진 일종의 역사적 해프닝입니다. '훈민정음'이 책이름일 수도 있다는 사실이 분명히 밝혀졌기 때문에 앞선 기록은 글자가 만들어졌다는 뜻이고 뒤의 기록은 그 글자를 해설하는 책이 만들어졌다는 뜻이라고 이해하면 간단한데도, '해례본'이 발견된 지 80년이 다 돼 가는데도 '사료의 공백을 상상력으로 메꾼' 허황한 이야기가 사실인 양 횡행하는 건 딱한 일입니다.

'너머지고 쓸어지면' 안 되나요?

형태에 관한 규정(〈한글 맞춤법〉 제14~31항)

제4장 형태에 관한 규정은 〈한글 맞춤법〉의 몸통에 해당하는 핵심적 규정들입니다. 〈한글 맞춤법〉 규정 자체가 근본적으로는 여기에 속한 내용들을 규정하기 위한 것이라고 해도 과언이 아닙니다. 57개 규정 가운데 절반에 가까운 27개 규정이 체언과 조사(제14항), 어간과 어미(제15~18항), 접미사가 붙어서 된 말(제19~26항), 합성어 및 접두사가 붙은 말(제27~31항)과 준말(제32~40항) 등 다섯 개의 절로 나뉘어 있습니다. 성격이 좀 다른 제5절 준말 규정을 논외로 하면(이 부분은 제11강으로 넘겨서 이어가겠습니다), 제4강에서 살펴본 바와 같이 궁극적으로 어떤 경우에 '뜻이 드러나도록' 적는지를 규정하고 있다는 것이 주목해야 할 초점입니다. 그래서 조문을 하나하나 뜯어보기 전에 큰 틀에서 전체적인 얼개를 먼저 파악할 필요가 있습니다. 다음 페이지에 도표로 정리해 봤습니다. 그냥 봐선 어지럽기만 하고 잘 모르겠지요? 차근차근 설명해 보겠습니다.

형태에 관한 규정 일람표 (제17항: 제15항 칸에 딸려 있음. 제30항: 제14강에서 따로 다룸)

조항	뜻이 드러나도록 적기	소리나는 대로 적기
제14항	체언 + 조사	
제15항	(용언의) 어간 + 어미 합성용언 중 본뜻이 유지되는 것(붙임 1)	합성용언 중 본뜻에서 멀어진 것(붙임 1)
	종결어미 '-오'(붙임 2)	연결어미 '-이요'(붙임 3) 종결조사 '-요'(제17항)
제16항		어미의 '-어'/'-아' 변이(모음조화)
제18항	(불규칙용언의 벗어난 꼴)	ㅂ불규칙의 단음절 어간 '돕-', '곱-'
제19항	용언 어간 + '-이/-음' ⇒ 명사 용언 어간 + '-이/-히' ⇒ 부사	어간의 뜻에서 멀어진 것(본문 단서) '-이'나 '-음' 이외의 접미사가 붙어 품사가 바뀐 것(붙임)
제20항	명사 + '-이' ⇒ 명사/부사	'-이' 이외의 접미사가 붙은 말(붙임)
제21항	명사 또는 용언 어간 + 자음으로 시작하는 접미사	겹받침의 끝소리가 드러나지 않는 것 어원이 분명하지 않거나 본뜻에서 멀어진 것
제22항	용언 어간 + 사동/피동/강세 접미사	본뜻에서 멀어진 것(본문 단서) '-업-/-읍-/-ㅂ-'가 붙어서 된 말(붙임)
제23항	'-하다/-거리다'가 붙는 어근 + '-이' ⇒ 명사	'-하다/-거리다'가 붙을 수 없는 어근
제24항	'-거리다'가 붙을 수 있는 시늉말 어근 + '-이다' ⇒ 용언	
제25항	'-하다'가 붙는 어근 + '-이/-히' ⇒ 부사 부사 + '-이' ⇒ 다른 부사	'-하다'가 붙지 않는 경우(붙임)
제26항	'-하다/-없다'가 붙은 용언	
제27항	합성어 또는 접두파생어	어원이 분명하나 소리만 특이하게 변한 것 (붙임 1) 어원이 분명하지 않은 것(붙임 2) '이'가 합성어에서 소리가 달라진 것(붙임 3)
제28항		앞말 끝소리 'ㄹ'이 소리나지 않는 것
제29항		앞말 끝소리 'ㄹ'이 'ㄷ'으로 변한 것
제31항		'ㅂ'/'ㅎ' 소리가 덧나는 합성어

합성어와 접두파생어

이 도표의 의미가 당장은 좀 아리송하긴 해도, 눈이 밝은 분이라면 한 가지 분명하게 감이 잡히는 전체적인 공통점을 발견하실지도 모르겠습니다. 모든 경우를 아우르는 딱 한 가지 키워드는 '두 말(정확한 문법 용어로는 '형태소')이 결합되어 만들어진 말(단어)을 어떻게 표기할 것인가'입니다. 그 결합의 양상을 대체로 구분해 보면, 먼저 두 형태소 모두 분명한 뜻을 가진 경우가 있습니다.

양쪽 모두 '단어'일 수도 있고(합성어), 뒷말은 '단어'지만 앞에 오는 말은 독립적인 단어가 아닌 그저 접두사(다른 말 앞에 덧붙어 뜻을 더해 주는 기능을 하는 의존형태소)일 수도 있습니다(접두파생어). 제4절의 다섯 개 규정입니다. 이런 경우에는 각각 원형을 밝혀 적어야 뜻이 분명하게 드러나겠지요? 〈한글 맞춤법〉 제4장을 통틀어 가장 자명한 규정이 바로 제27항 **둘 이상의 단어가 어울리거나 접두사가 붙어서 이루어진 말은 각각 그 원형을 밝히어 적는다.**입니다.*

그런데 접두사의 어원이 분명한데도 소리만 특이하게 변한 것

---

* 국말이, 꺾꽂이, 꽃잎, 끝장, 물난리, 밑천, 부엌일, 싫증, 웃안, 웃옷, 젖몸살, 첫아들, 칼날, 팥알, 헛웃음, 홀아비, 홑몸, 흙내, 값없다, 겉늙다, 굶주리다, 낮잡다, 맞먹다, 받내다, 벋놓다, 빗나가다, 빛나다, 새파랗다, 샛노랗다, 시꺼멓다, 싯누렇다, 엇나가다, 엎누르다, 엿듣다, 옻오르다, 짓이기다, 헛되다 등. 단, 어원이 분명하지 않은 경우는 예외(붙임 2): 골병, 골탕, 끌탕, 며칠, 아재비, 오라비, 업신여기다, 부리나케 등.

(붙임 1)*도 있고, 심지어 어근이 뜻이 분명한 단어인데도 원형을 밝혀 적었다가는 실제 소리와는 다른 발음으로 오인될 수 있는 경우(붙임 3)**도 있습니다. 이런 경우는 예외적으로 변한 소리대로 적도록 하고 있습니다. 역시 '뜻이 드러나도록'보다 '소리대로 적되'가 우선되는 원칙이라는 걸 확인할 수 있겠지요? 이런 이치는 제28~29항과 제31항 규정에도 고스란히 관철되고 있습니다.

다만 이 규정들이 필요한 이유가 '실제로 그렇게 소리가 나기 때문'이라는 점을 기억해야 합니다. 달리 말해 **끝소리가 'ㄹ'인 말과 딴 말이 어울릴 적에는** 무조건 ㄹ받침을 빼거나 ㄷ으로 바꿔 적는 게 아니라 오로지 ① **'ㄹ' 소리가 나지 아니하는 것만 아니 나는 대로 적는다**(제28항)는 것이고, 오로지 ② **'ㄹ' 소리가 'ㄷ' 소리로 나는 것만 'ㄷ'으로 적는다**(제29항)는 것입니다.*** 만일 끝소리 ㄹ이 탈락하거나 ㄷ으로 변하지 않고 ㄹ소리가 그대로 나는 경우라면? '뜻이 드러나게' 적으면 동시에 '소리대로' 적는 것이기도 하니 고민할 건덕지도 없겠죠? 옛말의 흔적이 남아 있는 말들(**두 말이**

○○○○○○○

* 할아버지, 할아범.

** 간니, 덧니, 사랑니, 송곳니, 앞니, 어금니, 윗니, 젖니, 톱니, 틀니; 머릿니.

*** ① 다달이(달-달-이), 따님(딸-님), 마소(말-소), 바느질(바늘-질), 부삽(불-삽), 싸전(쌀-전), 여닫이(열-닫이), 우짖다(울-짖다), 화살(활-살) 등. ② 반짇고리(바느질~), 사흗날(사흘~), 섣달(설~), 숟가락(술~), 섣부르다(설~), 잗다랗다(잘~) 등.

어울릴 적에 'ㅂ' 소리나 'ㅎ' 소리가 덧나는 것)*에 관한 제31항도 마찬가지입니다. '암-/수-'가 붙는 모든 (첫소리가 ㄱ, ㄷ, ㅂ, ㅈ인) 말은 뒷말 첫소리를 거센소리로 적으라거나 쌀 앞에 다른 (모음으로 끝나는) 말이 붙은 모든 말은 앞말에 ㅂ받침을 덧붙이라는 뜻이 전혀 아닙니다. 오로지 '실제로 그렇게 소리나는 경우'에만 그렇게 하라는 것이지요.

그런데 이 대목에서 잠깐! 앞서 제9강을 유심히 살피신 분이라면, 혹시 제7항 규정을 떠올리며 ㄹ소리가 ㄷ으로 달라졌다 해도 ㄷ으로 적을 근거가 없다는 건 분명하므로 ㅅ으로 적는 게 옳지 않은가 의아해하실 수도 있을 겁니다. 매우 훌륭한 의문입니다. 〈한글 맞춤법〉은 바로 이렇게 전혀 별개로 보이는 규정들이 서로 어떻게 연관되어 있는지를 살펴야 제대로 이해할 수 있으니까요.

그러나 유감스럽게도, 'ㄹ에서 변한 소리'라는 것 자체가 바로 ㄷ으로 적을 근거입니다. ㄹ소리와 ㄷ소리는 소리나는 자리가 같아서 서로 넘나들기가 쉽습니다(그래서 ㄷ불규칙 용언의 어간 끝소리 ㄷ이 모음 어미 앞에서 ㄹ로 바뀌는 반대 방향의 변이가 나타나기도 합니다). 미국식 영어에 익숙하신 분이라면 이런 넘나듦이 한국어에서만 일어나는 현상이 아니라는 것도 아시겠지요. 웬만한

---

* 댑싸리(대ㅂ싸리), 멥쌀(메ㅂ쌀), 볍씨(벼ㅂ씨), 입때(이ㅂ때), 입쌀(이ㅂ쌀), 접때(저ㅂ때), 좁쌀(조ㅂ쌀), 햅쌀(해ㅂ쌀); 머리카락(머리ㅎ가락), 살코기(살ㅎ고기), 수캐(수ㅎ개), 수컷(수ㅎ것), 수탉(수ㅎ닭), 안팎(안ㅎ밖), 암캐(암ㅎ개), 암컷(암ㅎ것), 암탉(암ㅎ닭) 등.

끝소리 ㄷ은 ㅅ받침으로 적는 게 익숙한 분들에게는 좀 번거롭고 불편한 일일 수 있겠지만(그래서 "왜 '젓가락'은 ㅅ인데 '숟가락'은 ㄷ이냐"는 유명한 영화 대사도 나왔을 테고요), 적어도 ㅅ으로 적는 것보다는 ㄷ으로 적는 것이 좀더 원형에 '가깝게' 표기함으로써 소리대로 적으면서도 뜻을 파악하는 데 더 유리한 방법이라는 건 분명합니다.

제30항은 사잇소리 표기에 관한 규정인데, 제3장의 두음법칙 관련 규정과 마찬가지로 규정의 구조도 복잡하거니와 선뜻 납득하기 어려운 까다로운 문제들이 내재돼 있어서 제14강에서 따로 다루도록 하겠습니다.

조사와 어미

두 형태소가 결합하는 양상 가운데 합성어나 접두파생어 다음으로 두 형태소의 뜻(또는 문법적 기능)이 분명한 경우는 체언(명사, 대명사, 수사)에 조사가 붙거나 용언(동사, 형용사 및 서술격 조사)의 어간에 어미를 붙여 활용하는 경우일 것입니다. 체언과 어간이 '뜻'을 가지는 건 자명하고, 조사나 어미는 일정한 문법적 기능을 나타냅니다. 따라서 각각 구별해서 '뜻이 드러나도록' 적는 것입니다(제14항과 제15항).

그러나 불규칙용언의 경우엔 원형으로만 적어서는 실제 소릿값과 달라지기 때문에 부득이 실제 소릿값을 알 수 있도록 '벗어난 꼴'대로 적되(제18항), 이 경우에도 **어간과 어미는 구별해서 적는 다**는 제15항의 원칙이 우선한다고 제4강에서 이미 설명한 바 있습니다. 영어나 독일어, 프랑스어 등의 복잡한 동사 변화를 외우느라 고생하신 분들이라면 한국어의 불규칙용언은 이게 왜 '불규칙'인지 이해가 안 갈 만큼 '규칙적'으로 보일 겁니다. 영어처럼 활용 양상 자체가 불규칙하다는 뜻이 아니라 같은 음운적 조건에서 규칙 활용을 하는 말도 있고, 원칙과는 다른 별도의 규칙으로 활용을 하는 말도 있는 것뿐이니까요.*

그 종류도 몇 가지 안 돼서 크게 세 종류로 나뉘는데, ① ('ㄹ' 탈락과 'ㅡ' 탈락을 포함하여) 특정한 어미가 결합할 때 어간의 꼴이 달라지는 경우: **어간의 끝 'ㅅ'이 줄어질 적**(2), **어간의 끝 'ㅜ'가 줄어질 적**(4), **어간의 끝 'ㄷ'이 'ㄹ'로 바뀔 적**(5), **어간의 끝 'ㅂ'이 'ㅜ'로 바뀔 적**(6)의 네 가지, ② 특정한 어미가 결합할 때 그 어미의 꼴이 달라지는 경우: **'하다'의 활용에서 어미 '-아'가 '-여'로 바뀔 적**(7), **어간의 끝음절 '르' 뒤에 오는 어미 '-어'가 '-러'로 바뀔 적**(8)의 두 가지, ③ 특정한 어미가 결합할 때 어간과 어미의 꼴이 모두 달라지는 경우: **자음 어미 앞에서 어간의 끝 'ㅎ'이 줄어지고 어미 '-어'가 '-애'로 바뀔 적**(3), **어간의 끝음절 '르'의 'ㅡ'가 줄고, 그 뒤에 오는 어미 '-**

---

* 이런 맥락에서 현행 학교문법은 전통적으로 '불규칙'으로 분류했던 "어간의 끝 'ㄹ'이 줄어질 적"(1)과 "어간의 끝 'ㅡ'가 줄어질 적"(4)은 '불규칙'이 아니라 '음운 규칙'의 일종인 '탈락'이라는 용어로 대신하기도 합니다. 이런 음운 조건에 놓인 용언 중에는 '규칙 활용'을 하는 단어가 아예 없고 모두 특정한 어미가 결합할 때 어간 끝소리가 탈락되는 규칙으로만 활용하기 때문이지요. 다만 유일하게 '말다'에서는 'ㄹ 탈락'의 양상이 또 좀 독특한데, 그래서 따로 '붙임' 규정을 두고 있습니다.

아/-어'가 '-라/-러'로 바뀔 적(9)의 두 가지, 이것들뿐입니다. 모두 어간이나 어미의 원형에서는 벗어나지만 일정한 (별도의) 규칙대로 활용하는 것을 알 수 있습니다.

다만 한 가지 예외는 ㅂ불규칙에서 '돕-', '곱-'과 같은 단음절 어간에 어미 '-아'가 결합되어 '와'로 소리 나는 경우에만 ㅂ은 ㅜ가 아니라 ㅗ로 바뀌는데, 그 이유는 다들 아시겠죠? 실제로 그렇게 소리가 나니까! 그리고 이건 제16항(어간의 끝음절 모음이 'ㅏ, ㅗ' 일 때에는 어미를 '-아'로 적고, 그 밖의 모음일 때에는 '-어'로 적는다.) 에 규정된 이른바 '모음조화' 현상의 흔적입니다. 이 규정도 '-어'든 '-아'든 하나의 형태로 고정해 주면 좀더 '뜻이 분명해지기'는 하겠습니다만, "말이 '아' 다르고 '어' 다르다"는 속담이 공연한 게 아닙니다. 실제로 실현되는 소릿값이 다르니 각각의 소리대로 적도록 한 것이지요.

이런 이치는 제15항의 '붙임 1'에서도 확인할 수 있습니다. 두 개의 용언이 어울려 한 개의 용언이 될 적에도 ① 앞말의 본뜻이 유지되고 있는 것은 그 원형을 밝히어 적는 건 '뜻이 드러나도록' 표기한다는 원리에 부합하는 것이겠지요. 그렇다면 ② 그 본뜻에서 멀어진 것은 밝히어 적지 아니하는* 이유도 분명하지요? 본뜻에서 멀어졌으니 아무리 원형을 밝혀도 뜻이 드러날 턱이 없으니까요.

---

* ① 넘어지다, 늘어나다, 늘어지다, 돌아가다, 되짚어가다, 들어가다, 떨어지다, 벌어지다, 엎어지다, 접어들다, 틀어지다, 흩어지다 등. ② 드러나다, 사라지다, 쓰러지다 등.

그런데 '본뜻에서 멀어졌다'는 건 얼마간 상대적입니다. 가령 **쓰러지다**의 뜻이 **쓸다**와는 거의 상관없어졌다는 건 분명하지만, **넘어지다**에 **넘다**의 뜻이 유지되고 있다고 볼 수 있을까요? 제가 보기엔 좀 억지스럽습니다. '본뜻이 유지'되고 있기 때문에 이렇게 적는다기보다는, 앞서 살폈던 '문자생활의 안정성'을 고려해서 오래도록 이렇게 표기해 온 축적된 관행에 따라 표기가 굳어진 것을 존중하겠다는 취지로 이해하는 게 좀더 합리적일 것 같습니다. 다만 좀 궁색하더라도 '굳이 그 근거를 찾자면' 본뜻이 유지되고 있는 다른 말들과 '비슷한' 경우로 뭉뚱그릴 수는 있겠다는 정도의 의미라고 이해하면 어떨까 싶습니다.

제15항의 '붙임 2'와 '붙임 3' 그리고 제17항 규정은 발음이 비슷해서 혼동하기 쉬운 어미(또는 조사)를 구별해서 표기하라는 규정입니다. 우선 '하오'체의 종결어미 **-오**의 경우에 어간 끝소리가 [ㅣ]일 때 그에 이끌려 [요]로 소리나지만 그렇지 않은 경우엔 '-오'라는 것이 명백하므로, 원형을 살려 '-오'로 적는다는 건 '소리대로 적되 어법에 맞게'라는 원리에 아주 잘 부합합니다. 실제로 [요]로 소리나는 경우라 해도 '-오'로 표기하든 '-요'로 표기하든 [요]로 발음될 수밖에 없으니 굳이 변한 소리대로 적을 필요가 없는 거지요. 게다가 뜻(정확히는 문법적 기능)이 다르지만 발음이 같은 다른 어미(연결어미 **-이요**나 종결조사 **-요**)와 혼동될 여지마저 있으니까요.

사실 연결어미 **-이요**도 엄밀히 어원적으로 따지면 **-이고**에서 ㄱ이 탈락한 것이므로, 원형에 '가깝게' 표기하자면 '-이오'라 적을 수도 있지 않을까 의문이 들지도 모릅니다. 그러나 종결어미 -**오**와 구별할 필요도 있거니와 실은 서술격 조사 어간 **이**-와 결합한 형태라 '-오'로 실현되는 경우 없이 언제나 -**이요**의 꼴로만 쓰이기 때문에 그냥 소리대로 쓰는 게 더 편하기도 합니다. 다만 '현대 한국어'에서 이 표현은 '입말'과는 상당한 거리가 있는 '문어체'로나 남아 있어서(사람에 따라서는 '문어체'를 넘어서 거의 '의고체'에 가깝게 느낄 수도 있고요.) 큰 의미가 있는 규정은 아닙니다.

그보다 주목해야 할 건 제17항의 종결조사 -**요**지요. 흔히 헷갈리기 쉽긴 하지만, 종결어미 -**오**와는 달리 어떤 음운적 조건 뒤에서도 언제나 [요]로만 발음된다는 걸 쉽게 확인할 수 있기 때문에 -**요**로 적을 수밖에 없습니다.

어근과 접미사

이제 가장 복잡하고 어지러워 보이는 접미파생어(접미사가 붙어서 생겨난 말)를 들여다볼 준비가 되었습니다. 한국어는 접미사가 매우 발달해 있고(그에 비해 접두사는 꽤 빈약한 편입니다) 그 종류도 아주 다양해서, 제대로 분류하는 것부터가 학술적인 연구 과제이기도 합니다. 다만 표기 규범과 관련해서라는 범위를 분명하게 한다면, 두어 가지 범주로 나눠서 생각해 볼 수는 있습니다.

우선 어근과 접미사 양쪽 모두 뜻(또는 기능)이 분명하게 드러나는 경우입니다. 체언과 조사, 용언의 어간과 어미의 관계와 비슷하지요. 어근은 분명한 어휘적 의미를 가지고 있고, 접미사도 분명한 기능적 의미를 나타내지요. 이런 접미사는 몇 가지가 안 되기 때문에 〈한글 맞춤법〉에 일일이 열거되어 있습니다. ① 어간에 '-이'나 '-음/-ㅁ'이 붙어서 명사로 된 것과 '-이'나 '-히'가 붙어서 부사로 된 것(제19항), ② 명사 뒤에 '-이'가 붙어서 된 말(제20항), ③ 용언의 어간에 사동/피동/강세 접미사가 붙어서 이루어진 말(제22항), ④ '-하다'나 '-거리다'가 붙는 어근에 '-이'가 붙어서 명사가 된 것(제23항), ⑤ '-거리다'가 붙을 수 있는 시늉말 어근에 '-이다'가 붙어서 된 용언(제24항), ⑥ '-하다'가 붙는 어근에 '-히'나 '-이'가 붙어서 부사가 되거나, 부사에 '-이'가 붙어서 뜻을 더하는 경우(제25항)에 **원형을 밝히어 적는다**고 규정한 내용들*입니다(제21항과 제26항은 경우가 좀 다르니 잠시 뒤로 미뤄 놓지요).

여기에 열거된 접미사들은 '생산성(말을 만드는 힘)'이 매우 강해서 이들을 포함한 단어들을 누구나 쉽게 떠올릴 수 있습니다. 그래서 누가 봐도 바로 그런 기능을 하는 접미사라는 걸 확연히

---

* ① 길이, 깊이, 높이, 다듬이, 땀받이, 달맞이, 먹이, 미닫이, 살림살이; 걸음, 묶음, 믿음, 얼음, 엮음, 울음, 웃음, 졸음, 죽음, 앎; 같이, 굳이, 길이, 높이, 많이, 실없이; 익히, 작히 등. cf. 목거리(목병), 무녀리, 코끼리, 거름(비료), 노름(도박) 등. ② 곳곳이, 낱낱이, 몫몫이, 샅샅이, 앞앞이, 집집이; 바둑이, 삼발이 등. ③ 맡기다, 웃기다, 뚫리다, 울리다, 낚이다, 쌓이다, 굳히다, 굽히다, 돋구다, 돋우다, 갖추다, 맞추다, 일으키다, 돌이키다, 없애다; 놓치다, 덮치다, 부딪치다, 찢뜨리다/찢트리다, 흩뜨리다/흩트리다 등. cf. 도리다, 드리다, 미루다, 이루다 등. ④ 꿀꿀이, 배불뚝이, 삐죽이, 살살이, 쌕쌕이, 오뚝이, 홀쭉이 등. ⑤ 깜짝이다, 꾸벅이다, 망설이다, 속삭이다, 울먹이다, 지껄이다, 헐떡이다 등. ⑥ 급히, 꾸준히, 딱히, 어렴풋이, 깨끗이; 곰곰이, 더욱이, 생긋이, 오뚝이, 일찍이 등.

알 수 있기 때문에 어근의 어휘적 의미만큼이나 분명한 기능적 의미를 나타낸다고 볼 수 있다는 것입니다. 그렇다면 체언과 조사, 용언의 어간과 어미를 구별해 적는 것과 같은 이치를 적용할 수 있겠지요.

그럼 반대로 원형을 밝히지 않고 소리나는 대로 적는다고 규정한 경우를 볼까요. **어근의 원 뜻과 멀어진 것**(제19항 단서, 제22항 단서), **어원이 분명하지 아니하거나 본뜻에서 멀어진 것**(제21항 단서)은 너무나 당연하니(여기까지 따라 읽어 오신 분이라면 다시 설명 안 해도 되겠지요?) 논외로 제쳐 놓더라도,* 두 가지 경우로 나눠 볼 수 있습니다.

먼저 ① **어간에 '-이'나 '-음' 이외의 모음으로 시작된 접미사가 붙어서 다른 품사로 바뀐 것**(제19항 붙임), ② **'-이' 이외의 모음으로 시작된 접미사가 붙어서 된 말**(제20항 붙임), ③ **'-업-, -읍-, -브-'가 붙어서 된 말**(제22항 붙임) 등**은 어근의 의미와 형태는 얼핏 분명해 보이지만, 접미사의 실체가 다소 모호한 경우라고 할 수 있습니다. 예시된 단어를 보지요. **마감**이나 **끄트머리** 같은 말은 **막다**나 **끝**에서 온 말이라는 게 확실해 보이기는 하는데, 거기에 붙은 '-암'이나 '-으머리'라는 접미사는 정체가 좀 불분명합니다. 이런 접미

<hr />

* 각각의 예시는 각 조문의 예시어들 뒤에 'cf.'로 덧붙였습니다.

** ① 까마귀, 너머, 마감, 마개, 마중, 무덤, 주검(명사); 거뭇거뭇, 너무, 도로, 불긋불긋, 비로소, 자주, 차마(부사); 나마, 부터, 조차(조사) 등. ② 꼬락서니, 끄트머리, 모가치, 바가지, 바깥, 사타구니, 싸라기, 이파리, 지붕, 지푸라기 등. ③ 미덥다, 우습다, 미쁘다 등.

사가 붙은 다른 단어가 없거나 아주 드물거든요. 다른 예들도 다 마찬가지고요.

이런 경우엔 군이 원형을 밝혀 분명하게 구별해서 적기가 좀 난감합니다. '-으머리'는 물론이려니와 실은 (아마도 **-음**의 변이형이 아닐까 짐작되는) '-암'조차도 말 그대로의 '원형'인지도 확실치 않거든요. 이렇게 되면 이 말들이 과연 **막다**나 **끝**에서 파생한 것이라는 애당초의 추정도 확언할 수만은 없게 됩니다. 어쩌면 본래 더 잘게 나눌 수 없는 **끄트머리**라는 말이 있었는데 그것이 **끝**으로 줄어진 것일 수도 있고, 마찬가지로 **마감**이라는 말에서 **막다**의 어간이 파생(역조성)된 것이 아니라는 보장도 없을 테니까요. 이로 미루어 중요한 원리 하나를 발견할 수 있겠지요? 두 말이 결합할 때 둘 다 정체가 분명해야지 어느 한쪽이라도 정체가 불분명하다면, 억지로 구별해서 적지는 않는다는 것입니다.

이런 이치는 두번째 경우에서 더 분명하게 드러납니다. ① '**-하다**'나 '**-거리다**'가 붙을 수 없는 어근에 '**-이**'나 또는 다른 모음으로 시작되는 접미사가 붙어서 명사가 된 것(제23항 붙임), ② '**-하다**'가 붙지 않는 경우(제25항 붙임) 등*인데요, 이번엔 접미사의 실체가 명확하든 그렇지 않든 아예 어근의 실체가 불분명한 경우입니다. 달리 말하자면, 이게 과연 어근에 접미사가 붙어서 생긴 말인지 아니

---

* ① 개구리, 귀뚜라미, 기러기, 깍두기, 꽹과리, 날라리, 누더기, 동그라미, 두드러기, 딱따구리, 매미, 부스러기, 뻐꾸기, 얼루기, 칼싹두기 등. ② 갑자기, 반드시(꼭), 슬며시 등.

면 그냥 통째로 하나의 형태소라고 봐야 하는지부터가 확실치 않
거나 어근이 확실하긴 하다 해도 그 정확한 형태가 미심쩍어 접
미사와의 경계를 명확히 구분해서 적기가 곤란하기 때문에 그냥
소리대로 적으라는 것입니다. 여기에는 **-하다**나 **-거리다**의 생산
성이 매우 강해서 웬만한 어근에 붙으면 대체로 다 파생어가 만
들어지는데, **-하다**나 **-거리다**조차 붙지 않는 말이라면 어근의 실
체가 좀 의심스러울 수밖에 없다는 추론이 깔려 있습니다.

물론 실체가 명확하다거나 불명확하다는 것 역시도 상대적이
긴 합니다. 강의를 하다 보면 **-하다**나 **-거리다**가 붙을 수 없는 어
근이라서 소리대로 적는 단어로 예시된 **개구리**를 지목해서 "**개
굴거리다**라는 말이 있는데요?"라고 반론하시는 분이 꼭 있습니
다. 글쎄요. 왜 이렇게 됐는지는 저도 잘 모르겠습니다. 아마도
이 규정을 만든 분들이 **개굴거리다**는 '표준어'가 아니라고 여겼
기 때문이겠지요. 이 대목에 대한 국립국어원의 해설에도 "사전
에 실려 있지 않다"는 짤막한 언급 외에 다른 설명은 없습니다.
혹시 **개굴거리다**라는 말이 표준어로 인정된다면 이 규정의 예시
로 놔두기는 적절치 않을 것입니다만, 그렇다고 곧바로 **개구리**가
아니라 **개굴이**로 적어야 한다고 표기법을 바꾸는 것도 꽤 부담
스러운 일이긴 할 겁니다. 그 부담을 무릅쓰고 강행할 수도 있고,
이를테면 "이미 관행으로 굳어진 표기는 인정한다"는 취지의 새
로운 '붙임' 규정을 추가해서 계속 **개구리**라고 쓰도록 할 수도
있습니다. 어느 쪽을 택할지 저도 좀 궁금하기는 합니다.

이런 상대성을 잘 보여 주는 규정이 제26항입니다. 위에서 살

퍼본 원리대로라면, **-하다**나 **-없다**가 붙은 어근이라도 그 정체가 불분명하다면 그냥 소리대로 적어야 할 텐데, **'-하다'**와 **'-없다'**를 **밝혀서 적**으라는군요.* 가령 **착하다**의 '착-'이 대체 무슨 뜻인지 짐작이라도 가시나요? **부질없다**의 '부질-'은 또 어떻고요? 이렇게 일반적인 원리와는 다른 규정이 있다면, '뭘 이렇게 복잡하게 만들어 놓았나' 투덜거리기 전에 도대체 '왜' 그렇게 규정했을까를 궁리해 보실 것을 권합니다. 규범의 체계는 어지러워졌지만 실제 문자생활은 그 편이 더 편하다는 걸 쉽게 알 수 있는 경우가 많습니다.

  -하다나 **-없다**는 기능적으로는 분명히 접미사지만 워낙 생산성이 강한 나머지 명료하게 구별되어 인식됩니다. 가령 "'부질'이 뭔진 몰라도 하여간 뭔가가 '없다'는 뜻인 건 분명하잖아?"쯤에 해당할 인식이 폭넓게 존재한다는 것입니다. 이걸 억지로 '부질-'의 실체가 불분명하니 '부지럶다'로 적으라고 한다고 하면 그걸 번거로워할 사람들이 더 많겠지요. 그렇지 않다면 굳이 이런 예외 규정을 두어 인정하지 않을 수 없을 만큼이나 **착하다**나 **부질없다** 등으로 표기해 왔던 거스를 수 없는 표기 관행이 두텁게 굳어져 있을 리가 없을 겁니다.

  제26항의 어근과 접미사의 관계를 반대로 뒤집어 표현하면 제21항(**명사나 혹은 용언의 어간 뒤에 자음으로 시작된 접미사가 붙어서 된 말**)이 됩니다. 지금까지 살펴본 전반적인 원리대로라면, '명

---

* 딱하다, 숱하다, 착하다, 텁텁하다, 푹하다; 부질없다, 시름없다, 열없다, 하염없다 등.

사 혹은 용언의 어간'이라고 못박았으니 '어근'의 실체야 분명하다 하더라도, 접미사는 '생산성'을 따져서 실체가 분명한지를 가려 원형을 밝히는 경우와 그렇지 않은 경우로 나눠야 할 것 같죠. 그런데 그냥 다 뭉뚱그려서 어근을 밝혀 적으라고 규정하고 있네요. 그 이유를 규명하려면 먼저 한국어 표기에서 자음과 자음이 만날 때와 모음과 모음이 만날 때 '소리나는 대로 적기'와 '뜻이 드러나도록 적기'가 나뉘는 양상이 꽤 다르게 나타난다는 점을 정확히 이해할 필요가 있습니다.

자음으로 끝나는 어근에 모음으로 시작되는 접미사가 붙는다면, '소리나는 대로 적는다'는 건 그저 어근의 끝소리를 다음 음절의 첫소리로 적는다는 것을 뜻합니다. '원형을 밝혀 적는다'면 받침으로 쓸 테고요. 단지 그 차이뿐입니다. 그런데 자음으로 끝나는 어근이 자음으로 시작되는 접미사를 만나면 받침소리 법칙이나 자음동화 현상으로 인해 어근 끝소리의 실제 소릿값이 원형에서 상당히 멀어지는 일이 빈번하게 일어납니다. 그걸 그냥 소리나는 대로 적게 되면 적어도 '분명한 의미를 가지는' 어근의 형태가 파괴되어 직관적으로 뜻을 파악해 내기가 어려워질 수밖에 없습니다.

예를 들어 **마감**이나 **끄트머리**는 이렇게 적는다 해도 **막다**나 **끝**이라는 말과의 관계를 쉽게 떠올릴 수 있지만, **넋두리**나 **늙수그레하다** 같은 말을 단지 '-두리'나 '-수그레-'의 실체가 불분명하다고 해서 '넉두리'나 '늑수그레하다'처럼 적으면 (언중은 분명하게 인식하고 있을) **넋**이나 **늙다**와의 관계가 단절되면서 오히려 이런 표기를 더 번거로워하는 혼란이 생겨날 겁니다. 그래서 대다수 언중의 관념에 부합하도록 어근의 원형을 밝혀 적도록 한 것입니다.*

물론 여기에도 예외는 있습니다. 용언 어간에서 **겹받침의 끝소리가 드러나지 않는 경우**라는 단서 규정**입니다. 이건 굳이 왜 번거롭게 겹받침을 쓰는지만 되짚어 보면 그 취지를 곧바로 이해할 수 있습니다. 용언 어간의 끝소리에 겹받침을 쓰는 이유는 모음으로 시작하는 어미나 접미사가 붙을 때 그 소리가 실제로 실현되기 때문입니다. 즉 **깊고**를 소리나는 대로 '깁고'라고 표기하지 않는 건 **깊은**이 [기픈]으로 소리나기 때문인 것처럼, **핥는다**를 소리대로 '할른다'라고 표기하지 않는 것도 **핥아서**가 '할타서'로 소리나기 때문이라는 것이지요. 그런데 같은 단어가 다양한 어미로 활용하는 것과는 달리 접미사가 붙으면 원래 단어와는 다른 별개의 새로운 단어가 파생된 것입니다. 이 경우에까지 겹받침을 표기하는 건 '뜻이 드러나도록' 하는 데는 유리할지 몰라도 특정한 단어에서 실제로 발음되는 경우가 전혀 없는 쓸데없는 글자를 번번이 적어넣어야 하는 번거로움만 초래합니다. 실제 소리가 '언제나' **할짝거리다**(어간이 '할짝거리-'이므로 어미 활용을

---

* 값지다, 홑지다, 넋두리, 빛깔, 옆댕이, 잎사귀; 낚시, 덮개, 갉작거리다, 굵다랗다, 굵직하다, 깊숙하다, 넓적하다, 높다랗다, 늙수그레하다 등. cf. 넙치, 올무, 납작하다 등.

** 할짝거리다, 널따랗다, 널찍하다, 말끔하다, 말쑥하다, 말짱하다, 실쭉하다, 실큼하다, 얄따랗다, 얄팍하다, 짤따랗다, 짤막하다, 실컷 등.

해도 '할짝'의 소리가 달라지지는 않지요.)로 나는 단어를 굳이 '핥작거리다'처럼 쓰는 게 더 불합리해지는 것입니다. 앞서 접두파생어에서 "어원이 분명하나 소리만 특이하게 변한" 경우에 '뜻'보다는 '소리'를 우선했던 것과 같은 이치입니다.

?

문법 지식이 없어도 맞춤법을 이해하는 데 지장이 없다고 내내 강조하셨는데, 이번 강의를 보니 꼭 그렇지도 않은 것 같습니다. 너무 복잡해서 머리가 터질 지경입니다.

!

사실 체언이니 조사니, 어간이니 어미니, 어근이니 접미사니 이런 용어들의 의미를 정확히 몰라도 상관없습니다. 왜 그렇게 정한 건지 몰라도 웬만한 말들은 이미 정확히 잘 쓰고 있고, 더러 표기가 헷갈리는 말이 있더라도 사전을 찾아보면 정확한 표기를 확인할 수 있으니까요. 문법을 따져 가면서 정확한 표기법을 숙지하실 필요는 전혀 없습니다. 맞춤법을 만든 분들은 이론적인 원리에서 연역한 것이지만, 우리는 의연히 그조차도 귀납적으로 익힐 뿐입니다.

그럼에도 이 조문들을 하나하나 살핀 것은, 그저 '소리대로 적되 뜻이 드러나도록' 한다는 맞춤법의 원리를 어떻게 구체적으로 적용했는지 그 전모를 보여 드리려 한 것뿐입니다. 맞춤법이라는 게 누군가 편의적으로 그냥 막 정한 게 아니라 나름의 일관성을 갖춘 일정한 원리에 따라 정해졌다는 근거를 확인시키려는 것이지 그걸 알아야만 맞춤법을 지킬 수 있다는 뜻은 아닙니다.

　요지는 단 하나입니다. 의미를 명료하게 인식할 수 있는 두 부분으로 정확히 나눌 수 있는 건 각각 시각적인 형태를 고정해서 뜻을 분명히 알 수 있게 적고, 어느 한쪽이라도 의미가 분명치 않다면 소리나는 대로 적는다는 것입니다. 이 원리만 이해하시면 됩니다. 물론 예외도 있지만, 그것도 얼마든지 납득할 수 있는 이유가 있는 내용들이고요.

?

한국어에 접미사가 접두사보다 더 발달한 이유가 있을까요?

!

　한국어의 중요한 특징 가운데 하나입니다. 문법적인 기능을 나타내는 조사나 어미가 체언이나 어간 뒤로 오며, 수식받는 말이 수식하는 말 뒤로 오며, 서술어가 문장의 맨 뒤로 오는 후치언어라는 특징과 무관치 않은 것으로 보입니다. 그에 비해 가령 영어는 서술어가 목적어나 부사구의 앞으로 오고, 수식받는 말이 수식어구 앞으로 오고 또한 문법적 관계를 나타내는 건 말 그대로 '전치사'인 것과 대조가 되지요.

참 잔망스런 맞춤법 님
준말(⟨한글 맞춤법⟩ 제32~40항) 및 기타 규정(제51~57항)

제10강에 이어서 ⟨한글 맞춤법⟩ 제4장에 속하는 준말 규정을 살펴보도록 하겠습니다. 여기에는 모두 아홉 개의 규정이 담겨 있지만, 구체적인 조문을 살펴보면 허망하게 느껴질 정도로 간략합니다. 한마디로 간추리자면, 준말로 줄어지면서 본디말의 소리가 변하면 변한 대로 적으라는 것입니다.* 뭐 이런 당연한 걸 시시콜콜 규정해 놓았나 싶겠지만, 만일 이런 규정을 마련하지 않았다면 준말을 표기할 때 꽤 큰 불편과 혼란을 겪고 있었을 겁니다.

예컨대 제33항(**체언과 조사가 어울려 줄어지는 경우에는 준 대로 적는다.**)이 없다면, 오로지 제14항(**체언은 조사와 구별하여 적는다.**)

∞∞∞∞∞

* 이 강의의 제목에 쓰인 '잔망스런'도 '잔망스러운'이 줄면서 소리가 변한 것으로, 규정에 명시적으로 정한 바는 없지만, 준말 규정의 전반적인 취지를 좇아서 이렇게 표기했습니다.

의 규정에 따라 준말 표기가 인정되지 않았을 겁니다. 용언의 어간과 어미의 모음이 하나의 모음으로 줄어든 경우를 규정한 제34~38항*이 없다면, 제15항(**용언의 어간과 어미는 구별하여 적는다.**) 규정에 가로막혀 분명히 존재하는 준말을 표기상으로는 (단지 표기 방법이 없다는 이유만으로) 인정하지 않는 결과가 되었을 겁니다. '투명인간'이라는 비유에 빗대자면 '투명단어' 취급이라고 해야 하려나요? 이 규정들의 취지를 살피자면, '준말'이 실제 언어 현실에 존재한다면, 그 소리가 본디말에서 달라져 있더라도 소리대로 표기하는 걸 인정한다는 겁니다. 물론 실제 실현되는 소릿값을 왜곡하지 않는 범위 내에서라면 최대한 본디말의 흔적을 남겨 두는 게 좋겠지요. 그것이 제32항(**단어의 끝모음이 줄어지고 자음만 남은 것은 그 앞의 음절에 받침으로 적는다.**) 규정**의 취지입니다.

◇◇◇◇◇◇◇◇

* 모음 'ㅏ, ㅓ'로 끝난 어간에 '-아/-어, -았-/-었-'이 어울릴 적(제34항), 'ㅐ, ㅔ' 뒤에 '-어, -었-'이 어울려 줄 적(붙임 1), '하여'가 한 음절로 줄어서 '해'로 될 적(붙임 2); 모음 'ㅗ, ㅜ'로 끝난 어간에 '-아/-어, -았-/-었-'이 어울려 'ㅘ/ㅝ, 왔/웠'으로 될 적(제35항), '놓아'가 '놔'로 줄 적(붙임 1), 'ㅚ' 뒤에 '-어, -었-'이 어울려 'ㅙ, 왰'으로 될 적(붙임 2); 'ㅣ' 뒤에 '-어'가 와서 'ㅕ'로 줄 적(제36항); 'ㅏ, ㅕ, ㅗ, ㅜ, ㅡ'로 끝난 어간에 '-이-'가 와서 각각 'ㅐ, ㅖ, ㅚ, ㅟ, ㅢ'로 줄 적(제37항); 'ㅏ, ㅗ, ㅜ, ㅡ' 뒤에 '-이어'가 어울려 줄어질 적(제38항) 등에는 준 대로 적는다는 규정들.

** 기럭아, 엊그저께, 엊저녁, 갖고, 갖지, 딛고, 딛지 등.

준말 규정의 이면

제32항에 따라 **가지다, 디디다**의 준말 **갖다, 딛다** 등의 표기가 인
정됩니다. 그런데 이 규정은 실제 언어 현실에 비추어 지나치게
간결합니다. 여기엔 부가되어야 할 표기 규범이 더 있거든요. 이
런 준말이 활용할 때, **갖고, 갖는다; 딛고, 딛는다**는 인정돼도, '갖
어서, 갖은; 딛어서, 딛은'과 같은 표기는 인정되지 않습니다. 반
드시 **가져서, 가진; 디뎌서, 디딘**으로만 표기해야 합니다. 다만 어
간의 ㄹ소리가 받침으로 줄어진 준말의 경우는 활용하면서 'ㄹ
탈락'이 당연히 일어나므로 예컨대 **서툰**과 **서투른**이 모두 인정됩
니다. **머문**과 **머무른**도 같은 경우고요. 그렇다면 **서두르다**의 준말
서둘다가 인정된다면 그 활용형 '서둔다, 서둔'도 인정될까요?
혹시 '서둔다'는 인정될 법도 한데 '서둔'은 아무래도 인정되기
어려울 것 같습니다.

 그 차이가 뭐냐고요? 실은 표기 문제 이전에 실제로 그런 준
말이 현실에 존재하느냐의 문제입니다. 실제로 준말이 쓰인다면
그 표기를 인정할 수는 있어도 쓰이지도 않는 말의 표기는 고려
할 필요도 없지요. 물론 이런 경우라도 'ㄹ 탈락'과 무관한 '서툴
어서, 서툴었다'는 (실제로 이렇게 발음하는 사람도 없긴 하지만) 인
정되지 않고 반드시 '서툴러서, 서툴렀다'로만 표기합니다. 간추
리자면 준말과 본디말의 활용형이 완전히 발음이 다르면 둘 다
인정하지만, 발음이 같거나 아주 비슷해서 표기만이 문제가 될
때는 준말의 활용형은 인정하지 않는다고 정리할 수 있습니다.

이런 이치를 확장해 보면, 제40항의 꽤 복잡한 규정을 조금은 더 쉽게 이해할 수 있습니다. 먼저 **어간의 끝음절 '하'의 'ㅏ'가 줄고 'ㅎ'이 다음 음절의 첫소리와 어울려 거센소리로 될 적에는 거센소리로 적는다.**는 본문 규정*은 실제 소리를 반영해서 적는 게 준말 표기의 원칙이므로 당연한 얘기처럼 보일 수도 있습니다. 그런데 '붙임 1'(**'ㅎ'이 어간의 끝소리로 굳어진 것은 받침으로 적는다.**)**에는 얼핏 이와 상충하는 내용이 담겨 있어 본문 규정의 타당성을 다시 의심하게 됩니다. 어차피 어간의 끝소리 ㅎ이 ㄱ, ㄷ, ㅂ, ㅈ으로 시작하는 어미와 만나면 이 소리들이 거센소리로 바뀌는 건 한국어의 '보편적 음운규칙'이잖아요. 그렇다면 다음 음절 첫소리가 거센소리로 나는 건 마찬가지인데 왜 **아니하다, 아니하지**의 준말(붙임 1)은 **않다, 않지**인데, **흔하다, 흔하지**의 준말(본문)은 '흟다, 흟지'가 아니라 **흔타, 흔치**일까요?

열쇠는 "끝소리로 굳어진"에 있습니다. 즉 위의 질문은, 도대체 '끝소리로 굳어졌다'는 게 무슨 뜻일까요라고 고쳐 말할 수 있습니다. **흔하다**의 준말은 특정한 활용형만 제한적으로 나타날 뿐, 이를테면 **흔하고, 흔하게**를 '흔코, 흔케' 따위로 줄여 쓰지도 않을뿐더러 **흔해서, 흔하니**의 준말 '흟어서, 흟으니'는 아예 어불성설입니다. 그에 반해 **않다**는 활용에 제약이 없이 거의 대부분의 어미와 자유롭게 결합할 수 있지요. 바로 그래서 준말로 굳어

<hr>

* 간편케, 다정타, 연구토록, 정결타, 가타, 흔타 등.

** 않다, 그렇다, 아무렇다, 어떻다, 이렇다, 이렇고, 저렇다 등.

졌다고 하는 것입니다. 더구나 예시된 단어들을 보면 이렇게 굳어진 말들의 대다수는 'ㅎ 불규칙' 활용을 합니다. 그러나 이를 테면 **연구하도록**이 **연구토록**으로 줄어질 수 있다고 해서, 그 기본형(으로 재구되는) '연구타'가 'ㅎ 불규칙' 활용을 하는 건 아니지요.

그런데 문제를 더 복잡하게 하는 건 '붙임 2'(**어간의 끝음절 '하'가 아주 줄 적에는 준 대로 적는다.**)입니다. 즉 'ㅏ'만 줄고 'ㅎ'은 남아서 다음 음절의 첫소리와 결합하는 게 아니라 'ㅎ'조차도 줄어서 다음 음절의 첫소리가 거센소리가 되지 않는다는 겁니다. 문면 그대로만 보면, 실제로 소리가 그렇게 나니까 그렇게 쓰라는 정도의 취지로 이해할 수 있습니다. 그런데 실제로 소리는 이렇게도 나고 저렇게도 납니다. '생각컨대'라고 거센소리로 소리나면 이렇게 쓰고, '생각건대'라고 예삿소리로 소리가 나면 이렇게 쓰라는 뜻일까요? 사실상 같은 뜻의 말인데 표기가 막 이렇게 오락가락해도 되는 걸까요? 저는 솔직히 오락가락해도 된다고 생각합니다만, 맞춤법 규범을 만드신 분들은 그렇게 생각하지 않았나 봅니다. 〈한글 맞춤법〉 제1항 규정의 첫 단어를 떠올려 보세요. "표준어를……"! 네, 유감스럽게도 이 경우에 거센소리가 나는 건 (혹시 앞으로 시간이 더 지나면 어찌될지는 몰라도 적어도 지금으로서는) '표준어'로 인정되지 않습니다.

그렇다면 본문과 또 상충이 일어납니다. 도대체 어떤 경우는 'ㅎ'이 남아 거센소리로 나고 어떤 경우는 'ㅎ'도 줄어 예삿소리로 나는 걸까요. 제5항 된소리 규정을 풀이하면서 '모음 및 ㄴ,

톺아보기 구슬이 서 말이라도

ㄹ, ㅁ, ㅇ'과 'ㄱ, ㄷ(ㅅ), ㅂ'은 소리의 성질이 다르다고 설명했던 걸 혹시 기억하시나요?(기억 안 나시면 얼른 179쪽을 펼쳐 살펴보세요.) 바로 그 차이입니다. 본문과 '붙임 2'에 예시된 단어들을 다시 확인해 보세요. **간편**(ㄴ), **다정**(ㅇ), **정결**(ㄹ), **혼**(ㄴ), **연구**(모음); **생각**(ㄱ), **섭섭**(ㅂ), **깨끗**(ㄷ). 확실하지요? 즉 어근의 끝소리가 유성음일 때는 본문 규정을 적용하고, 무성음일 때는 '붙임 2' 규정을 적용합니다.*

이제 제39항(**어미 '-지' 뒤에 '않-'이 어울려 '-잖-'이 될 적과 '-하지' 뒤에 '않-'이 어울려 '-찮-'이 될 적에는 준 대로 적는다.**) 하나가 남았네요. 제36항('**ㅣ' 뒤에 '-어'가 와서 'ㅕ'로 줄 적에는 준 대로 적는다.**)에 따라 **가지어**의 준말을 **가져**로, **그치어**의 준말을 **그쳐**로 쓰는 것처럼, **-지 않**-의 준말은 '-**잖**-', **-하지 않**-의 준말은 '-**찮**-'으로 적어야 하는 것 아닌가 의아스러울지도 모르겠습니다. 그런데 시야를 좀 넓혀 보면, 제39항이 예외가 아니라 실은 **가져**나 **그쳐**와 같은 표기가 오히려 예외적이라는 것을 알 수 있습니다.

한국어에서 파찰음 'ㅈ, ㅊ' 뒤에 반모음 'ㅣ'를 포함한 이중모음이 오면 반모음 'ㅣ'가 없는 단모음과 실제로 같은 소리가 납니다. 거칠게 말해 'ㅈ, ㅊ' 소리에 이미 반모음 'ㅣ'가 포함되어 있다고 이해하시면 쉽습니다. 한국어 사용자라면, '자, 저, 조, 주,

---

* '결단코, 결코, 기필코……' 등 부사로 굳어진 말들의 표기를 규정한 '붙임 3'은 앞서 제10강에서 살핀 원리의 연장선에 있는 내용이므로 따로 설명을 덧붙이지 않겠습니다. 제19항 붙임 규정과 대조해 보시면 충분히 납득하실 수 있을 겁니다.

재, 제; 차, 처, 초, 추, 채, 체'(1)와 '쟈, 져, 죠, 쥬, 쟤, 졔; 챠, 쳐, 쵸, 츄, 챼, 쳬'(2)를 구별해서 발음할 수도 없고, 서로 다른 소리로 구별해서 들을 수도 없습니다. 순수하게 소리대로만 표기한다면 둘 중 한쪽은 불필요한데, (2)보다는 (1)이 간편하므로 사실상 (2)와 같은 표기는 불필요해지는 것입니다. "어법에 맞도록"을 고려할 필요가 없이 그냥 "소리대로"만 적으면 되는 외래어 표기에서 원칙적으로 (2)와 같은 표기를 인정하지 않는 것도 그래서입니다.

다만 실제 소리 그대로는 아닐지라도 어간과 어미를 최대한 구별해 줄 필요가 있고 또 'ㅈ, ㅊ'이 아닌 다른 자음과 결합한 **견디, 익혀** 등과의 일관성을 유지하는 것이 더 편하기 때문에 **가져, 그쳐** 등의 표기를 예외적으로 인정하는 것이라고 볼 수 있습니다. 이 외에도 (2)와 같은 표기를 인정하는 경우는 종결어미 **-지**로 끝난 문장에 종결조사 **-요**가 붙어 **-죠**로 줄었을 때와 **저 아이**의 준말을 **쟤**로 적는 경우 등이 있습니다. 전자는 조사 **-요**의 흔적이라도 분명히 남겨서 의미를 명확히 할 필요가 있어서일 테고, 후자는 **애**(**이 아이**의 준말), **걔**(**그 아이**의 준말) 등과의 일관성을 유지하면서 관형사 **저**의 흔적을 남겨 놓으려는 취지겠지요. 그러나 제39항의 경우엔 완전히 한 단어가 돼 버렸기 때문에 (1)처럼 간편하게 표기해도 직관적으로 의미를 파악하는 데 아무런 지장이 없으므로, 굳이 (2)와 같은 번거로운 표기를 고집할 필요가 없다고 판단한 것입니다.

보편성과 특수성

제6장 '그 밖의 것'이 담고 있는 일곱 개 규정은 대체로 두 범주로 나뉩니다. 우선 내용상으로는 '소리'에 관한 규정이어서 제4장에 담기도 썩 적절치 않은데, 그렇다고 일정한 음운적 조건에서 언제나 실현되는 '보편적 음운규칙'을 다룬 제3장에 담기도 애매한 특정한 어휘에만 해당하는 규정들이 몇 가지 있습니다. 제51~54항이 이에 해당합니다.

부사를 만드는 접미사 **-이**와 **-히**는 기능적 의미도 같고 발음도 비슷해서 소리가 서로 이끌리기가 쉽고 그에 따라 표기도 혼란스러워질 수 있습니다. 제51항(**부사의 끝음절이 분명히 '이'로만 나는 것*은 '-이'로 적고, '히'로만 나거나 '이'나 '히'로 나는 것**은 '-히'로 적는다.**)은 그 혼란을 정리할 수 있는 기준을 제시한 것입니다. 이 규정에 제시된 예시를 보면서 "어? 나는 다르게 발음하는데?"(더 정확히는 "내 주변에선 다르게 발음하는 사람이 더 많은데?") 라는 의문이 생기는 단어들을 발견할지도 모르겠습니다. 특히나 (**-히**로 적기로 한 단어들은 '이'로 소리나는 경우가 혹시 있더라도, '이'

---

* 가붓이, 깨끗이, 나붓이, 느긋이, 둥긋이, 따뜻이, 반듯이, 버젓이, 산뜻이, 의젓이, 가까이, 고이, 날카로이, 대수로이, 번거로이, 많이, 적이, 헛되이; 겹겹이, 번번이, 일일이, 집집이, 틈틈이 등.

** 극히, 급히, 딱히, 속히, 작히, 족히, 특히, 엄격히, 정확히; 솔직히, 가만히, 간편히, 나른히, 무단히, 각별히, 소홀히, 쓸쓸히, 정결히, 과감히, 꼼꼼히, 심히, 열심히, 급급히, 답답히, 섭섭히, 공평히, 능히, 당당히, 분명히, 상당히, 조용히, 간소히, 고요히, 도저히 등.

로도 나고 '히'로도 나는 경우도 –히로 적는다고 했으니 상관이 없지만) '이'로만 난다고 명시되어 있는데 실제로는 '히'로도 나는 걸 경험한 적이 있다면 낭패스러운 일입니다.

실제로 **번번이**는 [번번히]로 소리내는 사람이 없지 않으니 **'이'나 '히'로 나는 경우**에 속하는 것 아니냐는 질문을 받기도 했습니다. 저는 빙긋 웃으며 "죄송하지만, 그건 표준어가 아닌가 봅니다."라고 대꾸해 드립니다. 물론 편협하기 짝이 없는 현재의 '표준어' 정책에 대한 가벼운 비아냥도 얼마간 담겨 있지만, 적어도 "분명히 '이'로만 난다"고 예시된 단어들이 제가 보기에도 대체로는 실제로 그게 더 보편적인 발음이어서 저로서는 이 규정에 큰 이의가 없다는 뜻이기도 합니다.

제52항(**한자어에서 본음으로도 나고 속음으로도 나는 것은 각각 그 소리에 따라 적는다.**)은 특정한 단어에서 한자음의 소리가 변한 경우*에 널리 쓰이는 발음을 표기에 반영한다는 규정입니다. 대체로는 학술적으로 활음조euphony 현상이라고 하는 변화가 일어난 단어들이지만, 역사적으로 특정 집단(예컨대 불교 사찰)에서 일종의 '사회 방언'처럼 독특하게 발음하던 단어의 소릿값이 일반화된 경우도 포함됩니다.

그런데 저는 이 규정은 좀 전향적으로 해석될 필요가 있다고

---

* 수락受諾, 쾌락快諾, 허락許諾 cf. 승낙承諾; 곤란困難, 논란論難 cf. 만난萬難; 의령宜寧, 회령會寧 cf. 안녕安寧; 대로大怒, 희로애락喜怒哀樂 cf. 분노忿怒; 의논議論 cf. 토론討論; 오뉴월, 유월六月 cf. 오륙십五六十; 모과木瓜 cf. 목재木材; 시방정토十方淨土, 시왕十王, 시월十月 cf. 십일十日; 초파일初八日 cf. 팔일八日 등.

생각합니다. 규정이 예시하고 있지는 않아도 '속음'을 인정하는 단어들은 이 외에도 더 있고, 국립국어원의 해설에도 보리수菩提樹, 모란牧丹, 통찰洞察, 사탕砂糖 등 이 규정이 적용되는 더 많은 단어들이 예시되어 있기도 합니다. 달리 말하면 이 규정이 꼭 예시된 단어들에만 국한되는 건 아니라는 뜻이지요. 그렇다면 적잖은 사람들이 이미 폭넓게 '풍지박산'이라고 쓰고 있는데도 그것을 "풍비박산風飛雹散의 잘못"이라고만 못박을 일인지 의문이 아닐 수 없습니다. 물론 이건 엄밀한 의미에선 '맞춤법' 문제가 아니라 '표준어' 사정 문제이기는 합니다만, 이렇게 발음이 변한 말들이 실제로 더 '보편적인' 형태이기만 하다면 얼마든지 '표준어'로 인정할 수 있는 근거 규정으로서 〈한글 맞춤법〉 제52항이 활용되었으면 하는 것이지요.

　제53~54항은 된소리 관련 규정입니다. 먼저 제53항은 실제로는 된소리로 나지만, 된소리로 적지 않는 어미들*을 예시하고 있습니다. 제5항 규정을 따르자면 끝소리 'ㄹ' 뒤에서 나는 '까닭 없는' 된소리이므로 된소리로 적어야 하는 것들이지요. 하지만 제5항에도 불구하고 이런 예외 규정을 둔 것은 된소리 글자의 사용을 꼭 필요한 경우만으로 제한하겠다는 강력한 의지를 반영한 게 아닌가 싶습니다. 그리고 용언의 어미에서 된소리가 날 때

<hr />

* '-(으)ㄹ거나, -(으)ㄹ걸, -(으)ㄹ게, -(으)ㄹ세, -(으)ㄹ세라, -(으)ㄹ수록, -(으)ㄹ지, -(으)ㄹ지니라, -(으)ㄹ지라도, -(으)ㄹ지어다, -(으)ㄹ지언정, -(으)ㄹ진대, -(으)ㄹ진저, -올시다' 등.

는 굳이 된소리로 적을 필요가 없다고 본 것이고요.

왜 그럴까요. 어미는 어휘적인 의미를 가지고 있는 실질형태소가 아니라 문법적인 관계를 표시하는 기능적인 의미만을 가지고 있으며, 따라서 설령 표기에 이끌려 예삿소리로 발음된다 하더라도 직관적인 의미 파악이 어렵거나 다른 의미로 오인될 염려가 전혀 없습니다. 게다가 현실적으로는 어미의 이런 특성 때문에 굳이 된소리로 표기하지 않더라도 대다수의 한국어 사용자는 거의 무의식적인 관성으로 된소리로 소리내는 게 통례이며 오히려 아주 의식적으로 긴장할 때만 억지로 예삿소리로 발음하는 게 가능하기도 합니다. 따라서 제5항의 취지를 고스란히 살리자면, 어떻게 적더라도 실제로 대다수가 된소리로 발음한다면 (그것이 '보편적인 음운규칙'은 아닐지라도) 굳이 된소리로 표기할 필요가 없다는 결론이 나오는 거지요.

다만 의문을 나타내는 종결어미*에서는(그리고 이 경우에만) 된소리 표기를 인정합니다. 아마도 '문자생활의 안정성'을 고려한 예외로 보입니다. 오랫동안 이렇게 써 온 관행이 축적되어 있어 거스르는 것이 오히려 불편할 수 있다는 것말고는 굳이 예외를 인정하는 다른 이유를 찾기는 어려워 보입니다.

제54항은 반대로 된소리로 표기하는 접미사들**을 예시하고

---

* '-(으)ㄹ까?, -(으)ㄹ꼬?, -(스)ㅂ니까?, -(으)리까?, -(으)ㄹ쏘냐?' 등.

** 심부름꾼, 일꾼, 장난꾼, 지게꾼; 때깔, 빛깔, 성깔; 볼때기, 판자때기; 뒤꿈치, 팔꿈치; 이마빼기, 코빼기; 객쩍다, 겸연쩍다 등.

있습니다. 앞서 제5항을 풀이하면서 설명했듯, 한국어에서 끝소리 'ㄱ, ㅂ, (ㄷ)' 뒤에 오는 'ㄱ, ㄷ, ㅂ, ㅅ, ㅈ'은 반드시 된소리로만 납니다. 그래서 접미사의 첫소리가 된소리로 나더라도 본래 형태는 예삿소리인데 그런 음운적 조건에서만 소리가 그렇게 변한 게 아닌가를 의심할 수 있습니다. 물론 본래 형태가 어떠한지는 '모음 또는 ㄴ, ㄹ, ㅁ, ㅇ'으로 끝나는 단어에 붙여 보면 바로알 수 있습니다. 하지만 접미사의 생산성이 그리 크지 않다면 이런 반례를 찾기가 쉬운 일만은 아니고, 설령 찾아냈다 해도 그게과연 같은 접미사인지 아니면 전혀 다른 접미사인데 우연히 발음만 비슷한 것인지를 가리기도 실은 골치 아픈 일입니다. 그래서 그런 부담을 해소하기 위해 이 규정을 통해 된소리로 적는 접미사들을 예시하여 열거한 것입니다. 참 친절한 배려지요?

혼동하기 쉬운 표기

제55~57항은 표기를 혼동하기 쉬운 말들에 대한 규정이라고할 수 있습니다만, 규범의 체계상 '과잉 친절'이 아닌지 의심스러운 내용들이 다수 포함되어 있습니다. 이 대목을 강의할 때면노상 "맞춤법이 참 잔망스럽기도 하지요?"라고 우스갯소리를 하기도 합니다.

우선 맨 마지막 제57항부터 볼게요. 대부분의 내용은 이렇게따로 규정해 주지 않아도 앞에서 설명한 〈한글 맞춤법〉의 다양한 규정을 적용하면 미루어 알 수 있는 것들입니다.* 첫 사례부터가 그렇죠? **가름**은 동사 **가르다**의 어간 **가르-**에 접미사 **-ㅁ**이 결합해 만들어진 명사지만, **갈음**은 동사 **갈다**의 어간 **갈-**에 접미사 **-음**이 결합해 만들어진 명사이고 제19항에 따라 어간의 원형 **갈-**을 밝혀 적도록 한 것입니다. 반면에 **노름**은 **놀다**에서 파생한 말로 추정되기는 하지만 '본뜻에서 멀어진 경우'(제19항 단서)에 해당하므로 원형을 밝혀 적지 않은 것이고요. 다른 예시어들도 거의 이런 식입니다. '복습' 차원에서 하나하나 짚어 보면서 어떤 규정에 의한 표기인지를 확인해 보는 것도 재미있을 겁니다.

물론 그렇지 않은 경우도 없지는 않습니다. **느리다**와 **늘이다**의 구별은 발음이 같으므로 '맞춤법'의 문제가 확실하긴 해도 **늘이다**에서 어간 **늘-**의 원형을 밝히는 건 제22항 사동접미사 규정에 따른 것이니 굳이 이 규정에 다시 예시할 필요는 역시 없습니다, 하지만 **늘이다**와 **늘리다**의 구별을 여기에서 규정한 건 아무래도 〈한글 맞춤법〉의 지나친 오지랖이 아닌가 싶습니다. 물론 비슷한 발음이라 헷갈릴 수는 있지만, 엄연히 소릿값이 다른 별개의 단어이고 그 뜻과 쓰임이 어떻게 다른지는 '사전'에서 제공할 정

---

* 가름/갈음, 거름/걸음, 거치다/걷히다, 걷잡다/겉잡다, 그러므로/그럼으로(써), 노름/놀음, 느리다/늘이다/늘리다, 다리다/달이다, 다치다/닫히다/닫치다, 마치다/맞히다, 목거리/목걸이, 바치다/받치다/받히다/밭치다, 반드시/반듯이, 부딪치다/부딪히다, 부치다/붙이다, 시키다/식히다, 아름/알음/앎, 안치다/앉히다, 어름/얼음, 이따가/있다가, 저리다/절이다, 조리다/졸이다, 주리다/줄이다, 하노라고/하느라고, -느니보다/-는 이보다, -(으)리만큼/-(으)ㄹ 이만큼, -(으)러/-(으)려, -(으)로서/-(으)로써, -(으)므로/(-ㅁ, -음)으로(써)

톺아보기 구슬이 서 말이라도

보이지 규범적으로 강제할 내용이 아닙니다. 그것은 설령 이 구별이 별다른 동요 없이 대다수 한국어 사용자들에게 안정적으로 받아들여지고 있는 '준규범적' 성격을 가지고 있다 해도* 마찬가지입니다. 아니 그렇다면 오히려 더더욱 '혼동할 가능성'이 작아지는 셈이니 군이 규범으로 성문화할 필요는 없는 것 아닌가요?

그래도 친절을 발휘하겠다면 '부록' 정도로나 제시하고 말 내용을 이렇게 떡하니 규정으로 못박아 놓으니, 많은 사람들이 '표기 규범'과 '언어 표준'을 혼동해서 '정보'를 '규범'이라 착각하는 바람직하지 않은 강박이 광범위하게 유포되는 것도 무리는 아니지 싶습니다. 저는 군이 혼동하기 쉬운 단어를 예시하는 친절을 발휘하고 싶다면, 이 규정을 삭제하고 오히려 지금의 서너 배쯤은 되는 더 풍부한 사례들을 담아 '부록'으로 붙이는 게 좋겠다고 생각합니다.

다만 제57항에 예시된 말들 가운데 딱 하나, '규범'으로 남겨 두어야 할 사례가 있는데 한번 찾아보세요. 이걸 찾을 수 있다면 제가 제1강에서부터 지금까지 강조해 온 '표기 규범'과 '표준어 정보'의 차이를 정확히 이해하신 겁니다. 제가 책을 쓴 보람이 있는 거지요. 만일 못 찾겠다면, 죄송하지만 이 책을 처음부터 다시 정독해 주셨으면 합니다. 좀더 쉽게 풀어 드릴까요? 발음이

---

* 제가 보기엔 그렇습니다. '늘이다'를 써야 할 때 '늘리다'를 (잘못) 쓰거나 반대로 '늘리다'를 써야 할 때 '늘이다'를 (잘못) 쓴 걸 보면, 적어도 제게는 꽤 어색하게 느껴집니다.

같지만 표기를 다르게 하는데도, 앞에서 설명한 어떤 규정에도 전혀 해당되지 않는 사례가 딱 하나 있습니다. 이젠 아시겠죠? 바로 조사 -(으)로서와 -(으)로써의 구별입니다. 실제 소리는 모두 [써]로 나기 때문에 소리대로만 표기한다면 구별할 수가 없습니다. 다만, 분명히 뜻을 구별할 필요가 있는 데다가 수단을 나타내는 -(으)로써가 언제나 [써]로만 소리나는 것과 달리 자격을 나타내는 -(으)로서는 더러 [서]로 소리나기도 한다는 정황을 참작해서 표기에서는 구별하도록 한 것입니다.

제57항을 염두에 둘 때라야 좀 뜬금없어 보이는 제55항 규정*을 이해할 수 있습니다. 현행 〈한글 맞춤법〉 제정 이전의 맞춤법(한글학회의 〈한글 맞춤법〉이나 문교부의 《편수자료》 등)에서는 구별해서 적는다고 규범에 못박혀 있었기 때문에 그걸 굳이 구별하지 말고 한쪽으로 통일하라는 규정이 새삼 필요해진 겁니다. 어차피 제57항의 예시어들처럼 의미를 기준으로 구별하는 것이므로 애당초 맞춤법에 규정할 게 아니라 '사전'에 맡겼더라면 굳이 필요 없었을 규정이지요.

그런데 뒤집어 생각해 보면 제55항만큼 〈한글 맞춤법〉의 정신을 웅변해 주는 규정도 드물겠다 싶기도 합니다. 엄밀한 의미에서 보면 '주문하다'라는 뜻의 **맞추다**는 **맞다**와 상관이 없으니 제22항의 단서에 따라 소리대로 '마추다'로 적는 게 옳고, '멀리

<hr>

* "두 가지로 구별하여 적던" '맞추다'/'마추다'와 '뻗치다'/'뻐치다'를 '맞추다'와 '뻗치다'로만 적는다는 규정.

톺아보기 구슬이 서 말이라도

이어지다'라는 뜻의 **뻗치다**도 **뻗다**와는 (굳이 연관이 있다고 한다면 아주 부정하지는 못하겠지만) 사뭇 다른 뜻이므로 역시 제22항의 단서를 준용하면 소리대로 '뻐치다'로 적는 게 옳겠죠. 아마도 애당초에 이들을 구별했던 건 그래서였을 겁니다. 그런데 그걸 구별하지 않기로 한 건, 대다수 언중이 실제로 혼동해서 쓰고 있는 언어 현실을 정직하게 반영한 결과입니다. 이론적인 원리만 따져서 억지로 구별하라고 하는 쪽이 더 불편하고 혼란스럽게 한다는 걸 인정한 겁니다. 〈한글 맞춤법〉은 자연스럽게 형성되는 언중의 관행에 이렇게도 개방적인데, 정작 언중은 거꾸로 맞춤법을 무슨 대단히 전문적이어서 따로 공부하지 않으면 '함부로 범접하기 어려운' 규범으로 알고 있으니 참으로 기가 막힐 일입니다.

-던과 **-든**의 분별을 규정한 제56항은 명백히 '맞춤법' 규정에 담을 내용이 아니라 '사전'에 담을 내용입니다. 실은 〈표준어 규정〉 제17항에도 같은 내용이 규정되어 있기도 합니다. 제57항을 염두에 두고 최대한 선의로 해석하면 그저 소리가 비슷해서 혼동하기 쉬운 표기를 예시하려던 '과잉 친절'인가 보다 싶기는 한데, 그렇다면 (예컨대 **늘이다**와 **늘리다**, 또는 **맞추다**와 **맞히다**의 구별처럼) 제57항에서 예시하면 될 걸 구태여 따로 독립된 조항으로 규정한 이유는 도무지 알다가도 모르겠습니다. 설마 [어]와 [으]의 음운적 변별이 없는 영남 방언 사용자들이 〈한글 맞춤법〉 제정을 주도했던 탓은 아닐 거라고 믿고 싶습니다.

문장 부호는 '규범'일까

〈한글 맞춤법〉에는 '부록'으로 문장 부호가 정리되어 있습니다. 그런데 이 내용이 **문장 부호의 이름과 사용법은 다음과 같이 정한다.**고 규범적인 말투로 못박을 만한 사안인지는 의문스럽습니다. 특정한 문장 부호가 특정한 의미를 가진다면, 그것은 그저 많은 사람들이 그런 뜻으로 사용해 왔기 때문이라는 것말고 다른 이유가 있을 수 있을까요? 이렇듯 어차피 철저하게 귀납적으로 접근할 문제라면, 그저 많은 사람들이 이러저러한 용도와 의미로 사용하고 있더라는 '정보'를 제공해 주는 데 그치는 게 바람직할 것입니다. 그리고 실제 '부록'의 내용도 첫머리의 "정한다"는 무척 거슬리는 단언만 무시한다면 대체로 '사전'의 용도에 더 걸맞은 형식으로 정리되어 있기도 합니다.

만일 이 내용이 '규범'이라면 가령 '뜻이 드러나게' 적을 때와 '소리대로' 적을 때를 구별하거나 '띄어 쓰는' 경우와 '붙여 쓰는' 경우를 구별할 때처럼 '기준'을 제시해 주어야 할 겁니다. 그러나 '부록'에는 그저 이런 경우들에 이런 문장 부호들을 쓴다(실은 '쓰더라'가 더 적절하겠지만)고 죽 나열하고 있을 뿐, 이 부호와 저 부호가 왜 어떻게 다른지 또는 두 부호 중 어느 쪽을 써야 할지나 특정한 문장 부호를 넣을지 뺄지 따위가 헷갈릴 때는 어떤 '기준'으로 판단한다는 '규범의 실질적 내용'을 전혀 제시하고 있지 않습니다. 하기는 그런 '기준'이 있을 리가 없는데 누가 무슨 수로 그런 걸 함부로 제시할 수 있겠습니까.* 그리고 실은 그래서 〈한글 맞춤법〉도 이 내용을 본문 규정에 담지 못하고 '부록'으로 거느리는 형식을 취할 수밖에 없지 않았을까 싶습니다.

그런데 실무적으로 접근해 보면, 사실 "교양 있는 사람들이 두루 쓰는"이라는 기준은 공허합니다. 그런 테두리가 무의미하다는 뜻이 아니라 그 테두리에 속할 내용이라면 굳이 규범으로 정해 두지 않아도 웬만한 사람들은 그냥 알아서 잘 쓰고 있을 것이라는 뜻입니다. 어떻게요? 바로 '넘겨짚어 흉내내기'를 통해서 말입니다. 혹시 그조차도 서투른 사람이 있다면, 이를테면 '문장 부호의 쓰임새에 관해 공부 좀 하라'가 아니라 '책 좀 더 읽고 남들이 어떻게 쓰는지 유심히 보라'고 조언하는 게 더 현실적일 겁니다. 달리 말해, 정작 현장에서 실무자들이 좀더 세밀한 기준이 마련되어 있었으면 하고 규범의 필요성을 느낀다면 그건 그런 보편적인 테두리를 한참 벗어난 지평에 있습니다. 이를테면 책의 성격에 따라서 문장 부호의 성격이 일반적인 용법과는 꽤 달라지거나, 일반적으로는 잘 사용하지 않는 문장 부호를 독특한 의미로 사용해야 할 필요가 있을 때 어떻게 처리하는 것이 '맞는지'(정확히는 '관행에 부합하는지')를 판단하기 어려워서일 겁니다.

특히나 한국어는 한 세기 남짓 전만 해도 문장 부호를 전혀 사

---

* 반은 우스개 삼아 덧붙이자면, 그런 기준이 혹시 있을 수 있다 해도 '현대에 서울 지역에서 생활하는 교양 있는 사람들이 두루 쓰는 문장 부호'쯤으로 정리될 내용이 아닐까요?

용하지 않았고, 모든 문장 부호는 서양에서 쓰던 것을 그대로 가져온 것입니다. 따라서 우리가 일반적으로 알고 있는 문장 부호 사용법에는 서양의 역사 속에서 축적돼 온 관행이 녹아 있습니다. 더러는 한국어의 구조와 잘 맞지 않는 것(대표적으로는 '줄표'*)이나 한국어 글말에서는 충분한 관행이 축적되지 못해 어색한 것(대표적으로는 '세미콜론'**)들도 있습니다. 따라서 영어로, 특히나 더 엄밀한 사용법이 정착돼 있는 학술논문을 익히 접해 왔던 분들에게 익숙한 감각과 대다수 한국어 사용자의 감각은 사뭇 다를 수 있다는 점도 고려해야 합니다.

그런데 저는 과연 그걸 규범으로 강제할 수 있는 문제인지에 근본적인 의문이 있거니와 설령 그게 가능하다 해도 그게 바람직한 일인지 잘 모르겠습니다. 그래서 저는 거꾸로 이야기합니다. 글을 쓰는 사람이 아무리 독특한 의미를 담아 문장 부호를

* 영어(프랑스어나 독일어 등 다른 인도유럽어도 마찬가지입니다만)에서 줄표는 그 자체로 일단락된 문장 뒤에 예시나 부언 등의 성격을 가지는 어구를 덧붙일 때 쓰입니다. 그런데 이런 문장을 한국어로 번역하면 서술어가 문장의 맨 뒤에 놓이는 한국어의 구조상 원문에는 줄표 뒤에 있던 부가 어구가 문장 중간에 놓이게 되어 앞뒤를 줄표로 막는 맞줄표를 쓸 수밖에 없게 되면서, 문장의 가독성을 심각하게 떨어뜨립니다. 저는 괄호로 대체하거나 두 문장으로 나누거나 접속사로 대체하거나 기타 맥락에 따라 가장 적절해 보이는 다양한 방법으로 맞줄표를 없애곤 합니다.

** 간혹 한 문장 안에서 쉼표로 나뉜 단위보다는 더 큰 어구의 단위를 나눌 필요가 있을 때 세미콜론을 쓰려고 해 봤지만 적어도 줄글에서는 영 어색해서 곧 포기했습니다. 이 책에도 몇 군데 세미콜론을 쓴 대목이 있긴 합니다만, 일반적인 줄글의 어구 사이가 아니라 둘 이상의 범주로 나뉘는 단어들을 예시하면서 단어 사이는 쉼표로 범주 사이는 세미콜론으로 구별해 주는 것처럼 극히 제한적인 범위에서만 사용할 수 있었습니다.

쓰면 뭐하겠습니까, 읽을 사람들이 그게 그런 의미라는 걸 알아차리지 못하면 아무 소용이 없는데요. 그러니 최대한 읽을 사람 입장에서 알아보기 쉽도록 사용하는 게 가장 중요한 원칙이 아닐까요.

물론 그 판단이 어긋날 수도 있고, 또는 과연 적절한 판단인지 자신이 안 설 수도 있습니다. 그럴 때는 누군가가 규범적 기준을 제시해 주기를 바라기보다는 '일러두기'라는 장치를 적극적으로 활용할 것을 권합니다. 이 책에서는 이런 문장 부호를 이런 맥락에서 이런 용도(또는 의미)로 사용했으니 그 점을 감안하고 읽어 달라고 독자에게 미리 정보를 제시해 주는 것입니다. 이를테면 쉼표 대신 물음표를 쓴다거나 말줄임표 대신 느낌표를 쓴다거나 하는 것처럼 일반적인 감각에서 아주 벗어난 괴상망측한 사용법만 아니라면, 적어도 현장에서 실무적으로 고민할 법한 대부분의 문장 부호 문제는 '일러두기' 활용만으로 충분히 대처할 수 있습니다.

한 권 한 권의 책은 그 자체로 고유한 맥락을 가진 세계입니다. 이렇게 한 권 한 권의 맥락적 필요에 따라 최대한 독자의 편의를 배려해서 사용된 문장 부호의 용례들이 쌓이고 모이고 서로 영향을 주고받으면서 이를테면 '문장 부호 사전'이 생성되고 수정되고 보완되고 확장되는 것 아닐까요. 적어도 이렇게 형성되는 '사전'이 어설픈 '문장 부호 규범'보다 훨씬 바람직한 모습일 것입니다. 〈표준어 규정〉과 마찬가지로 그 규범이 대다수의 직관과 일치한다면 굳이 필요가 없는 것이고, 더러 대다수의 직관과는 거리가 멀거나 현실에서 동요하고 있는 내용이라면 공연한 불편과 혼란만 야기할 테니까요.

?

낫표(『 』, 「 」) 사용에 대해 어떻게 생각하시나요?

!

세로쓰기 시대의 관행이 흔적으로 남은 것이라 생각합니다. 낫표가 사실은 별 게 아니라 따옴표(" ", ' ')거든요. 그런데 그걸 세로쓰기에서 표기하기 위해 변형시킨 것뿐이죠. 따라서 가로쓰기에선 그냥 따옴표로 써도 순수하게 그 의미만 따진다면 별 상관은 없을 텐데, 그새 독특한 표기 관행이 형성된 탓에 이를테면 책 제목(뿐 아니라 앨범 타이틀처럼 일반적인 고형 매체의 제목)을 그냥 겹따옴표로만 쓰라고 하면 아주 어색할 겁니다. 게다가 영어의 표기와도 안 맞아요. 흔히 홑낫표로 묶는 제목들을 영어로는 홑따옴표가 아닌 겹따옴표로 쓰니까요(겹낫표로 묶는 제목은 이탤릭체로 표기하죠).

그래서 그 대안으로 제시된 게 화살괄호(《 》, 〈 〉)인데요, 그야말로 오랜 표기 관행을 거스르기가 쉽지 않은지 아직 그리 보편적이진 않은 것 같습니다. 저는 가로쓰기에는 낫표보다는 화살괄호가 더 잘 어울린다고 생각합니다. 그런데 아주 흥미로운 대목이 있어요. 겹낫표와 홑낫표 사이에 표기 관행이 '군어진' 정도가 희한하게도 꽤 불균형하다는 겁니다. 즉 겹낫표를 겹화살괄호로 대체하는 것보다 홑낫표를 홑화살괄호로 대체하는 게 훨씬 저항감이 적더라는 거죠.

그래서 현장에서 보면, 아주 과감하게 가로쓰기에 맞게 둘 모두 화살괄호로 대체한 경우가 가장 적고, 보수적이지만 일관성을 유지하면서 모두 낫표를 쓴 경우가 그보다는 많은데, 정작 가장 큰 비중을 차지하는 건 일관성 없게도 둘을 절충해서 겹낫표와 홑화살괄호를 쓰는 경우입니다. 이건 아무래도 이상한 일이지만, 한편으로 이해 못 할 일도 아닙니다. 읽는 사람에게 그 편이 가장 덜 어색하다고 판단한 편집자가 가장 많은 것뿐이니까요. 맞춤법을 어려워하면서도 어느샌가 (체계의 일관성보다는 문자생활의 안정성을 중시하는) 맞춤법의 정신을 정확히 구현하는 셈이랄까요.

이 책에선 좀 낯설게 느껴질지는 모르겠지만 진취적으로 모두 화살괄호를 썼습니다.

?

제57항 규정에 예시된 말들 외에도 이를테면 '안 된대'를 '않 된데'로 잘못 쓰는 것처럼 흔히 표기를 혼동하는 말들이 많습니다. 맞춤법 규정이 너무 복잡해서 생겨나는 문제일까요?

!

발음은 비슷하지만(혹은 아예 구별이 안 되지만), 뜻이 분명하게 다르기 때문에 맞춤법이 복잡해서라고는 생각하지 않습니다. 그보다는 문장의 의미를 정확히 곱씹어 읽는 독해 훈련이 제대로 되지 않은 탓이 크다고 봅니다. 말 배우기는 어차피 '넘겨짚어 흉내내기'인데, 뜻을 지나치게 '대충' 넘겨짚다 보니 일어나는 일이라는 것이지요. 이를테면 실제로 '안'과 '않'의 쓰임은 확연히 다르기 때문에 글을 정밀하게 읽는 습관이 몸에 밴 사람은 문법 따져 가면서 복잡하게 설명해 주지 않아도 약간만 주의를 기울이면 스스로 잘 구별해서 쓸 수밖에 없습니다. 다양한 글을 읽으면서 그 쓰임이 어떻게 다른지를 이미 알고 있기 때문이죠.

'고향에서처럼밖에는', 이거 어디서 띄죠?

띄어쓰기 규정(〈한글 맞춤법〉 제41~50항)

〈한글 맞춤법〉 제5장 띄어쓰기는 모두 열 개의 규정을 담고 있습니다. 조사(제41항), 의존명사 등(제42~46항), 보조용언(제47항), 고유명사 및 전문용어(제48~50항) 등 네 개의 절로 나뉘는데, 이런 문법적인 분류보다 ① 반드시 띄어 쓴다고 규정한 경우, ② 반드시 붙여 쓴다고 규정한 경우, ③ 띄어 쓰는 것이 원칙이나 붙여 씀도 허용하거나 반대로 ④ 붙여 쓰는 것이 원칙이나 띄어 씀도 허용한다고 규정한 경우 등으로 나눠 살펴보는 것이 제6강에서 개략적으로 설명한 띄어쓰기의 원리가 구체적인 규정에 어떻게 반영되었는지를 파악하는 데 더 수월할 듯합니다.

반드시 붙여/띄어 쓰는 경우

제41항(**조사는 그 앞말에 붙여 쓴다.**)은 반드시 붙여 쓰도록 규정

한 대표적인 경우입니다. 조사를 과연 단어로 볼 수 있는가라는 주제는 학술적으로 꽤 흥미로운 화두이지만, 일반적으로는 문법적 설명의 여러 편의를 위해 단어로 취급하고 있습니다. 그러니 "단어는 띄어 쓴다"는 제2항의 원칙대로라면 앞말과 띄어 써야겠지만, 이는 다수 대중의 직관에 배치되어 오히려 큰 불편을 초래할 수 있습니다. 엄밀하게 따지면 '문법적으로는 단어이지만, 특수한 단어이므로 예외적으로 붙여 쓴다'고 이해하기보다는 거꾸로 '붙여 쓰는 게 더 자연스러울 만큼 단어로서의 독립성이 의심스럽지만, 문법 설명의 편의를 위해 예외적으로 단어로 취급한다'고 이해하는 편이 진실에 더 가깝습니다.

조사인지 아닌지 의심스러울 때는 사전을 반드시 찾아보시기를 권합니다. 물론 같은 말인데도 조사 외에 다른 쓰임(예컨대 의존명사)이 있는 경우도 있는데, 대개의 사전은 조사로 쓰일 때와 독립된 단어로 쓰일 때의 뜻과 쓰임이 어떻게 다른지를 상세하게 가려 풀이하고 있으므로 찬찬히 살피면 구별해서 쓰는 데 큰 지장은 없습니다.

아울러 여러 개의 조사가 겹쳐 있을 때는 어절의 글자수가 많아지면서(대체로 한 어절이 일곱 자를 넘으면 띄어쓰기가 잘못된 게 아닌가를 강하게 의심하게 되지요) 어디선가 띄어 써야 할 것만 같은 어색함 때문에 억지로 띄어 쓰려고 하는 경향이 나타나기도 합니다. 조사는 문장 안에서 독립적으로 어휘적인 의미를 드러내지 않고 그 앞말의 문법적인 기능을 나타내거나 (대개는 말하는 사람의 태도를 내비치는) 뜻을 더해 주는 기능을 하는 데 그치므로 어절이 아무리 길어져도 앞말에 붙여 쓰는 게 문맥의 독해에 유리합니다. 제가 찾아낸 보기는 조사가 네 개 겹친 경우인데 혹시 잘 찾아보시면 다섯 개 이상을 찾을 수 있을지도 모릅니다. "그는 고향에서처럼밖에는 살 수 없었다." 지금 제 워드프로세서에도 빨간 줄이 그어지긴 합니다만, **-에서**, **-처럼**, **-밖에**, **-는**이 모두 조사이므로 이렇게 모두 앞말에 주루룩 붙여 씁니다.

제44항(**수를 적을 적에는 '만(萬)' 단위로 띄어 쓴다.**)에 따라 만 단위 이하의 수도 반드시 붙여 씁니다. 〈한글 맞춤법 통일안〉 이래로 수를 십진법 단위로 띄어 쓴 시절도 있었습니다만, 이 편이 한국어의 수 체계와 다수 대중의 직관에 더 잘 부합한다는 건 누구나 쉽게 알 수 있는 사실이지요. 이때 실무적으로 주의할 대목은 100 이하의 순우리말 수사(또는 수관형사)들입니다. 〈한글 맞춤법 통일안〉을 만들 당시에 틀림없이 더 불편할 텐데도 굳이 십진법 단위로 쓰게 했던 이유와도 무관치 않아 보입니다. **열다섯**, **스물아홉**, **쉰일곱** 등은 각각 두 단어로 인식해서 띄어 쓰기 쉽습니다만, 규범적으로는 붙여 쓰는 것이 옳습니다. 만일 100보다 작은 수를 순우리말로 표기할 때는 십진법 단위로 띄어 쓸 수도 있다고 허용하는 규정을 두었다면, 과연 쓰는 사람 입장에서 자연스럽게 융통성을 발휘할 수 있어 문자생활이 좀더 유연해졌을지 아니면 같은 말을 띄어 쓴 글도 있고 붙여 쓴 글도 있어 읽는 사람 입장에서 더 혼란스러워졌을지는 단언하기 어렵습니다. 그 이점이 명확하지 않다면 아무래도 쓰는 사람보다는 읽는 사람을 더 배려하자는 취지에서 이런 예외를 따로 인정하지 않았

을 거라 짐작합니다.

이 밖에도 제48항에 따라 **성과 이름, 성과 호 등은 붙여** 씁니다만, 조사의 경우와 마찬가지로 이미 관행적으로 그렇게 쓰고 있는 것을 규범적으로 확인한 것에 지나지 않습니다(**다만, 성과 이름, 성과 호를 분명히 구분할 필요가 있을 경우에는 띄어 쓸 수 있다.**는 단서 규정도 따로 설명할 필요가 없을 만큼이나 자명하지요). 전체적으로 보면 반드시 붙여 쓴다고 규정한 내용들의 공통점은 굳이 따로 규정하지 않더라도 어떤 이유에서든 이미 붙여 쓰는 관행이 확고히 정착된 경우들이라는 것을 알 수 있습니다.

반드시 띄어 쓰는 경우에는 대표적으로 제42항(**의존 명사는 띄어 쓴다.**)이 있습니다. 의존명사 규정은 아마도 띄어쓰기 규정 중에 거의 유일하게 대다수 언중의 언어 직관에서 벗어나는 가장 불편한 규정일 것입니다. 제6강에서도 잠깐 살폈듯, 의존명사는 자립적이지 못하기 때문에 자연스러운 직관대로만 쓴다면 붙여 쓰기 쉽고, 의존명사를 붙여 쓴다고 해서 문장의 의미를 파악하는 데 큰 지장이 있는 것도 아닙니다. 그렇다면 왜 "띄어 씀이 원칙이나 붙여 씀도 허용한다"는 규정이 절반을 넘는 띄어쓰기 규정에서 유독 의존명사만큼은 어떤 예외도 없이 반드시 띄어 쓰라고만 규정한 걸까요.

두 가지 측면에서 살펴보겠습니다. 의존명사는 대체로 관형사 또는 관형절(용언의 관형형)의 수식을 받는 구조를 취하지만, 더러 다른 명사가 앞에 올 때도 있습니다. 어느 경우든 의존명사를 붙여 쓰게 되면 상대적으로 문장의 문법적 구조를 한눈에 파악

톺아보기 구슬이 서 말이라도

하기가 쉽지 않아집니다. 맥락적 의미를 파악하는 데 큰 지장은 없지만, 문법적 구조가 선명하게 드러나지 않는다면 글을 정밀하게 곱씹어 읽는 데는 꽤 방해가 됩니다. 문장의 문법적 구조는 그 이전에 그 문장을 만들어 낸 사람의 논리적 인식구조와 불가분의 관계에 있기 때문입니다.

따라서 문법적 구조를 직관적으로 파악하는 데 지장이 없다면 굳이 억지로 띄어 쓸 필요까지는 없을지도 모릅니다. 그런데 그런 경우에는 허용된다는 규정을 두면, 문법 이론에 대한 전문적 지식이 없는 일반인들에게는 반드시 띄어 써야 하는 경우와 붙여 써도 되는 경우를 분별하기 위해 문법적 지식을 갖춰야 하는 부담이 생겨납니다. 앞서도 줄기차게 강조해 왔듯이 맞춤법은 전문가들을 위한 것이 아니라 한국어에 대한 특별한 전문지식을 가지지 않은 일반인을 위한 것이므로 공연히 복잡하게 분별할 필요가 없이 일단 무조건 다 띄어 쓰도록 한 것입니다.

예를 들어 "아는 것이 힘이다."의 **아는 것**은 사실 붙여 쓴다고 해서 (약간의 뉘앙스 차이는 있지만) 문장 구조를 파악하는 데 큰 지장은 없습니다. 그러나 "네가 아는 것을 다 털어놓아라!"에서 **아는것**으로 붙여 쓰면 문장 구조가 선명하게 드러나지 않게 되면서 시각적인 가독성을 해칩니다. 그렇다고 아래 경우만 반드시 띄어 쓰고 위의 경우엔 붙여 쓰는 걸 허용한다고 하려면, 문장 구조의 차이를 문법적으로 꽤 복잡하게 설명해야 할 겁니다. 저도 이 두 문장의 차이를 서너 문단 정도로 풀어 설명할 수는 있어도, 까다로운 문법 용어를 사용하지 않고 한두 줄의 규범적 언어로 표현해 낼 자신은 없네요.

또 한 가지 측면은, 그럼에도 대다수의 사람들이 붙여 쓰는 쪽을 더 편하게 여기는 데다가 문장의 문법적 구조를 직관적으로 파악하는 문제와도 크게 상관이 없는 경우에 붙여 쓸 방법이 아주 없는 것도 아니라는 겁니다. 위 문단에서 **아는 것**을 붙여 쓰면 뉘앙스가 달라진다고 슬쩍 덧붙였던 걸 되새기자면, 혹시 '이미 하나의 단어로 굳어진' 합성어로 인정될 가능성이 열려 있다는 데까지 눈길이 닿을지도 모르겠습니다. 네, 합성어로 인정된다면 굳이 띄어쓰기 규정에 번잡스러운 예외 규정을 둘 필요가 없습니다. 예컨대 지시관형사(**이, 그, 저, 아무** 등) 뒤에 의존명사(**이, 분, 것, 곳, 때** 등)가 따라오는 경우에는 붙여 쓰려는 경향이 강하게 나타납니다. 이런 경우를 사전에서는 대명사로 처리해서 하나의 단어로 인정합니다.

달리 말하면, 많은 사람들이 붙여 쓰면 그것을 단어로 인정하는 것이지 거꾸로 단어라고 규정되어 있기 때문에 붙여 쓰고 그렇지 않기 때문에 띄어 쓰는 것이 아닙니다. 의존명사 띄어쓰기 문제에서 많은 사람들이 가장 헷갈리는 '접미사'와 '의존명사' 사이의 분별에도 바로 이런 이치가 적용됩니다. 대개는 명사 뒤에 의존적인 성격의 말이 따라오는 경우인데요, 사전에 '접미사'라고 풀이되어 있으면 붙여 쓰고 '의존명사'라고 풀이되어 있으면 띄어 쓴다는 것은 '도착적'인 태도입니다. 반대로 많은 사람들이 붙여 쓰는 경향이 강하게 나타날 때 사전은 그것을 '접미사'라고 문법적으로 해석하고, 많은 사람들이 띄어 쓰는 경향이 강하게 나타나거나 꼭 그렇지는 않더라도 띄어 쓰는 것이 문장의 문법적 구조를 더 간결하게 드러낼 때 사전은 그것을 '의존명사'라고 문법적으로 해석한다고 이해하는 것이 사전을 '규범'이 아닌 '정보'로 대하는 태도라는 것이지요.[*]

제43항(**단위를 나타내는 명사는 띄어 쓴다.**)이나 제45항(**두 말을 이어주거나 열거할 때 쓰이는 다음 말들[**]은 띄어 쓴다.**) 또는 제48항(**호칭어, 관직명 등은 띄어 쓴다.**)도 이러한 취지의 연장선에서 쉽게 이해할 수 있습니다. 더러 무의식중에 붙여 쓰기 쉽지만, 조금만 의식적으로 긴장하면 그리 어렵지 않게 띄어 쓸 수 있는 경우들입니다. 구체적인 수량을 나타내는 수관형사와 수량을 세는 단위를 나타내는 명사, 또는 특정한 사람의 성명이나 이름이 생략된 성(고유명사)과 그의 사회적 지위를 표시하는 호칭어는 조금만 신경쓰면 직관적으로도 분명하게 구별되니까요. 앞서 제6강에서 "띄어쓰기는 의미 인식의 단위를 설정해 주는" 일이라고 했던 걸 기억하시나요? (혼동을 일으킬 수도 있는 아주 특별한 경우를 논외로 하면) 대개는 붙여 쓴다고 해서 의미를 파악하는 데 큰 지장은 없겠지만, 분명하게 구획을 해 주는 편이 확실히 글을 더 정밀하게 읽는 데 유리할 것 같지요?

다만 제44항에서 수를 '만' 단위(만, 억, 조, 경 등)로 띄어 쓰도

---

[*] 앞서 제6강에서도 비슷한 얘기를 했던 걸 기억하시나요? 접두사와 관형사 사이의 분별에 대해서도 똑같이 얘기했습니다.

[**] 겸, 내지, 대, 및; 등, 등등, 등속, 등지 등.

록 한 건 물론 문장의 문법적 구조와는 무관하고, 너무 큰 수를 다 붙여 쓴다면 오히려 읽기 불편해지기 때문에 어떻게든 끊어 (씀으로써) 읽도록 해야 하는데 '만' 단위가 한국어의 수 체계와 언중의 직관에 가장 잘 부합하기 때문입니다. 이 밖에도 제47항의 단서 규정 또한 '반드시 띄어 써야 하는 경우'라는 걸 분명히 기억해야겠습니다만, 그건 일단 제47항을 먼저 살피고 다시 설명하겠습니다.

띄어 씀이 원칙이나 붙여 씀도 허용하는 경우

대표적으로는 제47항(**보조 용언은 띄어 씀을 원칙으로 하되, 경우에 따라 붙여 씀도 허용한다.**)이 있습니다. 이 조항은 많은 분들의 불만이 집중되곤 했던 규정입니다. 일률적으로 띄어 쓰도록 했다면 좀 불편하더라도 일관성은 있었을 거라는 불만입니다. 규칙이란 일관되고 간결할수록 지키기 쉬워지게 마련이니까요. 그렇다면 왜 군이 '붙여 씀도 허용한다'고 해서 공연한 분란을 자초한 걸까요. 이 대목에서 주목해야 할 어구는 "경우에 따라"입니다. 즉 '모든' 보조용언을 붙여 쓸 수 있다고 허용한 것이 아닙니다. 예시된 어구들을 보면, 두 가지 경우뿐이라는 걸 쉽게 알 수 있습니다. ① 본용언의 연결어미 **-아/어** 뒤에 보조용언이 따라오는 경우와 ② 본용언의 관형형 어미 뒤에 '의존명사+하다/싶다' 꼴의 보조용언이 따라오는 경우인데요, 본용언의 명사형 어미 뒤에 보조용언 '직하다'가 오는 경우도 ②의 예외적인 꼴로 포함됩니다.

이 경우들을 아우를 수 있는 공통점은, 본용언과 보조용언의 경계가 그리 뚜렷하지 않아서 직관적으로는 앞말에 붙여 쓰려는 경향이 강하게 나타난다는 것입니다. 사실 이걸 꼭 보조용언이라는 문법적 범주로 설명하는 게 적절할지 의심스러운 경우도 있습니다. 일례로 이미 **-어지다**나 **-어하다** 등을 통상적으로는 **지다**나 **하다**와 같은 보조용언이 이어진 꼴로 보기보다는 용언의 어간에 붙는 접미사로 처리하고 있다면, 다른 경우들도 대다수의 언중이 본용언과 한덩어리의 단어로 인식하는 경향이 강하게 나타난다면 접미사로 처리하는 게 문법적 설명이 더 깔끔해질 여지도 얼마든지 있습니다.

또한 **-아/어**의 경우 보조용언을 이끌기도 하지만 합성용언을 만들기도 한다는 점도 중요한 이유입니다. 예를 들어 동사 **찾다**와 **보다**가 결합해 **찾아보다**라는 합성동사가 만들어질 수 있습니다. 대부분의 합성용언들이 그렇듯, 이때는 **보다**라는 동사의 뜻이 분명히 살아 있으며 심지어 의미상으로도 **찾다**보다 더 중요합니다(**찾아-**의 수식을 받는 구조니까요). 그런데 이와는 달리 **보다**의 뜻이 '시도하다'라는 의미로 약화되어 의미상 **찾다**에 더 방점이 찍히는 경우도 있겠지요. 만일 보조용언을 반드시 띄어 써야만 한다면, 이때는 **찾아 보다**처럼 띄어 써야 할 것입니다. 이건 언중의 직관에 비추어 완전히 거꾸로 된 일입니다. 굳이 띄어쓰기로 의미를 구별한다면 차라리 합성용언 **찾아보다**를 띄어 쓰고 보조용언 **보다**는 붙여 쓰는 걸 더 자연스럽게 여기기 쉽겠지요. 게다가 문법 이론에 전문지식이 없는 일반인들에게 보조용언을 문법적으로 정확히 분별해 내라는 게 무리한 요구라면, 더더욱 혼란이 가중될 것입니다. 그래서 보조용언인지 아닌지를 문법적으로 까다롭게 따지는 부담을 덜어 주려는 게 이 규정의 취지입니다. 그렇다면 왜 의존명사와 보조용언이 규범적으로 다르게 취급되는지 궁금할 것입니다.

의존명사는 보조용언보다는 상대적으로 문법적인 기능이 분명합니다. 그래서 다른 문법 범주가 아닌 의존명사로 볼 수밖에 없는 경우들도 분명하게 분별이 됩니다. 그러나 대부분의 보조용언은 (본용언으로 쓰일 때와는 뜻이 사뭇 다르긴 해도) 애당초 본용언의 의미에서 파생한 것이기 때문에, 보조용언이라는 문법 범주의 테두리는 상대적으로 썩 탄탄하지 못합니다. 구체적인 맥락에서는 본용언으로 쓰일 때의 뜻과 보조용언으로 쓰일 때의 뜻이 묘하게 중첩되어 있어 어느 쪽으로 확정해서 단언하기 곤란한 경우도 허다하고요. 게다가 위에서 살폈듯 본용언에 실질적인 의미가 있고 보조용언이 뜻을 더해 주는 경우와 두 용언이 결합해서 합성용언이 될 때 앞말이 뒷말을 수식하는 구조가 되는 경우의 띄어쓰기가 직관과 상반된다는 문제도 있습니다. 반면에 의존명사라기보다는 접미사로 설명하는 게 더 나은 경우라 해도 실질적인 의미를 가진 앞말에 덧붙은 의존적인 성분이라는 사실은 달라지지 않기 때문에 이런 문제가 없습니다. 그래서 문법적으로 까다롭게 따지는 부담을 주지 않겠다는 똑같은 취지인데도 그것을 구현하는 규범의 양상은 다르게 나타난 것입니다.

그러나 붙여 씀이 허용된 경우라도 다음 세 가지 경우는 반드시 띄어 써야 합니다. ① (연결어미 **-아/어** 꼴에서) **앞말에 조사가 붙거나** ② ('의존명사+하다/싶다' 꼴에서) **중간에 조사가 들어갈 적**에 띄어 써야 한다는 것은 자명합니다. 조사는 단어 뒤에만 붙는 것이니까요. 특히나 후자의 경우엔 의존명사 뒤에 조사가 붙으면 문장의 문법적 구조가 달라지기 때문에 제42항에 따라 앞에 오는 용언의 관형형과 의존명사 사이를 반드시 뜰 수밖에 없는 것이지요. 이와는 달리 현장에서 가장 무시되곤 하는 건 바로 ③ **앞말이 합성용언인 경우**입니다. 이 경우까지 모두 붙여 쓰는 걸 허용하면 직관적인 의미 파악이 곤란해지거나 문장을 읽는 호흡이 오히려 더 난삽해질 우려가 매우 크다는 점에서 예외를 둔 것입니다. 이 단서 규정에 따라, 보조용언이 둘 이상 겹쳐 있는 경우에도 앞에 오는 보조용언을 (붙여 씀도 허용되는 경우에 해당한다면) 붙여 쓸 수는 있어도 뒤에 오는 보조용언은 반드시 띄어 써야 합니다.

제50항(**전문 용어는 단어별로 띄어 씀을 원칙으로 하되, 붙여 쓸 수 있다.**)의 취지는 이미 제6강에서 상세히 다룬 바가 있으므로 생략합니다. 다만 딱히 전문용어로 보기 어려운 일상용어라도 이 취지를 준용할 수 있다는 점은 환기하고 넘어가겠습니다, 상대적으로 '소수'에 속하는 전문적 맥락에서 합성어의 생성 가능성을 열어 둔다면, 그보다 더 일상적인 맥락에서라면 더 말할 나위가 없을 테니까요. 제49항(**성명 이외의 고유 명사는 단어별로 띄어**

쓺을 원칙으로 하되, 단위별로 띄어 쓸 수 있다.)도 같은 맥락에서 이해할 수 있는 규정입니다. 고유명사는 여러 단어의 연쇄로 지칭될 때조차도 지시 대상은 하나의 실체이기 때문에 한덩어리로 인식하는 게 더 편할 수 있습니다.*

아울러 제46항(**단음절로 된 단어가 연이어 나타날 적에는 붙여 쓸 수 있다.**)은 〈한글 맞춤법〉 규정이 얼마나 ('규범적'과 대비되는 의미에서) '실용적'인지를 잘 보여 줍니다. 단어를 띄어 쓴다는 원칙을 충실하게 따를 경우 오히려 문장을 읽어 나가는 자연스러운 호흡을 방해할 우려가 크다면, 편의에 따라 붙여 쓴다고 해서 규정에 어긋났다고 보지 않겠다는 뜻입니다. 물론 그렇다고 해서 아무리 단음절어가 연이어 나타나는 경우라도 '아버지 가방에 들어가시는' 경우까지 허용되는 건 아니라는 건 분명히 해 두어야겠지요. 국립국어원이 이 조항 해설에서 예시한 **더 못 가**나 **잘 안 와** 같은 경우입니다.

규정상으로는 "띄어 쓰는 게 원칙이지만, 붙여 씀도 허용하는" 경우지만, 실제 관행에서는 오히려 띄어 쓰면 꽤 어색해져서 일반적으로는 붙여 쓰는 게 더 바람직할 때도 있습니다. 제43항(단위를 나타내는 명사)의 단서 규정(**다만, 순서를 나타내는 경우나 숫자와 어울리어 쓰이는 경우에는 붙여 쓸 수 있다.**)이 그렇습니다.

'순서를 나타내는 경우'라는 건 앞에 오는 수관형사가 수량이

---

* 그래서 북한에서는 가리키는 대상이 하나인 고유명사는 모두 붙여 쓰도록 하고 있다는 점도 참고할 만합니다.

아니라 순서를 나타낸다는 뜻입니다. 사실 이 경우는 수를 표시한다기보다는 '단위를 나타내는 명사'까지 한데 어울려 특정한 지시 대상에 임의로 붙여진 일종의 '이름'처럼 쓰이는 것이기 때문에 붙여 쓰는 편이 더 자연스럽습니다. 예컨대 "집에 가는 데 십오 분 걸렸다"의 **십오**는 분명히 '열다섯(15)'이라는 뜻이 있습니다만 "다섯시 십오분"이라고 할 때의 **십오**는 군이 말하자면 '열다섯번째'라는 뜻으로, 실은 특정한 시각에 임의로 붙인 '이름'일 뿐이지요. 더 쉬운 예를 들자면 "십 층짜리 건물의 십층에 산다."라는 문장에서 앞의 **십**과 뒤의 **십**의 차이를 아시겠는지요? 앞의 **십**은 어느 나라에 가도 '10'이지만, 뒤의 **십**은 영국에선 '9'라고 쓸 겁니다.

"숫자와 어울리어 쓰이는 경우"라는 표현은 얼핏 어리둥절할 수도 있지만, '아라비아 숫자'(또는 '로마 숫자'라고 해도 마찬가지입니다)를 가리키는 것입니다. 수관형사를 소리나는 대로 한글로 쓰지 않고 아라비아 숫자로 표기하면 단위를 나타내는 명사를 띄어 쓰는 게 오히려 어색하다는 걸 한국어 사용자라면 누구나 알고 있을 테지만,* 순수하게 규범적으로는 어디까지나 띄어 쓰

---

* 그것은 숫자라는 한글과는 다른 문자 체계가 한글 문장 안에 섞여 쓰이면 자연스럽게 띄어쓰기의 효과가 생겨나기 때문이기도 합니다. 한때 신문이 한국어 띄어쓰기를 엉망으로 만든다는 한탄이 있었는데, 여기에도 같은 배경이 있었습니다. 한자를 섞어쓰던 시절에는 한글로 쓴 조사 뒤에서 꼭 띄어쓰기를 하지 않아도 다음에 이어지는 단어가 한자라면 의미를 이해하는 데 큰 지장이 없는 데다가 신문은 제한된 지면에 최대한 많은 정보를 담아야 한다는 특성 때문에 띄어쓰기를 무시하는 관행이 광범위했기 때문입니다.

는 게 원칙이고 붙여 쓸 수도 있도록 허용되어 있을 뿐입니다.

규정은 분명히 그렇게 써도 된다고, 심지어 오히려 그것이 원칙이라고 말하고 있는데도, 실제로는 좀체로 그렇게 쓰지 않는 관행이 존재할 수 있다는 것을 다시 한번 확인합니다. 잠깐, '다시 한번'이라고요? 언제 또 확인했던 적이 있나요? 제6강에서 제50항의 예시어 **만성골수성백혈병**을 다루면서 했던 얘기입니다. 규정상으론 이렇게 써도 틀리지 않지만, 여간해선 이렇게 쓰는 사람은 없을 거라고요. 그러니 아라비아 숫자 뒤에 단위를 나타내는 명사를 떼어 써 놓고 "규정상 붙여 쓸 수 있다고 했지 붙여 써야 한다고 한 건 아닌데 뭐가 문제냐"고 강변하는 어리석음을 범하지는 말기를 바랍니다.

자의적 규범을 창설하지 말라

띄어쓰기 규범은 딱 이것뿐입니다. 더이상은 없어요. 그런데 현장에서 보면, 온갖 복잡한 문법 용어들이 난무하는 가운데 아주 세세하게 띄어 쓰는 경우와 붙여 쓰는 경우를 분별하도록 '매뉴얼화'하는 모습이 드물지 않습니다. 가장 선의로 보자면, 선배들의 경험상 '대체로 그렇게 쓰는 경향이 분명하게 감지되는 경우'들을 미리 정리해 두어 참고할 수 있도록 한 '정보'일 것입니다. 그런데 성격이 변질되어 출판사의 무슨 '내규'처럼 여기는 경우가 많습니다. 참 딱한 일입니다. 위에서 살펴보았듯, 〈한글 맞춤법〉 규정은 문법적 지식이 많지 않은 사람들이 최대한 편하게 쓸 수 있도록 배려하고 있는데, 정작 현장에선 전문가들조차도 갸우뚱할 엉성하기 짝이 없는 문법을 시시콜콜 따지고 있으니 이보다 더 우스꽝스러운 일도 있을까요.

심지어는 별다른 문법적 근거조차 없이, 임의적으로 이러저러한 보조용언은 띄어 쓰고 이러저러한 보조용언은 붙여 쓴다는 식의 '매뉴얼'도 보았습니다. 제 경험에 비추어 봐도 대체로 띄어(혹은 붙여) 쓰는 편이 더 문맥 파악에 용이하다는 것까지는 수긍할 수도 있겠는데, 언제나 무조건 그렇게 하라는 건 말이 안 되지요. 그런데 현장 편집자들이 그걸 모를 리가 있겠습니까. 그러다 보니 또 거기에 순전히 임의로 설정된 범주에 따라 '예외'들이 지저분하게 주렁주렁 나열됩니다. 아예 있을 수 있는 '모든' 경우를 다 포괄할 수 있는 완벽한 가이드라인이라면 뭐 그것도 아주 나쁘다고만은 못 하겠지만, 그런 완벽한 가이드라인은 현실적으로도 논리적으로도 불가능합니다. 그러니 복잡하기만 할 뿐 엉성하기 짝이 없어지는 거지요. 그런 매뉴얼을 '규범'으로 따르려니 "한국어의 띄어쓰기는 왜 이리 어렵냐"는 한숨이 나올 수밖에 없고, 별 소용도 없을 문법 이론서 붙들고 '열공'을 해 봐야 점점 더 자신감을 잃고 오리무중에 빠질 수밖에요.

이 문제의 해결책은 아주 간단합니다. 〈한글 맞춤법〉의 열한 개(제2항 및 제41~50항) 규정의 내용을 넘어서는 모든 '자의적 규범'을 지금 당장 내다 버리는 것입니다. 물론 오랜 세월에 걸쳐 축적된 선배들의 경험이 담긴 '정보'로서 제한적으로 활용한다면 쓸모가 아주 없지는 않을 겁니다만, 그 경험을 흡수하기 위해 복잡한 문법 이론을 까다롭게 따지고 들어가야 한다면 요즘말로 '가성비'가 매우 떨어지는 일입니다. 게다가 앞서 말씀드렸듯 한국어에는 지금 이 순간에도 수많은 합성어들이 생성되고 있습니다. 10년도 넘은 '전가의 비기'가 대체 얼마나 현실적인 설득력을 가질 수 있을까요.

위에서 잠깐 언급했지만, 제47항의 단서 규정(본용언이 합성용언일 때는 보조용언을 반드시 띄어 쓴다)이 현장에서 무시되곤 하는 것도 이런 사정과 무관치 않습니다. 워낙 촘촘하게(실은 어지럽게) 얽어 놓은 자의적 규범을 따르려다 보니 그 복잡함에 골머리를 썩이느라 정작 지켜야 할 '규범'이 뒷전이 돼 버리는 웃지 못할 일이 벌어지는 겁니다. 이를테면 보조용언 열 개쯤을 나열해 놓고 이 보조용언들은 무조건 붙여 쓰라는 자의적 규범이 있다면, 그 열 개에 해당하는지 아닌지를 살피느라 정작 본용언이 합성용언인지 아닌지는 살필 겨를이 없더라는 겁니다.

누누이 강조하듯 띄어쓰기에 자신이 없는 까닭은 한국어 문법에 대한 이론적 지식이 모자라서가 아니라 원고의 내용을 장악하지 못해서입니다. 내가 정확하게 의미를 파악한 문장이라면 (그리고 띄어쓰기에 따라 문장을 읽는 호흡이 어떻게 미세하게 달라지는지를 감지할 만큼 글을 공들여 읽어 본 경험이 웬만큼 축적된 사람이라면) 어떻게 띄어 쓰는 것이 그 의미를 가장 수월하게 이해할 수 있는지를 스스로 얼마든지 판단할 수 있습니다. 물론 직관과 완전히 일치하지 않는 규범을 정확히 지키기 위해 약간의 긴장이 필요하긴 하지만, 대체로 사전의 도움을 받을 수 있는 범위 안에 있습니다.

이와 관련하여 가장 광범위하게 퍼져 있는 '자의적 규범' 가운데 하나가 "한 권의 책에서는 띄어쓰기를 통일하는 게 원칙"이라는 도무지 족보를 알 길이 없는 원칙(?)입니다. 분명히 말하지만, 이건 원칙도 아닐뿐더러 이런 원칙은 있을 수도 없고 있어서도 안 됩니다. 물론 이런 통념이 형성된 이유는 얼마든지 더듬어볼 수 있고 또 충분히 일리가 있다고 수긍할 수도 있습니다. 이를테면 같은 의미를 가진 말인데 띄어쓰기가 오락가락하면, 시각적인 혼란 때문에 그것을 '같은 대상을 지시하는' 같은 단어로 인식하는 '안정성'이 흔들리게 되어 독해의 매끄러운 흐름을 방해할 우려가 있습니다. 좀 과장을 섞자면, 내내 띄어 쓰던 말을 갑자기 붙여 쓰게 되면 독자 입장에선 혹시라도 그 대목에서만큼은 뭔가 다른 의미로 쓴 건 아닐까 무의식중에라도 긴장하게 된다는 거죠. 반대로 말해도 마찬가지입니다. 내내 붙여 쓰던 말을 갑자기 띄어 쓰면 시각적으로 낯설어지면서 공연히 난삽하게 느껴질 수 있습니다. 그러니 특별히 구별해 줄 분명한 필요가 있는 경우가 아니라면 띄어쓰기를 통일해 주는 게 바람직하겠지요. 이런 취지라면 수긍하기 어렵지 않습니다.

그러나 이걸 '반드시 지켜야 하는 규범적 원칙'으로 오인하게 되면 그야말로 웃지 못할 황당한 일이 벌어집니다. 이를테면 400쪽쯤 되는 책의 원고를 들여다보던 편집자가 320쪽 언저리에서 '띄어 써도 되고 붙여 써도 되는' 말을 발견하곤, 며칠 전

30~50쪽 언저리에서 같은 말을 놓고 띄어 쓸지 붙여 쓸지 한참 고민하다가 어느 쪽으론가 결론을 내렸던 기억을 떠올립니다. 그런데 아뿔싸! 자신이 내린 결론이 띄어 쓰기로 한 것인지 붙여 쓰기로 한 것인지는 도무지 기억이 안 나는 겁니다. 그래서 내가 앞에서 어떻게 처리했는지를 찾아 원고를 뒤적이느라 바쁘더라는 거지요. 편집자가 앞에서 띄어쓰기를 어떻게 했는지 기억이 가물거릴 정도라면 독자는 그게 앞에 나왔던 말인지 아닌지조차 모를 텐데, 도대체 그걸 왜 통일하겠다고 엉뚱한 부산을 떠는지 알다가도 모르겠습니다.

하나의 텍스트에서는 띄어쓰기가 통일되는 게 바람직하다는 조언(!)의 취지를 정확히 이해한다면, 적어도 독자가 한 호흡에 읽을 수 있는 범위(이건 책의 성격에 따라 다릅니다) 안에서나 적용하는 걸로 충분할 겁니다. 책 전체를 관통하는 핵심적인 키워드가 아니라면, 대략 20~30쪽 이상 떨어져 있는 말의 띄어쓰기를 굳이 통일하겠다고 가외의 노력을 할 필요는 거의 없겠지요.

특히나 지시 대상이 분명한 명사가 아닌 보조용언의 경우라면 심지어 같은 문단 안에서조차도 띄어쓰기가 달라진다고 해서 전혀 이상할 게 없습니다. 물론 대개의 경우엔 같은 보조용언의 띄어쓰기가 혼란스러우면 난삽하게 느껴지는 게 일반적이긴 하겠지만, 거꾸로 문장을 읽는 미세한 호흡의 차이를 드러낼 수도 있습니다. 이를테면 핵심적인 의미를 전달하는 '키 센텐스'에서라면 보조용언을 띄어서 읽는 호흡을 늦춰 주고, 부언이나 예시처럼 보조적인 역할을 하는 문장에선 보조용언을 붙여서 지나치게

톺아보기 구슬이 서 말이라도

호흡이 늘어지지 않도록 문장을 마무리하는 게 더 역동적이고 입체적인 독해를 위한 전략일 수도 있다는 것이지요.

따라서 글을 쓰는 입장에서도 '띄어 쓸 수도 붙여 쓸 수도 있는' 말의 띄어쓰기에는 글을 써 나가는 호흡이 무의식중에 반영되곤 합니다. 그렇다면 공연한 '통일' 강박 때문에 독자에게 전달되어야 할 저자의 무의식적인 호흡을 훼손하는 건 아닌지도 깊이 숙고해야 할 대목입니다.

?

의존명사를 띄어 쓰는 이유가 문법 구조 파악을 위해서라고 하셨는데, 쓰는 사람의 직관보다는 읽을 사람의 입장을 더 배려한다는 뜻으로 이해해도 되겠습니까?

!

네, 정확히 이해하셨습니다. 비단 띄어쓰기만이 아니라 어문 규범 자체의 일반적 원리입니다. 이를테면 쓰는 사람의 편의만 고려한다면 그냥 '소리나는 대로' 쓰는 게 가장 편할 텐데도 굳이 '뜻이 드러나도록' 쓰는 것도 읽는 사람을 위해서입니다. 그래서 머리말에서부터 '공적 언어'라는 맥락을 강조한 것이고요.

?

띄어쓰기 개념이 없는 언어를 모어로 사용하는 이에게 한국어에서 띄어쓰기가 왜 필요한지를 효과적으로 설명할 방법이 있을까요?

!

대표적으로는 중국어와 일본어가 있을 텐데요, 조금은 달리 접근해야 할 것 같습니다. 중국어는 한국어와 문법 구조가 달라서 오히려 수월한 점이 있습니다. 혹시 중국어와 어순이 유사한 영어나 기타 유럽어의 띄어쓰기를 직관적으로 받아들일 수 있었다면, 한국어 띄어쓰기도 어렵잖게 받아들이지 않을까 싶습니다. 일본어의 경우엔 한국어와 문법 구조가 유사하기 때문에 더 어려움을 겪지 않을까 싶습니다.

그런데 일본어에서 구태여 엄격한 띄어쓰기가 필요치 않은 이유가 있습니다. 본문의 주석에서 잠깐 언급했듯, 둘 이상의 문자 체계를 섞어 쓸 때는 문자 체계 사이의 경계가 띄어쓰기와 비슷한 효과를 줍니다. 일본어는 한자와 히라가나를 섞어 쓰는 데다가 더러 가타카나까지 포함된 문장도 있기 때문에 어구 단위로 대충 띄어쓰기를 해도 크게 불편하진 않은 게 아닐까 짐작합니다. 따라서 만일 한자를 전혀 쓰지 않고 모든 일본어 문장을 히라가나로만 표기해야 한다면 어떻게 될지 상상해 본다면, 띄어쓰기가 왜 필요한지를 좀더 쉽게 납득할 수 있지 않을까 싶습니다.

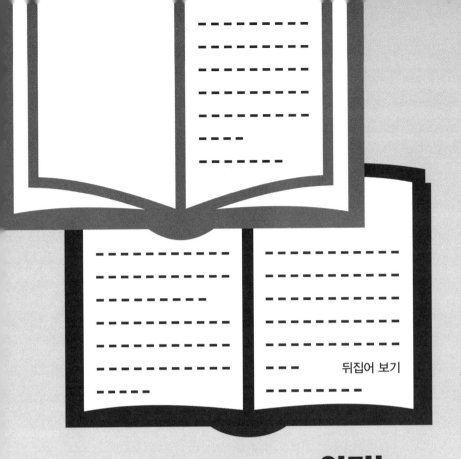

뒤집어 보기

악마는
디테일에

〈한글 맞춤법〉 규정의 모순점

'남녀'와 '남존여비' 사이에서

두음법칙 표기의 난점(〈한글 맞춤법〉 제10~12항)

우리가 학교에서 배워 알고 있는 '두음법칙'이란, ① 첫소리가 ㄹ인 한자어 형태소가 단어 첫머리에 올 때 ㄹ소리가 ㄴ으로 바뀌고, ② 첫소리가 ㄴ이고 이어지는 모음이 'ㅣ'(또는 반모음 'ㅣ' 로 시작되는 이중모음)인 한자어 형태소가 단어 첫머리에 올 때 ㄴ소리가 아예 안 나는 현상으로, 따라서 ③ 첫소리가 ㄹ이고 이어지는 모음이 'ㅣ'(또는 반모음 'ㅣ'로 시작되는 이중모음)일 때는 ㄹ 소리가 아예 안 나게 되는 것까지를 포함합니다.

〈한글 맞춤법〉의 두음법칙 규정은 이 경우들을 각각 **한자음 '녀, 뇨, 뉴, 니'가 단어 첫머리에 올 적**(제10항), **한자음 '랴, 려, 례, 료, 류, 리'가 단어의 첫머리에 올 적**(제11항), **한자음 '라, 래, 로, 뢰, 루, 르'가 단어의 첫머리에 올 적**(제12항)으로 나눠 각각 실제 소리나는 대로 표기하라고 규정하고 있으며, 각 조항의 '붙임 1'에 **단어의 첫머리 이외의 경우에는 본음대로 적는다.**는 규정을 두고 있습니다. 우리가 익히 알고 있는 두음법칙을 규범으로 성문화한 내용이니 여기까지는 전혀 어려울 게 없습니다. 또 의존명사*에는 두음법칙을 적용하지 않는다는 제10~11항의 단서 규정도 대다수 언중의 직관에서 벗어나지 않습니다. 그렇다면 저는 왜 유독 두음법칙만 떼어 내서 따로 지면을 할애했을까요. 차근차근 짚어 보겠습니다.

합성어의 두음법칙

제가 이 규정들에 의문을 가지게 된 계기는, 제10항의 '붙임 2'(제11항 '붙임 4'와 제12항 '붙임 2'도 같은 내용입니다)의 규정이 너무나 모호하다는 것을 발견하고부터입니다. **접두사처럼 쓰이는 한자가 붙어서 된 말이나 합성어에서, 뒷말의 첫소리가 ㄴ소리로 나더라도 두음 법칙에 따라 적는다.** 얼핏 보면 본문 규정이나 '붙임 1'처럼 당연해 보입니다. 즉 단어의 첫머리가 아니면 '붙임 1'을 적용하되, 합성어 또는 그에 준하는 말의 경우엔 '붙임 2'를 적용한다는 것입니다. 그렇다면 '접두사처럼 쓰이는 한자가 붙어서 된 말'이나 '합성어'가 뭔지를 정확히 알아야 어느 규정을 적용할지를 분별할 수 있다는 뜻이겠죠? 바로 여기서부터 골치 아픈 문제가 생겨납니다. 실은 띄어쓰기를 어려워하게 했던 바로 그 문제('단어'의 테두리를 명료하게 정의하기 어렵다는)와 연결되어 있기도 합

---

* 냥兩, 냥쭝兩-, 년年; 리里, 리理 등.

니다.

　우선 접두사면 접두사지 도대체 '접두사처럼 쓰이는 한자'는
또 뭔가 싶겠지만 그건 일단 제쳐 놓더라도, 여기에서 말하는
'합성어'가 '단어+단어' 꼴의 '통어적 합성어'만을 가리킨다는
것은 분명해 보입니다. 한자어는 실은 음절 하나하나가 제 나름
의 뜻을 가진 '형태소'인 경우가 대부분이기 때문에 아주 극소수
의 예외를 제외하면 두 음절 이상의 한자어는 모두 사실상 '합성
어'라고 볼 수 있습니다. 그리고 '접두사'라고 못박지 않고 '접두
사처럼 쓰이는'이라고 폭넓게 아우른 것도 그런 사정과 무관하
지 않습니다. 딱히 접두사라고 보기는 어렵지만 한자어 어근의
앞에 붙어 뜻을 더해 주는 접두사와 유사한 기능을 하는 (굳이 말
하자면 '합성어'인지 '접두파생어'인지 그 경계가 모호한) 경우까지를
포함한다는 뜻입니다.

　따라서 이 규정들의 '합성어'를 엄밀한 문법적 정의에 따라 해
석한다면 '붙임 1'은 아무 의미가 없어지기 때문에, 최소한 뒤에
오는 한자어가 '독립된 단어'일 경우만을 가리킨다고 해석할 수
밖에 없습니다. 이때 앞말도 독립된 단어라는 것이 명백하다면
'합성어'인 것이고, 앞말에 자립성이 없거나 자립성이 의심스럽
다면 '접두사처럼 쓰이는 한자가 붙어서 된 말'이겠지요. 그러니
까 애당초 '단어'로서의 자립성이 있는 한자어라면 그 앞에 (자립
성이 있건 없건) 다른 말이 붙어 한 단어가 되더라도 두음법칙을
적용한다는 것이지요. 여기서 끝낼 수만 있다면, 그 자체로 이해
하기 어려운 규정은 아닙니다.

그런데 예시어*들을 찬찬히 뜯어보면 만만찮은 문제가 나타납니다. 제10항 '붙임 2'에는 **남존여비**라는 단어가 예시되어 있습니다. 어라? 이 단어는 물론 엄밀한 의미에서 '합성어'이긴 합니다만 그렇게 따지면 '붙임 1'에 예시되어 있는 모든 단어**도 모두 '합성어'가 돼 버리기 때문에, 적어도 이 규정에서 말하고 있는 '합성어'는 단연코 아닙니다. 한국어에는 '남존'이라는 단어도 없을뿐더러 결정적으로 '여비'라는 단어도 없고, 언제나 '남존여비'와 같은 형태로만 쓰이기 때문입니다. 하지만 이조차도 얼마든지 최대한 선의로 해석할 수 있습니다. '독립된 단어'는 아니지만, 사람들의 의식 속에서 마치 '단어'인 것처럼 앞말과 분리된 뜻으로 이해되는 사정을 반영한 것이라고 한다면, 뭐 '접두사처럼 쓰이는'이라는 문구도 있는 마당에 '단어처럼 쓰이는'을 인정하지 말라는 법도 없겠지요. 실제로 국립국어원에서도 그렇게 설명하고 있고요.

찜찜하지만 그렇게 이해하고 넘어가려는데, '붙임 1'에 예시된 단어 하나가 발목을 콱 붙잡습니다. 바로 **남녀**입니다. 아니, **남존여비**가 '합성어'인데 **남녀**는 '합성어'가 아니라니요. 이건 아주 이상한 일입니다. 만일 '붙임 2'에 **남존여비**가 예시되어 있지

---

* 신여성新女性, 공염불空念佛, 남존여비男尊女卑; 역이용逆利用, 연이율年利率, 열역학熱力學, 해외여행海外旅行; 내내월來來月, 상노인上老人, 중노동重勞動, 비논리적非論理的 등.

** 남녀男女, 당뇨糖尿, 은닉隱匿; 개량改良, 협력協力, 사례謝禮, 쌍룡雙龍, 하류下流, 도리道理; 쾌락快樂, 거래去來, 연로年老, 지뢰地雷, 광한루廣寒樓 등

않다면, '붙임 1'에 **남녀**가 예시된 것도 그 자체로 이상한 일은 아닙니다. 이때 '녀'라는 어근을 독립된 단어로 볼 근거는 거의 없으니까요. 제한적인 맥락에서나마 자립적으로 쓰이는 예가 아주 없는 건 아니지만(이를테면 **남과 여** 같은 쓰임), 무시해도 좋을 만큼 예외적이라는 건 분명하거든요. 그런데 문제는 **남존여비**는 그런 예외조차도 없다는 겁니다.

이렇게 되면 도대체 이 규정들이 두음법칙 적용 여부를 가르는 기준으로 제시한 '합성어'의 실체가 오리무중에 빠져들게 됩니다. 제 머리로는 아무리 생각해도 이 규정에서 말하는 '합성어'가 도대체 정확히 뭘 가리키는 건지 깔끔하게 이해할 방법을 못 찾겠습니다. 그래서 발상을 바꿔 보았습니다. 아, 이건 복잡하게 문법 이론을 따져 가며 파고들 문제가 아닌가 보다. 〈한글 맞춤법〉은 문법 이론에 대한 전문지식이 많지 않은 사람을 위한 것인데 전문가들조차 골치 아파할 이런 '폭탄'을 숨겨 놓았을 리가 없다는 쪽으로 생각하게 된 거지요. 그러면 이 규정들을 이해할 실마리가 잡힙니다.

'합성어'니 뭐니 복잡하게 따질 필요 없습니다. 그건 그저 규범을 정리하는 과정에서 편의적으로 동원한 '사후적 근거'일 따름이고, 실은 오랜 세월에 걸쳐 언중 속에 축적된 표기 관행을 승인하겠다는 뜻일 뿐이라는 것이지요. 즉 '남존녀비'가 아닌 이유는 이 말이 실체조차 모호한 '합성어'여서가 아니라 그저 오랜 세월 많은 사람들이 **남존여비**라고 표기해 온 관행이 있기 때문이고, 반대로 '남여'가 아닌 이유도 '합성어가 아니'어서가 아니라 **남녀**라고 표기하는 관행이 역사적으로 축적되어 있기 때문이라고 이해하면 이 모순이 해명됩니다. 앞서 여러 차례 이야기한 '문자생활의 안정성'이라는 가치를 앞세운 규정인 셈이지요. 어쩌면 이것이 두음법칙 규정의 진실에 훨씬 더 가까울 겁니다. 너무 억지스런 비약이 아니냐고요? 하지만 여기엔 몇 가지 방증이 있습니다.

우선 금세 눈에 띄는 건 제9강에서 풀이했던 제13항(**한 단어 안에서 같은 음절이나 비슷한 음절이 겹쳐 나는 부분은 같은 글자로 적는다.**)의 두음법칙 관련 예시어*입니다. 만일 제13항과 같은 예외 규정이 없다면 **연연불망**이나 **유유상종** 같은 단어들은 두음법칙 규정만을 엄격히 적용해서, 단어의 첫머리가 아닌 둘째 음절은 모두 본음대로 '연련불망, 유류상종'처럼 적어야 할 것입니다. 그러나 같은 소리라는 분명한 인식이 있기 때문에 다른 글자로 쓰는 것이 오히려 혼란스러울 수 있다는 점에서 이런 예외 규정이 필요했다는 것은 앞서 설명한 바와 같습니다. 그렇다면 이 규정 또한 같은 조건에 있는 모든 말에 예외 없이 적용되어야 할 것입니다.

그런데 웬걸요? **적나라하다, 녹록지 않다, 역력하다, 연년생**……, 제13항이 적용되지 않는 단어들의 목록이 줄줄이 이어지는 걸 보면 오히려 **유유상종**이나 **연연불망**이 차라리 예외적으로 느껴질 지경입니다. 도대체 제13항을 적용하는 단어와 그렇

---

* 연연불망戀戀不忘, 유유상종類類相從, 누누이屢屢−.

뒤집어 보기 악마는 디테일에

지 않은 단어의 차이는 무엇이고, 그건 어떻게 분별하는 걸까요. 유감스럽게도 그런 기준은 없습니다. 유일하게 있다면, 그저 많은 사람들이 실제로 [유류상종]이나 [열련불망]처럼 소리내지 않고 [유유상종], [여년불망]으로 발음하는 것을 표기에서 반영했다는 것뿐입니다. 이에 반해 **녹록하다**는 '녹녹하다'라고 적든 '녹록하다'라고 적든 [농노카다]로 소리나기 때문에 어떻게 표기하든 발음과 표기가 불일치하는 문제는 일어나지 않습니다. 그렇다 하더라도 '같은 소리라는 인식'을 기준으로 한다면 같은 글자로 적도록 한 제13항을 적용하는 게 옳을 것 같은데 그렇게 하지 않았다면 그 이유 역시 그저 오랜 세월 적잖은 사람들이 **녹록하다**라고 표기해 온 관행말고는 없을 것입니다.

사실 대체로 의성어나 의태어 또는 그와 유사한 성격의 말들이 주로 예시되어 있는 제13항에 **누누이**까지는 몰라도 그와는 사뭇 성격이 다른 **유유상종** 같은 단어가 포함되어 있던 것부터가 애당초 수상쩍은 일이었습니다. 어쩌면 차라리 특정한 단어에서 소리가 달라진 말들에 관한 제52항 규정을 적용하는 게 규범 체계상으로는 더 깔끔한 사안일지도 모르겠습니다.

이렇듯 두음법칙 관련 규정이 '합성어'인지 여부를 따지는 이론적인 분별에 따른 연역이 아니라 실은 표기 관행을 사후적으로 승인하는 귀납에 의한 것이리라는 의심은 **적나라하다**에서 그야말로 적나라하게 확인됩니다. 제13항 규정대로라면 '적나나하다' 혹은 '적라라하다'여야 할 텐데 실제 소릿값 [정나라하다]를 고려하면 '적나나하다'라고 표기할 수는 없으니, '적라라하다'라고 표기해야 하고 명사(혹은 명사 어근) '나라'나 형용사 '나라하다' 같은 단어는 없는 만큼 제12항 '붙임 1'의 규정에도 정확히 부합합니다. 그런데도 **적나라하다**라고 표기한다는 것은 '붙임 2'에 따라 '접두사처럼 쓰이는 한자가 붙어서 된 말'로 본다는 뜻인데 이는 선뜻 납득하기 어렵습니다. '나라'나 '나라하다' 같은 단어도 없을뿐더러 '적-'이 붙어 만들어진 다른 단어의 사례도 없으니까요. 이런 정황을 종합해 봤을 때, 두음법칙 적용에서 규정을 문면 그대로 해석해서 '합성어'냐 아니냐를 따지고 드는 건 부질없는 일이 아닌가 싶다는 것입니다.

체계적 일관성과 문자생활의 안정성

이렇게 해석한다면 두음법칙 관련 규정들은 (마치 '띄어 쓰는 것이 원칙이나 붙여 씀도 허용한다.'는 식이 주류를 이루는 띄어쓰기 규정처럼) '규범적 기준'으로서의 역할을 기대하기 어려운, 그저 이미 그렇게 표기하고 있는 것을 규범이 가로막지 않겠다는 선언적인 규정으로 해석하는 게 가장 온당할지도 모릅니다. 가령 **급랭**이라는 단어를 떠올려 보지요. 지금은 사전에 이렇게 올라 있습니다만, 혹시라도 많은 사람들이 이를 무시하고 '급냉'이라는 표기를 압도적으로 선호하게 된다면 〈한글 맞춤법〉 규정에 어긋난다고 말할 수 있을까요? '적나라'도 허용되는데 '급냉'은 허용되지 못할 이론적 근거를 저는 제10~12항 어디에서도 발견하지 못했습니다. '냉'이라는 단어를 인정할 수 없어서라면, '나라하다'라는 단어는 인정할 수 있어서냐고 반문할 수밖에 없으니까요.

그렇다면 결국 적어도 합성어(또는 그에 준하는 말)에서는 〈한글 맞춤법〉 규정을 정확히 적용하여 두음법칙 표기를 한다는 것이 결과적으로 불가능하다는 뜻이 됩니다. 이렇게 쓰든 저렇게 쓰든 그것을 정당화해 줄 규범적 근거는 양쪽 다 가지고 있으니까요. '급랭'이라면 '붙임 1'을 적용한 것이고, '급냉'이라면 '붙임 2'를 적용했다고 하면 그만입니다. 따라서 구체적인 실무에서 어느 쪽이든 선택을 해야 하는 입장에선 '사전'이 제공하는 정보를 참고해서 그러나 궁극적으로는 어느 쪽이 독자에게 더 이해하기 수월한가를 스스로 판단하는 수밖에 없는 것입니다.

좀 다른 관점에서 좀더 깊이 들어가 봐도 결론은 같습니다. 제6강에서 풀이했던 '소리에 관한 규정'의 전체적인 기조를 다시 한번 떠올려 보지요. 이를테면 굳이 된소리로 적지 않아도 '보편적 음운규칙'에 따라 된소리로 날 수밖에 없는 경우는 된소리로 안 적었고, 구개음화라는 '보편적 음운규칙'에 따라 'ㄷ, ㅌ'이 'ㅈ, ㅊ'으로 소리나는 경우도 뜻을 더 분명하게 드러내기 위해 실제 소릿값과는 다른 'ㄷ, ㅌ'으로 썼습니다. 모음 관련 규정들도 결국 "실제로는 다르게 소리나는 경우가 있더라도 본래의 소리대로 적는다"는 내용이었던 걸 기억하시겠죠? 그런데 이런 기조에서 오로지 두음법칙만 예외입니다.

이 기조를 일관성 있게 반영하자면, 이를테면 첫소리 ㄹ이 단어의 첫머리에서 ㄴ으로 소리나더라도 그것은 한국어의 '보편적 음운규칙'인 두음법칙에 따라 이차피 그렇게 발음될 수밖에 없는 것이므로 굳이 '소리나는 대로'를 고집하지 않고 같은 의미를 가진 형태소의 표기를 같은 글자로 적어 시각적으로 고정시켜 주는 편이 뜻을 분명하게 드러내는 표기일 것입니다. 그런데도 두음법칙만큼은 다른 규정들과 달리, 같은 의미를 가진 형태소가 단어 첫머리에 놓일 때와 그렇지 않을 때 표기가 서로 달라지더라도 실제 소릿값을 반영해서 적도록 한 것입니다.

이는 규범 체계의 일관성을 뒤흔드는 매우 특별한 취급이 아닐 수 없습니다. 즉 실제 소릿값대로 적으라는 것은 오히려 두음법칙을 한국어의 '보편적 음운규칙'으로 인정하지 않겠다는 뜻이 돼 버리는 셈이기 때문입니다. 그리고 그렇게 할 수밖에 없었던 까닭을 헤아리자면, '문자생활의 안정성'을 위해 역사적으로 축적된 표기 관행과 '현실적인 타협'을 한 결과라는 것말고는 다른 까닭을 발견하기 어렵습니다. 물론 현대 한국어에서 두음법칙이 약화되는 경향이 있는 것도 사실이며 더는 이를 '보편적 음운규칙'이라 보기 어렵기 때문이라는 반론도 가능하긴 합니다.

그러나 구개음화 규정에서 '종속적 관계'라는 조건을 붙였듯, 두음법칙에도 '한자어'라는 조건을 붙인다면 여전히 보편적으로 훌륭하게 작동하고 있다는 것을 어렵잖게 확인할 수 있습니다. 이를테면 **나열**을 '라열'이라고 표기했다고 해도 실제 대다수 한국어 사용자는 [나열]로 발음할 터이므로, **망라** 같은 단어와의 관련을 고려하여 표기하는 것이 "뜻이 드러나도록" 하는 데 더 유리합니다. 그리고 이렇게 한자어에서 여전히 두음법칙이 분명하게 실현되고 있는 것은, 가령 **라디오**와 같은 말(대개는 한자어가 아닌 외래어)이 두음법칙에 따라 [나디오]로 소리가 바뀌지 않고 그대로 [ㄹ]소리가 나는 경향이 확대되는 두음법칙 약화 현상과는 사실상 별개의 문제이고 규범적으로도 얼마든지 구별해서 다룰 수 있습니다.

아마도 한자를 상용하던 세대라면, 지금처럼 '현실적 타협'을 하는 쪽이 더 나았을지도 모릅니다. 어떻게 표기하든 (꼭 한자를 병기해 주지 않더라도) 곧바로 한자 어원을 직관적으로 떠올리는 게 어렵지 않았을 테고, 그렇다면 역사적으로 축적된 표기 관행을 거스르는 데 따르는 혼란을 더 불편하게 여겼음 직합니다. 그러나 한자를 매개하지 않고 한자어 형태소도 고유어 형태소와 전혀 다름 없이 그 형태소가 포함된 다른 단어와의 의미상 연관을 통해 의미를 파악하는 게 일상화된 세대에게, 같은 의미의 형태소인데도 단어의 첫머리에 올 때와 그렇지 않을 때의 표기를 달리한다는 것은 이 연관을 직관적으로 파악하는 데 크나큰 장애물로 작용할 수밖에 없습니다.* 아마도 북한에서 두음법칙 표기를 하지 않는 것도 이런 이유 때문일 것입니다.

적잖은 이들이 오해하고 있지만, 북한의 이런 표기는 실제로 북한 사회에서 보편적으로 쓰이는 한국어에 두음법칙이 살아 있든지 없든지와는 사실상 무관합니다. 즉 **로동**을 실제로 더 많은

---

* 이 대목에서 "그러니까 한자를 가르치자"는 엉뚱한 비약은 사양하겠습니다. 한자를 가르쳐야만 제대로 체계를 잡을 수 있는 맞춤법이 무슨 '한글 맞춤법'이랍니까?

사람들이 [로동]이라 발음하기 때문에 그것을 반영해서 이렇게 표기한다고만 해석할 수는 없다는 것입니다. 어쩌면 더 많은 사람들이 실제로는 남한의 한국어 사용자들과 다름없이 [노동]이라고 발음할지도 모릅니다. 그렇다 해도 얼마든지 이렇게 표기할 수 있고, 오히려 그 편이 〈한글 맞춤법〉의 전체적인 체계에서 훨씬 더 일관성을 유지하는 표기법이라는 거지요. 물론 역사적으로 축적된 표기 관행을 거스르는 것이 당장은 부담스러울 수 있습니다만, 장기적인 관점에서 미래 세대들의 편익을 고려한다면 당장의 혼란을 무릅쓰고라도 두음법칙 표기 문제는 전향적으로 다듬을 필요가 있습니다.

더구나 앞으로 북한과의 인적·물적 교류가 더 진전된다면 어떤 형태로든 언어적 접촉도 더 활발해지면서 서로 섞이며 영향을 주고받을 수밖에 없기 때문에, 혹시 북한과의 교류를 극단적으로 반대할 게 아니라면 서로 다른 표기법으로 인한 얼마간의 혼란은 이미 불가피해졌다고 내다보는 게 현명합니다. 이것은 '체계적 일관성'을 포기하면서까지 지키려 했던 '문자생활의 안정성'이라는 가치가 흔들릴 수밖에 없는 외적 조건에 부닥치게 된다는 뜻입니다.

이때 서로 다른 양쪽의 규범이 모두 나름대로 튼튼한 근거에 뒷받침되고 있다면 아마도 현실적인 힘의 역학 관계가 더 크게 작용할 겁니다. 즉 남한이 힘의 우위에 있다는 현실을 부인할 수 없다면 얼마간은 남한 쪽으로 이끌리는 힘이 더 강할 수 있다는 거죠. 하지만 어느 한쪽이라도 근거가 엉성해서 빈틈이 많고 그런 이유로 언어생활의 기준으로서의 규범적 규정력에 한계가 있다면 조금이라도 더 합리적이고 간결한 규범 쪽으로 자연스럽게 이끌릴 개연성은 얼마든지 있습니다. 쉽게 말해 다른 규정들은 몰라도 두음법칙만큼은 내버려두면 북한식 표기로 이끌릴 가능성이 크다는 것입니다. 두 표기법이 뒤섞이는 혼란 속에서 아마도 적잖은 사람들이 그 편이 훨씬 편하다는 걸 금세 알아챌 테니까요.

한번 비교해 보세요. **한자음 '녀, 뇨, 뉴, 니'가 단어 첫머리에 올 적에는, 두음 법칙에 따라 '여, 요, 유, 이'로 적는다.**라는 제10항 규정을 "한자음 '녀, 뇨, 뉴, 니'가 단어 첫머리에서 '여, 요, 유, 이'로 소리 나는 경우가 있더라도 '녀, 뇨, 뉴, 니'로 적는다."로 고치고 제11~12항도 같은 취지로 고친다면, 규범적인 기준은 지금보다 훨씬 분명하고 간결해질 겁니다. 소리가 그렇게 나는 경우만을 따로 규정한 것이므로 '의존명사는 예외'라는 단서 규정도, '붙임 1' 규정도 모두 필요없어집니다. 제11항의 '붙임 2'*와 '붙임 3'**도 물론 필요없어집니다.

○○○○○○○

* "외자로 된 이름을 성에 붙여 쓸 경우에도 본음대로 적을 수 있다."

** "준말에서 본음으로 소리 나는 것은 본음대로 적는다."

그래도 남는 문제

그러나 그렇다고 해서 '합성어' 문제가 말끔히 제거되는 것은 아닙니다. '보편적 음운규칙'으로도 다룰 수 없는 예외적인 경우가 너무나 많이 생겨날 수밖에 없기 때문입니다. 가령 제11항 '붙임 4'에 예시된 **역이용**은 실제 발음이 [여기용]입니다만, 뜻이 드러나도록 표기한다고 '역리용'이라 적게 되면 [영니용]으로 소리가 나게 되어 실제 발음에서 멀어집니다. 아마도 꽤 많은 경우는 표기에 이끌려 자연스럽게 발음도 변화하기 쉽겠지만, 표기와 발음이 충돌해서 혼란스러워지는 단어도 적지는 않을 겁니다.

말은 본디 청각기호이고 글자는 표기 수단에 지나지 않는다는 원론적 전제를 상기하자면, 거꾸로 표기에 이끌려 소릿값이 달라질 수도 있다는 것을 선뜻 납득하기 어려울지도 모르겠습니다. 그러나 '말 배우기는 흉내내기'라는 또다른 원론적 전제를 떠올린다면, 문어(글말)로서의 쓰임이 압도적이고 따라서 누군가의 입말을 귀로 들어서 흉내내는 경우보다 어느 글에선가 눈으로 읽어서 흉내내는 경우가 훨씬 더 많은 말에서는 얼마든지 일어날 수 있는 일이라는 것을 수긍할 수 있을 겁니다. 그렇다면 일상적인 구어(입말)에 이미 깊숙이 자리잡은 말일수록 소릿값에서 멀어진 표기에 대한 저항이 심할 것이라는 예측도 어렵지 않을 것입니다. 대개 한자어는 전자에 해당하는 경우가 많지만, 후자에 속하는 경우도 무시할 만한 규모는 아닐 거라고 봅니다. 이렇듯 오랜 세월 입에서 입으로 축적된 소릿값으로 굳어진 말들은, 매우 번잡해지긴 하겠지만 케이스 바이 케이스로 예외적인 표기를 인정할 수밖에 없을 겁니다. "소리대로 적되"가 언제나 "뜻이 드러나도록"보다 우선이니까요.

달리 말해 '역리용'으로 적도록 했을 때, 표기에 이끌려 자연스럽게 대다수의 발음이 [영니용]으로 바뀐다면 그대로 수용하면 되는 것이고, 혹은 그 저항이 심해서 (마치 **카페**라고 쓰면서도 '까페'라고 읽는 사람이 훨씬 더 많듯) [여기용]으로 발음하는 사람이 압도적 다수라는 현실이 달라지지 않는다면 그런 단어들만을 따로 모아 '역이용'과 같은 표기를 허용하는 예외 규정을 둘 수도 있지 않을까 싶습니다. 어떻든 실제 소릿값이 우선이니까요.

사실 현행 〈한글 맞춤법〉에도 '소리'가 '뜻'보다 우선한다는 기준 때문에 생겨난 예외적인 사례가 이미 규정되어 있기도 합니다. 바로 제11항 '붙임 1'의 단서 규정(**다만, 모음이나 'ㄴ' 받침 뒤에 이어지는 '렬, 률'은 '열, 율'로 적는다.**)입니다. 이건 아무리 봐도 두음법칙과는 거의 상관없어 보입니다. 그저 이 두 한자음은 모음 뒤에서 ㄹ소리가 탈락하는 독음 관행이 역사적으로 굳어진 것뿐이 아닌가 싶습니다(사실 한국어에는 일정한 조건에서 ㄹ소리가 탈락하는 사례가 무척 많으니까요). 어떻든 실제 발음이 예컨대 [비률]이 아니라 [비율]이니 그렇게 적도록 한 것입니다.

그런데 단순하게 '모음 뒤'라고 하면 훨씬 간결할 텐데, 군이 ㄴ까지 포함시킨 이유는 뭘까요. 앞서 살폈던 소리의 성질 때문이라면 ㄴ, ㄹ, ㅁ, ㅇ이 유성음이라는 점에서 모음과 묶일 수는 있겠습니다만, 유독 ㄴ만 다른 유성음들과 달리 취급할 이유는 별로 없습니다.* 실은 여기에 ㄴ이 들어간 건, 가령 '선률'이라고 쓰면 실제 발음대로 [선늄]이라고 읽는 게 아니라 [설륨]이라고 읽게 되어 실제 소릿값에서 멀어진 표기가 되기 때문입니다. 그렇다면 그 연장선에서 [영니용]으로 읽지 않고 [여기용]이라고 읽을 수 있게 '역이용'을 허용하는 것도 얼마든지 가능하겠죠.

이 규정을 염두에 두고 다시 '합성어' 문제로 돌아가 보겠습니다. 서울지하철에는 **선릉**이라는 역이 있습니다. 방송사의 아나운서들은 표준발음이 [설릉]이라고 기회 있을 때마다 힘주어 주장하지만, 제 주변에도 [선능]이라고 발음하는 사람들이 꽤 됩니다. **능**이라는 단어가 분명히 존재한다는 사실을 부인할 수는 없으므로 그 앞에 붙은 **선**-을 '접두사처럼 쓰이는 한자'로 보지 말라는 법도 없습니다. 따라서 만일 실제로 [설릉]보다 [선능]이 압도적 다수라면 표기에 맞춰 발음을 고치라고 할 게 아니라 실제 발음을 반영하여 '선능'으로 표기를 하는 게 더 합리적인 태도일 것입니다. 제12항 '붙임 2'라는 규범적 근거도 확실하니까요. 이 사례는, 현행 〈한글 맞춤법〉 규정 아래에서도 실제로 적잖은 사람들의 입에 붙어 폭넓게 굳어진 소릿값을 억지로 부인해 가면서까지 '관행적으로 굳어진 표기'를 고수하고 있다는 것을 여실히 보여 줍니다. 즉 [설릉]이 아닌 [선능]을 '선릉'이라고 쓸

---

* 네 개의 유성자음 가운데에서도 모음과 성질이 가장 유사한 것을 굳이 하나만 꼽으라면 ㄴ이 아니라 ㄹ이라는 점도, 유독 ㄴ만 지목된 것이 소리의 성질 때문은 아니라는 방증입니다.

수 있다면, 단독으로 쓰일 때 [룡]이 아닌 [능]으로 소리난다 해도 '룡'으로 쓰지 못할 이유 또한 없다는 것입니다.

이런 점을 염두에 두자면, 이를테면 실제로 적지 않은 사람들이 [영니용]이 아니라 [여기용]으로 발음하는 단어를 일단은 '역리용'으로 적는 바람에 생겨나는 혼란과 번잡도 생각만큼은 그리 크지 않을지도 모릅니다. 설령 도저히 저항이 심해서 원칙에서 벗어난 표기를 인정하지 않을 수 없는 예외가 엄청나게 많아진다 해도, '실제 소릿값을 반영한다'는 기준이 분명한 이상 적어도 실체조차 아리송한 '합성어'를 기준으로 하는 지금보다는 규범적으로 훨씬 명료할 것입니다.* 아울러 어원적으로는 한자어에서 유래했다 하더라도 본래의 의미에서 아주 멀어져 어원 의식조차 희미해진 말이라면 구태여 원음을 밝혀 적을 필요가 없다는 건 두말할 나위가 없을 테고요.

?

두음법칙 표기가 규범적으로 확실히 문제가 많다는 건 알겠습니다. 그런데 애당초 맞춤법을 만든 사람들이 이런 문제를

---

* 제8강 질의응답에서 '검색량'이라는 단어를 썼던 걸 혹시 기억하시나요? '양'이라는 단어가 명백히 존재하므로 제11항 규정대로라면 '붙임 4'에 따라 '검색양'이라고 적어야겠지만, 실제 소릿값이 [검새걍]이 아니라 [검색냥]이기 때문에 '붙임 1'을 적용한 것입니다. '합성어'인지 아닌지를 따지는 게 얼마나 부질없는 일인지를 실증해 주는 사례입니다.

몰랐을 것 같지는 않습니다. 도대체 왜 이리 잉성하게 만드는 걸까요?

!

제가 직접 뵙고 여쭤 본 건 아니니 단언할 수는 없겠지만, 오랫동안 그렇게 표기해 왔던 관행을 거스르기가 상당히 부담스러웠기 때문일 거라고 짐작합니다. 북한에서 표기법 개혁에 성공하긴 했지만, 아마도 해방 직후의 '혁명적인 사회 분위기' 또는 전후 복구 시기의 '전체주의화'라는 배경이 없었다면 과연 이런 과감한 개혁이 성공했을지 의문이 들기도 합니다.

?

제한적으로나마 접해 본 북한의 말씨로 미루어 **로동**을 실제로는 [노동]이라 발음했을지도 모른다는 설명이 쉽게 납득되지 않는데요? [로동]으로 발음하기 때문에 그렇게 적는 거 아닌가요?

!

지금 시점에서라면 충분히 그렇게 보실 수 있습니다. 그러나 저는 오히려 표기에 이끌려 발음이 변화한 것일 가능성이 더 크다고 보고 있습니다. 그 근거는 분단 이전에 관서 방언에서 특별히 중부 방언보다 두음법칙이 약화된 흔적이 보이지는 않는다는 데 있습니다.

그건 역으로 남한에서도 그렇게 표기를 하다 보면 표기에 이끌려 발음이 바뀔 가능성도 작지 않다는 걸 의미합니다. 두 어 세대 전만 해도 거의 절대적이던 두음법칙이 꽤 약화되어 있는 것 또한 사실이기 때문입니다. 아무래도 외국어와의 접촉이 더 일상적이 되었고 또한 영어 계열의 외래어가 늘어난 탓이겠지요. 가령 **류머티스**는 아무렇지도 않게 발음하면서 **류학생**은 발음하기 어렵다는 건 좀 이상하니까요.

'막냇동생', '머리말'은 아무래도 이상해요
사잇소리 표기 꼭 해야 하나(〈한글 맞춤법〉 제30항)

제가 현행 〈한글 맞춤법〉에서 규범의 체계에 의문을 제기하는 두 가지 사안은, 공교롭게도 북한의 맞춤법과 크게 다르다는 공통점이 있습니다. 물론 의도한 것은 아닙니다. 오히려 제가 주목하는 두 사안의 공통점은 전혀 다른 지평에 있습니다. 우선 '합성어'와 관련된 문제라는 것이고, 나아가 '한자'라는 딜레마가 개입된 문제라는 것입니다. 이제부터 다룰 사이시옷 문제는 두음법칙보다 다루기가 더 까다롭고, 어쩌면 그야말로 '대책이 없는' 문제일지도 모릅니다. 골치 아플 각오를 단단히 하시는 게 좋겠습니다.

제30항의 구체적인 규정을 살피기에 앞서 사잇소리 현상이 무엇인지부터 분명히 확인하고 넘어가는 게 좋겠습니다. 두 단어(또는 어근)가 결합해 하나의 단어가 될 때, ① 뒷말의 첫소리 'ㄱ, ㄷ, ㅂ, ㅅ, ㅈ'이 된소리가 되거나 ② 뒷말의 첫소리 'ㄴ, ㅁ' 앞에서 'ㄴ' 소리가 덧나거나 ③ 뒷말의 첫소리 모음 앞에서 'ㄴㄴ'

뒤집어 보기 악마는 디테일에

소리가 덧나는 말들이 있습니다. 언제나 이런 현상이 일어나는 게 아니라, 이 현상이 일어나는 말도 있고 그렇지 않은 말도 있는데 양자를 구별해 주는 이론적인 기준은 없습니다. 즉 '보편적인 음운규칙'이 아니라 특정한 단어에서만 소릿값이 달라지는 것입니다.

지금까지 이 책을 꼼꼼히 읽어 오신 분들이라면, 이런 경우에 〈한글 맞춤법〉은 그렇게 달라진 소릿값을 표기에 반영하는 걸 기본 원칙으로 삼고 있다고 바로 떠올릴 수 있었을 겁니다. 네, 맞습니다. 이런 현상이 일어날 때 그것을 표기하는 기호가 바로 '사이시옷'입니다. 여기까지만 보면 규범 체계상 일관성도 있고 언중의 직관에도 부합하니 아무 문제도 없을 것 같습니다. 하지만 그랬다면 제가 따로 지면을 할애할 이유가 없었겠지요?

사잇소리를 표기하지 않는 경우

먼저 사잇소리 현상이 일어날 때 그것을 언제나 표기에 반영한다면 따로 설명할 필요가 없었을 겁니다. 그러나 유감스럽게도 사이시옷은 단어와 단어가 결합한 합성어(이른바 '통어적 합성어') 에서만 표기하도록 규정하고 있습니다. 그런데 사잇소리 현상은 이보다 훨씬 광범위하게 나타나기 때문에 합성어가 아닌 말에서 일어나는 사잇소리 현상은 따로 표기하지 않게 되면서 '발음과 표기의 불일치'가 광범위하게 생겨납니다. 제9강에서 잠깐 언급했던 **대가**의 경우를 보지요. 이 표기만으로는 [대가]로 읽어야 할지 [대까]로 읽어야 할지 알 수 없습니다. 물론 어느 쪽으로 읽느냐에 따라 뜻이 달라지고 대개는 문맥을 통해 뜻을 알 수 있기 때문에 혼동할 염려가 큰 건 아니지만, 그렇게 따지면 어차피 웬만한 말들은 문맥 속에서 뜻이 다 드러날 텐데 굳이 "소리대로 적되 어법에 맞도록"을 철저하게 따를 이유가 어디 있겠습니까.

이런 제한은 '규범의 체계적 일관성'이라는 면에서, '한글 자체를 발음기호로 사용하도록' 한다는 〈한글 맞춤법〉의 대전제를 깨뜨리고 있습니다. 지금까지 〈한글 맞춤법〉의 모든 규정을 샅샅이 훑어본 바와 같이, 실제 소리나는 대로 표기하지 않는 경우라 해도 '보편적인 음운규칙'에 따라 표기만으로도 실제 소릿값을 충분히 알 수 있도록 하고 그렇지 않은 경우는 모두 소리나는 대로 적도록 하는 게 〈한글 맞춤법〉의 기본 원리였고, 여기에는 어떠한 예외도 없었습니다. 아마도 유일한 예외가 바로 사잇소리 현상일 겁니다. 즉 합성어가 아닌데도 사잇소리 현상이 일어나는 말은 (영어에서처럼) 일일이 사전을 찾아 '발음기호'를 확인해야 정확한 발음을 알 수 있습니다.

게다가 차라리 단어와 단어가 결합한 합성어는 대개의 경우 사잇소리 현상이 일어나거나 그렇지는 않더라도 언중 사이에서 동요하고 있는 경우(에 관해서는 다음 절에서 다시 다루겠습니다)가 많아서 '발음과 표기의 불일치'로 인한 불편의 여지가 상대적으로 덜한 편입니다. 즉 **나뭇가지**는 혹시 '나무가지'로 표기돼 있어도 무심코 [나무까지]로 읽을 가능성이 꽤 높습니다. 반면에 단

뒤집어 보기 악마는 디테일에

어와 단어가 결합한 꼴이 아닌 경우는 조금만 긴장을 놓치면 잘못 발음하기가 쉽습니다. 오래전 어느 방송사 뉴스에서 **성적 자기결정권**이라는 말을 아나운서가 [성쩍]이 아닌 [성적]으로 읽는 통에 '학생이 성적을 자기가 결정할 권리라는 뜻인가' 하는 실없는 생각이 들어 피식 웃음이 나기도 했었으니까요.

이 사례에서도 드러나지만, 무엇보다 사잇소리 표기를 하지 않는 바람에 발음을 오인하게 될 때 의미를 혼동할 가능성도 '합성어' 쪽이 훨씬 적습니다. 쉽게 말해 **나뭇가지**를 '나무가지'라고 썼다고 해서 혹시 [나무까지]가 아닌 [나무가지]로 발음한다 한들 좀 어색하게 들린다는 정도지 뜻을 이해하기 어려울 정도는 아닙니다. 그러나 **대가**는 [대까]로 발음하느냐 [대가]로 발음하느냐에 따라 뜻이 달라집니다. 그렇다면 오히려 사잇소리 표기는 전자보다 후자에 더 필요한 게 아닐까요? 그런데도 후자는 사전 찾아 확인하라 하고 전자는 반드시 '사이시옷'을 써야 한다고 규범으로 못박는 건 꽤 불합리해 보입니다.

게다가 합성어를 이루는 두 말이 모두 단어이고 사잇소리 현상이 일어나는 게 분명한데도, 사잇소리를 표기하지 않는 경우가 여전히 폭넓게 남아 있습니다. 앞말의 끝소리가 모음일 때만 ㅅ받침으로 사잇소리를 표기하거든요. 즉 받침이 있는 말이 앞에 올 때는 사잇소리 현상이 일어나도 그것을 따로 표기하지 않기 때문에 표기만 봐서는 사잇소리 현상이 일어나는 말인지 아닌지 알 수가 없습니다. 예를 들어 볼까요. **비빔밥**은 [비빔빱]이고 **볶음밥**은 [보끔밥]입니다만, 이 표기들만 봐서는 [비빔밥]인지 [비빔빱]인지, [보끔밥]인지 [보끔빱]인지 알 수 없습니다. 이런 말들도 사전을 찾아 사잇소리 현상이 일어나는 말인지 아닌지를 확인해야만 정확한 발음을 알 수 있습니다.

그러나 여기까지도 아직 시작에 지나지 않습니다. 앞말에 받침이 없는 합성어일 때는 사잇소리 현상을 다 표기하느냐 하면, 그것도 아닙니다. 우선 한자어와 한자어가 결합한 경우는 제외됩니다. 또 한자어가 아닌 외래어와 결합한 말도 제외합니다. 오로지 고유어와 고유어가 결합한 말*이거나 고유어와 한자어가 결합했을 때**만 사이시옷을 쓰도록 규정하고 있습니다. 그렇다면 사이시옷 표기를 제대로 하려면 어원부터 정확히 파악해야 한다는 부담이 생겨납니다. 한자를 상용하던 세대라면 한자어를 식별해 내는 게 그리 어려운 일이 아니겠지만, 고유어와 한자어를 굳이 구별해서 인식할 필요가 없어진 세대에게라면 꽤 번거로운 일입니다.

게다가 '외래어'는 앞서 〈외래어 표기법〉을 다루면서 테두리 지었던 관념적인 '외래어'에 국한되지도 않습니다. [수라쌍]으로 소리나는 게 분명한 말을 '수랏상'이 아니라 **수라상**이라고 표기하는 게 의아스러워 알아 보니, (**상**이 한자어라는 것도 뜻밖으로 여

---

* 귓밥, 나룻배, 나뭇가지, 냇가, 맷돌, 머릿기름, 모깃불, 못자리, 바닷가, 뱃길, 선짓국, 쇳조각, 아랫집, 잇자국, 잿더미, 조갯살, 찻집, 쳇바퀴, 핏대, 햇볕, 혓바늘; 텃마당, 아랫마을, 뒷머리, 잇몸, 깻묵, 냇물, 빗물; 뒷일, 베갯잇, 깻잎, 나뭇잎 등.

** 귓병, 머릿방, 봇둑, 사잣밥, 샛강, 아랫방, 자릿세, 전셋집, 찻잔, 탯줄, 텃세, 핏기, 햇수, 횟가루, 횟배; 곗날, 제삿날, 툇마루, 양칫물; 가욋일, 예삿일, 훗일 등.

겨질 분이 많으리라는 건 논외로 치더라도) **수라**가 고유어가 아니라 몽골어에서 온 외래어이기 때문이라는 설명에 기가 찼던 적이 있습니다. 이미 외래어라는 인식이 거의 사라져 토착화되었다고 볼 수 있는 말들조차 '고유어'는 아니라는 것이지요. '사이시옷' 제대로 표기하려면 한국어에 대한 전문지식이 엄청나야 할 것 같습니다. 그런데 또 **차茶**는 '고유어'로 보아 **찻잔, 찻주전자** 등으로 쓴다니(깜짝 놀랄 일이지만, **잔**과 **주전자**는 모두 한자어라는군요) 사이시옷 규정이 '고유어'를 가늠하는 기준은 무슨 고무줄인가 봅니다.

규범이 지나치게 복잡해지면 상대적으로 분명한 경우조차 놓치게 되는 일이 허다해집니다.* 한 시험에서 "신선놀음에 도끼자루 썩는 줄 모른다."라는 문장을 제시하고 맞춤법 규정에 어긋나는 글자를 지적하라는 문제를 낸 적이 있는데요. 200명 가까운 응시자 중에 정답자가 한 명도 없었습니다. **도끼**도 **자루**도 모두 고유어이고 [도끼짜루]로 발음되어 사잇소리 현상이 일어나는 것도 명백하므로 **도낏자루**라고 써야 정확한 표기입니다. 그러나 모르긴 해도 이걸 제대로 쓸 수 있는 사람은 고사하고, 잘못 썼다 한들 그걸 알아채고 틀렸다고 지적할 수 있는 사람조차 무척 드물 겁니다. 혹시 대입 수능에 이런 문제를 낸다면 아마 오

---

* 앞서 제12강에서 살폈듯, 복잡한 자의적 규범 때문에 정작 성문 규범에 규정된 사항이 무시되기도 하는 일이 빚어지는 것도 그래서지요.

답 시비로 쑥대밭이 될 겁니다.* 이 사례야말로 사이시옷 규정이 얼마나 비현실적인지를 웅변해 주는 현실의 단면입니다.

이런 문제들 때문에 한때는 앞말에 받침이 있을 경우엔 '웃음ㅅ소리'처럼 중간에 'ㅅ' 표기를 한 적도 있고, 한자어와 고유어를 굳이 가리는 것이 한글 전용의 시대적 추세를 거스른다고 해서 한글학회의 맞춤법에서는 '윗과' '댓가' '촛점'처럼 꽤 오래도록 한자어에도 사이시옷을 쓰기도 했습니다. 그만큼 쉽지 않은 문제라는 거지요.

사이시옷은 '그때그때 달라요'?

통상 사잇소리 현상은 뒷말의 청각 영상을 또렷하게 해 주는 효과가 있기 때문에 뒷말이 어휘적 의미를 가진 '어근'이 아니라 접미사일 때 일어나는 예가 드물긴 합니다만, 아주 없지는 않습니다. 대다수의 한국어 사용자가 [핸님]이라고 발음하지만(여태 살면서 [해님]이라고 말하는 사람을 한 사람도 못 만났습니다.), 규범상 옳은 표기는 '햇님'이 아니라 **해님**입니다. **-님**이 단어가 아닌 접미사라는 게 이유입니다. 하지만 제13강에서 예를 든 **남과 여**에서 같은 명사 **여**의 용례처럼 극히 제한적인 맥락에서나마, **님**이

---

* 사실 현장 실무와는 아무런 상관도 없는, 그저 규정을 얼마나 숙지하고 있는지를 묻는 게 고작일 이런 문제를 출제한 것부터가 문제이긴 합니다.

자립적인 명사로 쓰이는 경우가 아주 없는 것도 아닙니다. 그렇다면 '햇님'을 합성어가 아니라고 못박을 근거도 약화됩니다.

특히나 한자어의 경우에 실제 쓰임새는 '접미사'처럼 기능하고 있는 게 분명한데도 그 자체로는 어휘적인 의미를 가지는 '어근'으로 볼 여지가 크고 심지어 '단어'로 볼 여지도 있는 말들이 무척 많습니다. 어쩌면 '접미사처럼 쓰이는' 한자어 형태소의 대부분이 그럴지도 모릅니다. 달리 말해 얼핏 분명해 보이는 '합성어'라는 것의 경계도 실은 아주 모호하다는 것이지요. 대표적인 예로 한자어 접미사 **-과**는 사잇소리 현상이 꽤 광범위하게 일어납니다. 또 위의 **님**처럼, 제한적인 맥락에서나마 이런 뜻의 **과**가 자립적인 명사로 쓰이는 경우가 아주 없는 것도 아니고요. 짐작건대 이런 경우에 사잇소리 표기를 하지 않도록 한 것은 아마도 한자를 혼용하던 시대의 잔재가 아닐까 싶습니다.

이를테면 한자로 쓸 때는 **總務課**(총무과)라고 쓰고 한글로 쓸 때는 '총뭇과'라고 쓰라고 한다면 무척 혼란스러운 일이었을 겁니다. 이 짐작을 뒷받침하는 방증은, 접미사처럼 쓰이는 한자어라도 고유어와 결합할 경우엔 단어로 인정해서 사이시옷을 표기한다는 것입니다. 예컨대 생물의 분류 체계에서 쓰이는 **-과**가 고유어와 결합하면 **고양잇과, 소나뭇과**라고 쓴다네요.* 물론 '합성어'라는 기준을 맞추기 위해 이때의 **과**는 명사라는 설명도 빠지지 않고요. 이쯤 되면 차라리 제54항 규정에 예시된 접미사 **-꾼**

---

* '곰'은 고유어지만 받침이 있으므로 '곰과'이고, '장미'는 한자어라 '장미과'입니다.

(도 애당초 어원은 한자어 **군**이니)처럼 아예 **-꽈**로 표기를 고정시키는 게 덜 헷갈릴지도 모르겠습니다.

그래서 차라리 한자어에서는 사이시옷을 인정하지 않겠다고 일률적으로 규정했다면 꽤 복잡하고 번거롭긴 해도 그런가 보다 할 수도 있었을 텐데, 그러나 이게 끝이 아닙니다. 여섯 개의 두 음절 한자어(**곳간, 셋방, 숫자, 찻간, 툇간, 횟수**)는 예외적으로 사이시옷 표기를 허용한다는 규정이 이미 '누더기'가 될 대로 된 사이시옷 규정을 '확인 사살'해 주기까지 하니, 도대체 기준이 뭔지 모르겠다는 수준을 넘어서 과연 기준이 있기는 한지조차 아리송합니다. 이 여섯 개 가운데 **숫자**나 **셋방, 횟수**까지는 그렇다 치더라도 **곳간, 찻간, 툇간**의 **-간**은 단어로 볼 여지가 거의 없으니 합성어에서만 사이시옷을 인정한다는 대원칙이 참으로 무색하지 않습니까?

이 여섯 단어가 예외인 까닭은 오로지 '관행'입니다. 오랫동안 많은 사람들이 그렇게 써 왔기 때문이라는 거지요. 그래서 저는 가끔 반쯤은 고의로 **대가, 초점, 개수** 같은 말들을 '댓가, 촛점, 갯수'처럼 써 놓고는 "맞춤법 틀렸다"는 지적을 받으면 "혹시 많은 사람들이 그렇게 써서 더는 거스를 수 없는 대세가 되면 이 단어가 일곱번째, 여덟번째 예외가 될지 누가 알겠느냐"고 익살스럽게 대꾸하곤 합니다.

이 마지막 예외까지 염두에 두자면, 어쩌면 '합성어'니 '고유어'니 하는 복잡한 기준들도 다 헛것인지 모릅니다. 두음법칙의 '합성어'라는 기준이 그랬듯이 말입니다. 즉 **나뭇가지**가 '나뭇가

뒤집어 보기 악마는 디테일에

지'인 이유는 고유어여서도 합성어여서도 아니고 그저 오랫동안 많은 사람들이 그렇게 써 왔기 때문일 수도 있다는 거지요. 위에서 예시한 '도끼자루'가 그다지 어색하게 느껴지지 않는다거나 또는 심지어 규정대로 쓴 **죗값**이나 **최솟값**보다 규정에 어긋난 '죄값, 최소값'이 더 자연스럽게 느껴지기까지 하는 것도 순전히 표기 관행의 축적이 그리 튼튼하지 않아서는 아닐까요.

　만일 그렇게 볼 수 있다면, 꼭 이렇게 강력한 규정이 필요하지 않을 수도 있습니다. 한자어다, 받침이 있다 해서 어차피 대부분의 사잇소리 현상은 표기하지 않는 게 현실적인 표기 관행으로 정착되어 있다면, 그냥 안 쓰는 걸 원칙으로 하고 위의 여섯 개 한자어처럼 도저히 거스르기 어려운 경우만 예외적으로 허용하는 게 더 합리적이지 않을까 싶습니다. 그런 점에서 북한에서는 사잇소리를 표기하지 않는다는 사정도 충분히 고려할 필요가 있는 대목입니다.

　두음법칙과 마찬가지로, 남북한의 교류가 확대된다면 서로 다른 표기법 사이에서 충돌과 조정 과정이 자연스럽게 일어날 수밖에 없습니다. 다만 두음법칙보다 훨씬 복잡한 문제이기 때문에 어느 쪽으로 더 이끌리게 될지는 쉽게 단언하기 어렵습니다. 아마도 단어에 따라 양상이 꽤 다양하게 나타나리라는 것이 가장 가능성 높은 예측일 것입니다. 쉽게 말해 양쪽의 규범이 모두 얼마간 무력화되면서 한국어의 사잇소리 표기는 영어의 철자처럼 그야말로 "그때그때 달라요."가 돼 버릴 수 있다는 거지요. 문자생활의 안정성이라는 면에선 아마도 최악의 상황일 것입니다.

워낙 복잡한 데다 근본적인 대책도 없는 문제이기 때문에 그런 상황 자체를 피할 수는 없겠지만, 그 폐해를 최소화할 수 있는 일정한 방향으로 유도하려는 노력은 할 수 있을 것입니다.

제 소견으로는, 어차피 앞말에 받침이 있는 말들은 사잇소리 현상을 표기할 수 없다는 점에서 이미 '발음과 표기의 일치'를 포기한 반쪽짜리 표기법을 굳이 앞말이 모음으로 끝나는 경우에만 엄격하게 강제해야 할 필연성은 약합니다. 그렇다면 규범의 간결성과 명료성이라도 챙기는 게 그나마 현실적인 방향이 아닐까 싶습니다. 즉 원칙적으로는 사잇소리를 표기하지 않도록 하는 거지요.

물론 부담은 있습니다. 우선 소릿값과 표기가 달라지면서 언중의 직관을 거스를 수 있다는 점을 꼽을 수 있습니다. 지금도 실은 그렇지만, 이를테면 **개수**를 자꾸만 '갯수'로 적고 싶어진다는 거지요. 이런 건 그냥 허용하면 됩니다. 지금처럼 이러이러한 단어는 반드시 사이시옷을 쓰라거나 쓰지 말라고 강제하지 말고, 포괄적으로 사이시옷을 안 쓰는 게 원칙이지만 필요한 경우에 쓸 수도 있다고 열어 놓자는 거지요. 그렇게 하면 역사적으로 축적된 표기 관행을 거스르는 부담도 덩달아 해결할 수 있습니다. '나무가지'라고 쓰는 게 원칙이지만 오랫동안 눈에 익은 '나뭇가지'라고 쓴다고 해서 틀린 건 아니라고 허용할 수는 있을 겁니다.

이래도 되고 저래도 되면 혼란스럽지 않겠냐고요? **나무**와는 다른 뜻을 가진 '나뭇'이라는 단어가 있다면 몰라도 '나무가지'

뒤집어 보기 악마는 디테일에

로 쓰나 '나뭇가지'로 쓰나 뜻을 이해하는 데 아무 지장이 없는 데 무슨 혼란이 오나요? 이를테면 영어에서 **light**를 **lite**로도 쓸 수 있다고 해서 무슨 혼란이 일어났나요? 한국어 표기법이 단수로 고정되어 있는 것이 순전히 '한글을 발음기호로 활용하기' 위해서라면, 어차피 발음과 표기의 완전한 일치를 포기할 수밖에 없는 사잇소리 표기는 꼭 단수 표기만을 고집할 이유도 없는 셈입니다.

　복수 표기를 허용해야 하는 더 결정적인 이유가 있기도 합니다. 대다수 한국어 사용자들 사이에서 특정한 단어의 소릿값이 대체로 일치한다면 상당히 번거롭고 까다롭더라도 어렵사리 '누더기' 같은 규범을 따를 수는 있습니다. 그런데 대다수 한국어 사용자들이 실제로 어떻게 소리내는지, 즉 사잇소리 현상이 일어나는 단어인지 아닌지가 모호한 단어들도 수두룩합니다. 예컨대 《표준국어대사전》은 **막냇동생**을 옳은 표기로 제시하고 있고 그건 곧 [망내똥생]이 표준어라는 뜻이겠습니다만, 글쎄요, [망내뚱생]이 더 보편적일지 [망내동생]이 더 보편적일지는 잘 모르겠습니다(**막냇동서**는 확실히 [망내뚱서]가 대세인 것 같기는 합니다만). 반대로 **머리말**의 경우는 [머리말]이 표준어이기 때문에 이렇게 표기한다는데, 과연 [머린말]이 더 보편적일지 [머리말]이 더 보편적일지 확신할 수 없습니다.

　사이시옷 표기를 하지 않는 경우에도 사잇소리 현상에 대한 사전의 판단이 미심쩍은 경우는 얼마든지 있습니다. 예컨대 **김밥**을 [김빱]이 아니라 [김밥]이라고 발음하는 한국어 사용자는 아마 방송사 아나운서들뿐일 겁니다. 《표준국어대사전》에 그렇게 나와 있다는 게 그분들이 그리 발음하는 근거라는데, 이건 아무래도 사전이 잘못된 거 아닌가요? 제2강에서 살펴본 대로, 사전에도 얼마든지 잘못된 정보가 들어 있을 수 있으니까요. 그렇다면 **막냇동생**이나 **머리말**이 더 보편적이라는 판단은 도대체 어떻게 믿을 수 있을까요.

앞서 두음법칙을 풀이하면서 언급했듯, 어쩌면 표기에 이끌려 발음이 변화할 수도 있습니다. 좋은 사례가 바로 **장맛비**입니다. 지금은 지난 10여 년간 방송매체에서 꾸준히 [장마삐]라는 말을 되풀이해서 대다수에게 보편적인 발음이 되었습니다만, 이 말이 사전에도 올라 있지 않던 시절엔 과연 [장마비]가 더 보편적이라고 보아 '장마비'라고 표기해야 할지 [장마삐]가 더 보편적이라고 보아 '장맛비'로 표기해야 할지 아리송했었습니다. 그런데 무슨 근거에서인지는 모르겠지만 **장맛비**가 표준으로 제시되더니, 얼마 안 가서 정말로 누구도 의심할 수 없는 보편적인 발음으로 굳어졌지요.

그러나 두음법칙과는 달리 사이시옷의 경우 사태가 그리 낙관적이지 않은 건, 사잇소리 현상이 문제가 되는 단어들은 글말보다는 입말의 접촉 빈도가 큰 일상어들의 비중이 훨씬 높다는 것입니다. **머리말**이라는 표기가 눈에 익다 보면 [머린말]이라는 발음을 [머리말]로 자기도 모르는 사이에 고칠 사람들은 적지 않을지 몰라도, 온갖 매체가 나서서 아무리 **막냇동생**이 표준어라고 줄기차게 주장한다고 해도 이미 입에 익은 [망내동생]을 [망내똥생]으로 고칠 사람은 훨씬 드물 겁니다. 그보다는 **김밥**의 경우처럼 사전의 권위를 의심하게 되는 게 더 자연스러운 귀결이겠지요. 그래서 **자장면**도 **짜장면**에 완패한 것 아니겠습니까?

따라서 가장 합리적인 해결책은, **예쁘다**와 **이쁘다**를 복수 표준어로 인정하듯이 **막냇동생**과 **막내동생** 두 표기를 모두 인정하는 겁니다. 일단 어느 쪽도 규범에 어긋나지 않는다고 열어 놓은 상태에서 어느 쪽이 대세를 형성하는지를 좀 두고 보는 것도 괜찮지 싶습니다. 그렇다고 그게 무슨 엄청난 혼란을 일으킬 것 같지도 않습니다. 이게 가능한 일이라면, 사잇소리 현상이 일어나는 모든 단어로 복수 표기 허용을 확대하는 것도 얼마든지 가능할 겁니다. 이를테면 왜 **싯귀**는 안 되고 '시구'라고만 써야 하는지 납득이 안 갈 때가 많습니다. 둘 다 허용하고 편한 대로 쓰라고 한들 도대체 무슨 '혼란'이 일어난다는 걸까요. 오히려 **시구**라고 쓰면 직관적으로 뜻이 안 들어오는 통에 아예 이 단어의 사용 자체를 기피하게 되는 게 현실입니다. 멀쩡한 한국어 단어 하나가 비현실적인 표기 규범 때문에 글말에서 축출되고 있는 거지요.*

물론 [비빔빱], [김빱]으로 소리가 나는데도 **비빔밥**, **김밥**으로 표기할 수밖에 없는 것과 마찬가지로 [머린말], [망내똥생], [장

---

* 비슷한 예로 '숫소'와 '숫놈'은 '수소'와 '수놈'이 규범적으로 옳은 표기(〈표준어 규정〉 제7항)인데, 이렇게 써 놓으면 아주 어색해지고 그렇다고 규범상 틀린 표기를 그대로 둘 수도 없으니, 수많은 편집자들이 '숫소'나 '숫놈'을 보면 아예 '황소'와 '수컷'으로 고쳐버립니다. 이 기막힌 묘수(?) 덕에 '숫소, 수소; 숫놈, 수놈'은 한국어 글말에서 거의 자취를 감췄습니다.

마삐]로 소리나더라도 **머리말**, **막내동생**, **장마비**로 표기하는 데에도 얼마든지 익숙해질 수 있기 때문에, 사잇소리 표기는 원칙적으로는 안 하기로 한다는 지향만 충분히 환기된다면 복수 표기가 허용된다 해도 실제로 혼용되는 사례의 범위가 그리 넓지도 않을 것입니다. 문제가 아주 없지는 않겠지만, 적어도 현행 규정보다는 합리적이라는 것만큼은 부인하기 어렵습니다. 이렇게 되면 **젓가락**으로 적는 걸 허용하더라도 원칙은 '저가락'일 테니, "왜 '숟가락'은 ㄷ인데 '젓가락'은 ㅅ이냐"는 질문도 더는 의미가 없어지려나요?

〈한글 맞춤법〉을 닫으며

지금까지 〈한글 맞춤법〉의 57개 조항을 빠짐없이 훑어보았습니다. 이 책 서두에서 전제했던 내용이 확인되었나요? 여전히 한글 맞춤법이 어렵습니까? 한국어 문법 이론을 더 전문적으로 공부하기 전엔 도저히 이해하기 어려운 내용이 있던가요? 뭐, 그리 생각하실 수도 있습니다. 그러나 적어도 한 가지는 확실하게 알았을 겁니다. 우리가 일반적으로 '한국말 참 어렵다'고 할 때의 문제들은 사실상 맞춤법과는 거의 무관한 문제들이라는 것이지요. 더러 미흡한 구석이 없지는 않지만, 전반적으로 〈한글 맞춤법〉을 만든 이들이 역사적으로 축적된 표기 관행과 그 이면에서 작동하는 언중의 자연스러운 직관을 얼마나 존중하려 했는지, 그리고 그것을 전문가들이나 이해할 법한 이론으로 함부로 재단하려 들지 않았는지를 되새길 수 있었기를 바랍니다. 맞춤법 규정을 시시콜콜 숙지하지 않더라도 '다른 사람들이 어떻게 쓰는지'를 가늠할 수 있을 만큼 충분한 독서량을 확보하기만 한다면 맞춤법을 틀릴 일은 거의 없다고 단언한 까닭도 그것입니다.

물론 〈한글 맞춤법〉에 성문화되어 있는 규범만 충실히 지킨다고 해서 아무렇게나 말을 하고 글을 써도 되는 건 아닙니다. 성문화되어 있는 표기 규범의 영역은 아니지만 예컨대 대다수 한국어 사용자들이 공유하고 있는 범위를 벗어난 단어의 오용이나 문장의 뒤틀림도 얼마든지 잘못을 지적할 수 있습니다. 그러나 그런 '준규범적'인 영역조차도 어디까지나 '대다수 한국어 사용자들이 그 어휘적 의미나 문법적 기능을 공유하고 있다'는 판단에 기반한 '정보'일 뿐 '규범'일 수는 없습니다.

이 영역에 속하는 문제들에 대한 더 풍부한, 나아가 더 명료한 '정보'를 기대하고 이 책을 읽은 분들이라면, 적잖이 실망했을지도 모릅니다. 굳이 시시콜콜 파고들지 않아도 이미 제대로 잘하고 있는 뻔한 내용만을 장황하게 늘어놓느라고 정작 필요한 내용은 거의 다루지 않았다고 타박할지도 모르겠습니다. 하지만 그 '정보'는 실은 여러분이 일상에서 접촉하는 구체적인 언어 현실 속에 있습니다. 개인적인 경험의 한계는 분명히 있겠지만, '사전'은 바로 그럴 때 참고하라고 있는 것이기도 합니다.

오히려 그런 기대를 얼마간이라도 충족하는 듯 여겨지는 책들을 경계하시기를 권합니다. 세 가지 이유가 있습니다. 우선 실제로 '유용한' 정보가 꽤 많이 담겨 있을 수도 있지만, 아무리 풍부한 내용을 담은 책이라도 그 책에 담긴 정보가 '충분히 만족할 만큼 풍부할' 수는 없습니다. 그건 논리적으로도 현실적으로도 불가능한 일입니다. 따라서 그런 책들을 닥치는 대로 정독했다고 '이만하면 충분하다'고 자만하는 것도 위험천만한 일이고, 반대로 그런 착각에 빠지지 않는다면 더 만족스러운 정보를 찾아 '충족 불가능한 욕망의 악순환'이라는 덫에 걸려들 수도 있습니다. 잊어서는 안 될 사실 한 가지는, 정말로 '대다수 한국어 사용자가 공유하고 있는' 내용(만 '유용한 정보'입니다)이라면, 바로 여러분 한 사람 한 사람에게도 이미 내면화되어 있다는 것입니다. 설마 자신이 '대다수 한국어 사용자'의 범위에서 제외될 만큼 언어적 접촉 경험이 빈약하다고 여기는 건 아니겠지요? 혹시 그렇다면 한국어 공부에 매달리기보다는 더 다양한 사람들과 일상적으로 말을 섞을 기회를 늘리고 더 다양한 종류의 책들을 더 많이 섭렵하시는 게 먼저입니다.

그래서 실제로 그런 책들에 담겨 있는 정보의 대부분은 그런 '유용한' 정보들보다는 실은 한국어 사용자들 사이에 적잖이 동요하고 있는 내용들을 일방적으로 재단한 정보일 가능성이 높습니다. 위에서 설명했듯, 정말로 '유용한' 정보들만 담고 있다면, 아마도 '더 풍부한' 정보를 기대하고 그 책을 집어 든 대다수의 사람들은 '뻔히 알고 있는' 내용들에 실망할 테니까요. 그렇게 현실과는 다른 정보를 마치 현실인 양 떠벌리는 건 일종의 '사기'입니다. 그리고 규범의 권위로 현실을 함부로 재단하는 건

'폭력'이지요.

나아가 더 고약한 경우도 적지 않습니다. 그것이 현실에 대한 정보에 불과하다는 겸손조차도 생략한 채 마치 성문화된 규범이기라도 한 양 호도하는 내용마저 뒤섞여 있다는 것입니다. 사실상 '규범'이 아닌 내용을 규범의 권위를 '도용'해서 윽박지르고 있다면 그건 '사기'를 넘어선 '공갈'입니다.

이 책에서 〈한글 맞춤법〉 규정을 하나하나 짚은 이유는, 그 규정들이 중요해서도 꼭 알고 있어야 해서도 아닙니다. 이런 유의 '사기'와 '공갈'을 분별해 낼 수 있는 최소한의 준거를 마련하기 위해서입니다. 앞에서 살펴본 57개 조항에 규정되어 있지 않은 내용이라면, '이건 규범이 아니라 정보로구나' 전제하고 그것이 실제 현실에 부합하는 정보인지를 면밀히 점검하는 과정을 생략해선 안 됩니다. 나아가 그런 내용을 '규범'이라고 강변하기까지 한다면, 정보의 신뢰성은 따질 필요조차 없을 겁니다. 그런 판단만 할 수 있게 되었다 해도, 이 책은 제 할 일을 충분히 한 셈입니다.

혹시 오해할까 봐 덧붙이자면, 시중에 나와 있는 수많은 '실용한국어' 범주에 속하는 책들을 다 싸잡아 무용하다고 주장할 생각은 전혀 없습니다. 제가 보기에 꽤 위험해 보이는 내용을 담은 책들이라도 '정보'로서만 대한다면 충분히 유용하게 활용할 수 있습니다. 거듭 강조하지만, '정보'는 다양하게 수집할수록 좋은 것이니까요. 그런데 그런 책들은 '규범'과 '정보'와 심지어 그에 기반한 저자의 '견해'를 도통 구분하지 않기 때문에, 선뜻 권하기가 망설여지곤 합니다. 그래서 최소한 이런 책들을 읽을 때 어디까지가 규범이고 무엇이 정보이며 어디부터가 저자의 개인적 견해인지를 분별해 낼 수만 있게 하자는 게 이 책의 목표입니다. 그 책들을 다 밀쳐 내고 이 책으로 대신하려는 게 아니라 오히려 그 책들을 적절히 활용할 수 있는 메타적인 길잡이가 돼 보려 한 것입니다.

?

"**님**이 자립적인 명사로 쓰이는 경우가 아주 없는 것도 아니"라는 정도로 언급하셨는데, 인터넷 사용자들 사이에서는 꽤 오래전부터 폭넓게 자립적인 명사로 쓰이고 있지 않은가요?

!

네, 저도 잘 알고 있습니다. 다만 본문에서 다소 소극적으로 표현한 것은, 여전히 활자화된 글말에선 확산이 제한적이라는 판단이어서 조심스러울 수밖에 없었다고 변명해 봅니다. 머잖은 장래에 글말에까지 확산이 이루어져서 '보편적인' 쓰임으로 당당히 자리를 잡게 될지, 아니면 일종의 '사회 방언'으로 남게 될지는 쉽게 예단하기 어렵습니다.

다만 꼭 이 사례만이 아니더라도 인터넷 공간이라는 제한된 조건에서 유독 널리 쓰이는 수많은 말들을 이른바 '국어 파괴'

라고 보는 시각에는 동의하지 않습니다. 한국어의 표현이 다양해지는 것이고, 설령 '보편적'이라고 보기는 어렵다 해도 일종의 '사회 방언'이라 여기면 그만입니다. 이를테면 '군대'에서나 통용되는 독특한 말투가 있다고 해서 그걸 가지고 '군대가 한국어를 파괴한다'고 말하는 사람은 없잖아요? 일종의 '사회 방언'일 뿐이죠. 마찬가지라고 봅니다.

?

마지막에 이 책의 쓰임새에 대한 기대를 피력하셨는데, 이 책의 내용을 한 문장으로 요약한다면 어떻게 표현할 수 있을까요?

!

글쎄요, 아무래도 김어준 씨의 유명한 표현을 살짝 훔쳐 와야겠습니다. "쫄지 마, 씨바!" 좀 저속하게 들릴진 모르겠지만, 이보다 더 적절한 표현을 찾기는 어려울 것 같습니다.

외국어는 외국어일 뿐!
일본어 표기법과 중국어 고유명사 표기 규정의 문제점

〈한글 맞춤법〉 규정을 풀이한 본론은 마쳤지만, 이왕 두음법칙
과 사이시옷 등 현행 규범의 모순점들을 살펴본 김에 끝으로
〈외래어 표기법〉에서 전향적인 개정이 필요한 대목도 보론 삼아
짚고 넘어가 보려 합니다. 〈외래어 표기법〉은 다양한 언어들의
'표기 세칙'을 담고 있는데, 해당 언어의 문외한이라면 문제점은
고사하고 무슨 내용이 담겨 있는지조차 정확히 알기 어렵습니
다. 혹시 다른 언어의 표기법에도 여기에서 제기하려는 것과 비
슷한 문제가 있을지는 저로서는 알 수 없는 일이라는 뜻입니다.
다만 제가 〈외래어 표기법〉의 규정을 이해하는 데는 지장이 없
는 영어, 독일어, 일본어 가운데 일본어 표기법에서 심각한 문제
를 발견한 것뿐입니다. 혹시 다른 언어의 표기법에서 비슷한 문
제를 발견하신 분이 있다면, 여기에서 제가 펼치는 문제제기를
이어가 주시기 바랍니다.

1음운 1기호 원칙의 배반

앞서 제8강에서 '1음운 1기호 원칙'을 설명했습니다. 그런데 일본어 표기법은 이 원칙을 정면으로 배반하고 있습니다. 원칙은 어디까지나 원칙일 뿐, 다른 이점이 있다면 얼마든지 예외는 있을 수 있다는 걸 모르지 않습니다. 〈한글 맞춤법〉의 수많은 예외들도 얼핏 더 복잡해진 것 같아도 찬찬히 들여다보면 실은 더 편리해진 측면을 부인할 수 없었던 것을 기억하실 겁니다. 그런데 일본어 표기법은 원칙대로 했으면 훨씬 간결했을 규범이 원칙에서 벗어나는 바람에 공연히 번잡스러워지기만 했을 뿐 도대체 더 편해진 다른 이점이라곤 전혀 없다는 게 문제입니다.

구체적으로 살펴보지요. 일본어는 무성음 [k], [t], [p]와 유성음 [g], [d], [b] 사이에 음운적 변별이 있는 언어입니다. 따라서 같은 음운은 같은 기호로 적는다는 원리에 따라 각각의 음운을 한글의 ㅋ, ㅌ, ㅍ과 ㄱ, ㄷ, ㅂ에 각각 대응시킬 수 있고, 이는 무성음과 유성음 사이에 음운적 변별이 있는 다른 모든 언어도 마찬가지입니다. 그런데 (혹시 제가 모르는 다른 언어도 그런지는 모르겠지만) 일본어 표기법에서는 무성음이 단어 첫머리에 올 때와 그렇지 않을 때를 구별합니다. 단어 첫머리에 올 때는 ㄱ, ㄷ, ㅂ으로 적고 둘째 음절 이하에서만 ㅋ, ㅌ, ㅍ으로 표기하도록 한 것입니다. 그래서 똑같은 [to]이고 (같은 한자를 쓰니까) 뜻도 같은 **도쿄**東京와 **간토**關東의 표기가 달라집니다.

최대한 선의로 이해해서 한국어에서는 사뭇 다르게 들리는 소리라서 최대한 가까운 발음으로 표기한 거라는 걸 인정할 수는 있습니다. 가령 영어 표기에서 [ʃ]는 모음 앞이나 단어 끝에선 '시'로 적고, 자음 앞에선 '슈'로 적도록 하고 있으니까요. 그런데 그렇다면 그와는 변별되는 다른 음운의 표기와 충돌되는 일은 없어야 할 텐데, 일본어에서 분명하게 구별되는 [k]와 [g], [t] 와 [d], [p]와 [b]가 단어 첫음절에서는 전혀 구별 없이 ㄱ, ㄷ, ㅂ으로 뭉뚱그려 표기됩니다. 이건 아주 불합리할뿐더러 번거로운 일입니다.

〈외래어 표기법〉을 꽤 엄격히 적용하는 출판 현장에서도 유독 일본어 표기에서만큼은 현행 〈외래어 표기법〉을 따르지 않고 '1음운 1기호 원칙'을 오히려 충실히 반영한 표기법*을 사용하는 경우가 꽤 높은 비율로 발견되는 것도 그래서입니다. 제 경험으로는 대략 30~40퍼센트 정도는 현행 〈외래어 표기법〉이 아닌 이른바 '김-최 표기법'을 따르는 것으로 보이는데, 규범의 압력이 큰 탓인지 상대적으로 불합리한 현행 〈외래어 표기법〉을 따르는 경우가 점차 늘어나고 있는 추세인 것 같기는 합니다. 그러나 이를테면 **도쿄**를 **토쿄**라 적는 표기가 완전히 사라지거나 무시해도 좋을 만큼 세력이 미미해지지는 않을 것 같습니다. 그 편이 실은

---

* 김용옥 선생은 《동양학 어떻게 할 것인가》(1985)에서 '1음운 1기호' 원칙에 충실한 새로운 중국어-일본어 표기법을 제안하면서, 그것을 '김용옥-최영애 표기법'이라 명명했습니다. 흥미로운 지점은 이 표기법이 제안된 시점이 현행 〈외래어 표기법〉보다 앞선다는 사실입니다. 더 합리적이고 또한 '총칙'에 규정된 기본 원리에 더 철저한 표기법이 이미 제안되어 있는데도 〈외래어 표기법〉의 '일본어 표기 세칙'이 굳이 '퇴행'을 선택했다는 혐의를 피할 길이 없습니다.

현행 규정보다 오히려 〈외래어 표기법〉의 기본 원칙에 충실하고, 일관성과 간결성이라는 면에서 더 합리적이니까요.

왜 훨씬 합리적인 방안을 제쳐 두고 이렇게 불합리한 규정을 만들었는지는 잘 모르겠습니다. 다만 짐작이 가는 대목은 있습니다. 불과 두 세대 전만 하더라도 일본과 한국은 반세기 가까이 한 나라였고, 한국의 공용어는 일본어였으며 말기에 이르러선 일본어 상용이 강요되기도 했습니다. 일본어 상용 세대에게 일본어는 외국어로서의 거리감이 온전히 확보되기 어려웠을 겁니다. 현행 〈외래어 표기법〉이 제정되기 전에도 일본어 표기의 필요성은 당연히 있었을 테고, 그저 한국어의 음운 구조에 따라 편의적으로 표기하는 관행이 사회적으로 폭넓게 존재했을 겁니다. 특히나 한국어의 음운 체계에 제법 동화된 일본어계 외래어도 수두룩했을 테고요. 굳이 말하자면, 다른 언어의 표기법은 모두 사실상 '외국어의 한글 표기법'인데 유독 일본어만큼은 (앞서 살폈듯 사실상 굳이 필요하지도 않은) 그야말로 진짜 '외래어 표기법'이었던 셈입니다.

그리고 어쩌면 그것이 식민 지배의 기억에서 비롯된 '민족적 자존심'의 발현이었을지도 모릅니다. '일본어에서 분명하게 변별되는 음운이든 아니든 그걸 굳이 왜 존중하느냐, 한국어 사용자들에게 분별되는 소리대로 적겠다'는 호기가 작용했을지도 모른다는 것입니다. 지금도 일본의 인명이나 지명을 일본어로 표현하지 않고 굳이 한국어 한자음으로 표기해야 한다고 고집하시는 극단적인 어르신들도 없지는 않으니까요. 그리고 현행 규정은 그렇게 규범 이전에 형성된 표기 관행을 그저 추인했을 뿐이 아닌가 싶습니다.

달리 말하면 영어나 다른 외국어에서 대개 〈외래어 표기법〉을 무시하고 편의적인 표기를 고집하는 분들이 한국어 중심적인 태도 때문에 '1음운 1기호' 원칙을 도외시한다면, 일본어는 오히려 〈외래어 표기법〉 규정을 따르지 않는 분들이 '1음운 1기호 원칙'에 충실한 반면 정작 〈외래어 표기법〉 규정이 한국어 중심적인 편의적 표기를 규범화하고 있다는 것입니다. 사정이 이러하다면, 규범의 압력 때문에 〈외래어 표기법〉 규정을 따르는 추세가 늘어가고 있다는 것은 명백한 '퇴행'이라 할 수 있습니다.

그 와중에도 그나마 다행스러운 건 고유명사의 경우에는 한국어 한자음이 아닌 일본어 발음으로 적도록 한 것입니다. 비록 '관행'이 있다는 근거를 들어 **도쿄**만이 아니라 **동경**도 허용한다는 예외 규정은 있지만요. 혹시 〈김의 전쟁〉이라는 영화를 보신 적이 있는지 모르겠습니다. 주인공은 일본에 사는 한국인인데, 일본인들이 자신의 이름을 편의대로 일본어 한자음으로 읽지 말고 한국어 한자음으로 읽어야 한다고 싸움을 벌였던 실화에 바탕을 둔 영화입니다. 그 주장의 정당성에 공감할 수 있다면, 한국에서도 일본인의 이름을 한국어 한자음으로 읽는 일각의 관행은 재고되어야 할 겁니다. 또 한국의 지명을 일본인들이 일본어 한자음으로 읽는 게 기분 나쁘다면 일본의 지명도 일본어 한자음으로 읽는 게 옳겠지요.

이게 정당하게 외국을 외국으로 대하는 방식입니다. 그런 점에서 현행 〈외래어 표기법〉이 제정될 당시에 일본어 상용 세대는 이미 노년이었을 텐데, 최소한 일본어를 외국어로 배운 세대에게라면 일관성도 없고 번거롭기만 한 편의적 표기법을 '관행'이라는 명분으로 규범화한 건 지나치게 안이한 단견이 아니었나 싶습니다. 앞서 이야기한 바와 같이, 보통명사는 관행적 표기를 얼마든지 인정할 수 있습니다. 〈외래어 표기법〉(이라 쓰고 '외국어의 한글 표기법'이라 읽는)이 엄격하게 지켜져야 하는 건 고유명사이고, 그렇다면 이미 한국어의 음운 체계에 따라 한국어 안에 깊이 스며들어 있는 일본어계 외래어(조차 대부분은 '국어 순화'라는 이름으로 퇴출된 지 오래고요)는 고려할 필요도 없는 것이지요.

그런데도 일본어를 다른 외국어들과 다름없는 외국어의 하나로서 상대화하지 못한 나머지, 로마자로도 Tokyo로 적는 도시 이름을 굳이 **토쿄**가 아니라 **도쿄**라고 표기하라는 건 납득하기 어렵습니다. 또는 나중에 미국의 대통령이 된 태프트와 밀약을 맺어 한국 역사에도 굵직한 흔적을 남긴 것으로 유명한 일본의 외무장관은 현행처럼 **가쓰라**라고 표기하기보다는 **카츠라**라고 표기하는 게 규범도 간결해지고, 일본어를 외국어로 배운 세대들의 직관에 더 부합하기도 합니다.

중국의 과거와 현대

중국어 표기법도 현행 〈외래어 표기법〉보다 이른바 '김-최 표기법'이 더 합리적일지는 제가 중국어를 잘 모르기 때문에 함부로 판단할 수는 없어 더이상의 언급은 삼가겠습니다. 다만 〈외래어 표기법〉 제4장(인명, 지명 표기의 원칙) 중 제2절(동양의 인명, 지명 표기)의 제1항 **중국 인명은 과거인과 현대인을 구분하여 과거인은 종전의 한자음대로 표기하고, 현대인은 원칙적으로 중국어 표기법에 따라 표기하되, 필요한 경우 한자를 병기한다.** 및 제2항 **중국의 역사 지명으로서 현재 쓰이지 않는 것은 우리 한자음대로 하고, 현재 지명과 동일한 것은 중국어 표기법에 따라 표기하되, 필요한 경우 한자를 병기한다.**는 규정이 과연 현실적인지는 짚어 볼 수 있겠습니다.

중국어 고유명사 표기 규정이 이리 복잡해진 데는 충분히 수긍할 만한 이유가 없지 않습니다. 한국은 역사적으로 중국의 왕조들과 빈번한 교류 속에 적잖은 영향을 받았고, 한자라는 문자 체계를 공유했습니다. 따라서 중국 역사 속의 수많은 인명과 지명을 한국어 한자음으로 읽어 왔던 관행이 꽤 두텁게 축적되어 왔습니다. 이런 관행은 최근까지 이어져서 제7강에서 잠깐 언급했던 대로 대체로 한중 수교를 전후한 시점 이전까지는 언론 매체에서도 중국의 인명과 지명을 한국어 한자음으로 발음하고 표기하기도 했습니다. 불과 한 세대 전의 일입니다.

그러나 위에서 살폈듯 고유명사는 현지음을 기준으로 하는 것이 온당하므로, 중국어 표기법에 따라 표기하는 것이 원칙적으로 옳겠지요. 다만 그렇다고 해서 이를테면 '이태백'이나 '소동파'까지 중국어 표기법대로 적으라는 건 꽤 무리가 따르는 일입니다. 그이들은 물론 중국인이긴 하지만, 근대적 국민국가가 성

뒤집어 보기 악마는 디테일에

립되기 이전의 전근대 사회에서라면 '중국인'이라기보다는 그저 '한자문화권 사람'이었다고 보는 게 어쩌면 더 적절할 수도 있습니다. 그리고 그것은 현재에는 쓰이지 않고 역사적 기록 속에나 존재하는 지명의 경우도 마찬가지일 것입니다. 그렇게만 보면 이 규정은 복잡하긴 해도 큰 문제는 없어 보입니다.

그런데 좀 다른 각도에서 살펴본다면, 역사적으로 밀접한 관계라는 사정으로 인해 외국어로서의 거리감이 확보되지 못한 것은 아닌가 하는 의심을 아주 떨칠 수는 없습니다. 더구나 지금의 한국은 한자 상용에서 벗어난 사회인데도 여전히 한자라는 (역사적 유물에 지나지 않는) 공통 매개에 붙들려 있는 것이 아닌가 싶기도 합니다. 한국은 이제 이를테면 영어권이나 여타 외국어 사용권에서 그러하듯 굳이 한자를 매개하지 않고도 얼마든지 중국어를 하나의 외국어로서 인식할 수 있다는 것입니다.

실은 중국의 '과거'와 '현대'를 가르는 기준도 그와 무관치 않습니다. 대체로 이 규정에서 말하는 '현대인'은, 신해혁명(1911년)을 기준으로 삼는다는 통념이 꽤 폭넓게 존재합니다. 아마도 어느 시기엔가 《편수자료》에서 제시했던 기준이 신해혁명이었던 탓이 아닌가 싶습니다만, 그게 꼭 일관되게 유지되었던 것 같지는 않습니다. 제 기억이 맞다면 분명히 《편수자료》를 따라 편찬되었을 교과서에서 신해혁명 이전의 인물이 명백한데도 **린쩌쉬**나 **홍슈취안** 같은 표기를 접한 적이 있기 때문입니다. 이런 표기들은 대체 어떤 기준이었을까요. 신해혁명은 중국사에서 현대를 구획하는 역사적 사건임에 틀림없지만, 중국어의 역사나 좀더 좁게는 중국어와 다른 언어가 교류하고 접촉한 역사에서 보자면 그 기준은 조금 달라질 수도 있습니다. 아편전쟁이나 더 정확히는 난징조약(1842년)이 오히려 신해혁명보다 더 훌륭한 기준점이 될 수 있습니다. 중국이 한자를 쓰지 않는(로마자를 쓰는) 나라와 공식적으로 체결한 최초의 근대적 조약이며, 따라서 중국어가 중국인에 의해 한자가 아닌 글자로 표기된 첫 '공식적' 문서일 것이기 때문입니다.

이런 고약한 가정을 해 봅시다. 중국사를 전공한 서양인(도 당연히 한자를 익히긴 했겠지만)이 자국어로 쓴 책을 한국어로 번역한다고 해 보지요. '이태백'이나 '소동파'처럼 한국 사회에도 널리 알려진 유명한 인물이라면 원서에 한자가 병기되어 있지 않더라도 얼마든지 맥락으로 유추해서 한국어 사용자에게도 익숙한 표기를 할 수 있습니다. 그러나 그리 유명한 인물도 아니고 관련 전공자들이 한문 문서를 한참 뒤져서야 겨우 찾을 수 있는 인물이라면, 그런데도 '현대인'이 아니니 규정대로 한국어 한자음으로 표기하라고 한다면 이 또한 난감한 일이 아닐 수 없습니다. 한자로 어떻게 쓰는지를 뒤지느라 잔뜩 진을 빼겠지요. 아니아예 과거 중국을 시공간적 배경으로 삼아 영어나 프랑스어로 쓴 소설에 등장하는 가공의 등장인물이라면 어쩌겠습니까. 그렇게까지 극단적인 예를 들지 않더라도, 당나라의 수도는 '창안'이아니라 '장안'(현재 지명은 '시안')인데, 한나라의 수도는 '낙양'이아니라 '뤄양'이고 송나라의 수도는 '개봉'이 아니라 '카이펑'이라는 건 좀 우스꽝스럽습니다.

중국어도 다른 외국어와 다를 바 없는 하나의 외국어로 다루는 것이 더 바람직하지 않을까요. 일본의 경우(제3항 **일본의 인명과 지명은 과거와 현대의 구분 없이 일본어 표기법에 따라 표기하는 것을 원칙으로 하되, 필요한 경우 한자를 병기한다.**)와 마찬가지로 중국에 대해서도 과거와 현대를 번잡스럽게 구분할 필요 없이 원칙적으로는 중국어 표기법에 따라 적도록 하자는 것입니다. 그래도 가령 '명, 청'까지 '밍, 칭'으로 표기해야 하는 게 아닌가 하고 걱정할 필요는 전혀 없습니다. 이미 제4항(**중국 및 일본의 지명 가운데 한국 한자음으로 읽는 관용이 있는 것은 이를 허용한다.**)에서 예외를 인정하고 있듯이, 좀더 폭을 넓혀 "중국 인명 가운데 한국 한자음으로 읽는 관용이 있는 현대 이전의 인물은 이를 허용한다."는 예외 규정을 두면 **이태백, 소동파**라는 표기 역시 얼마든지 가능할 테니까요.

이렇게 보면 결국 실무를 처리하는 데에서 달라지는 건 별로 없을 겁니다. 그런데도 군이 이 문제를 제기한 데는 이유가 있습니다. 규범의 체계가 무엇을 원칙으로 삼고 무엇을 예외로 허용하느냐 하는 건, 그 규범을 따라야 하는 수많은 사람들이 언어를 바라보는 태도를 근본적으로 조건짓습니다. 그런 점에서 복잡하게 '과거'와 '현대'를 나눠 다른 원칙을 적용할 게 아니라, 원칙은 분명하게 외국어로 대하되 역사적 조건을 감안한 예외를 폭넓게 인정한다는 방향으로 정비될 필요가 있다는 것입니다. 한자문화권의 일원으로서 축적해 온 역사를 부인할 수는 없겠지만, 그 시대에만 매여서 엄연한 외국어를 외국어로서 온당한 거리감을 확보하지 못한 채 자국어 중심주의에 매몰시키는 것도 썩 바람직한 일은 아니기 때문입니다.

?

일본어 표기에서 장음을 표기하지 않는 원칙에 대해서는 어떻게 생각하시나요?

!

일본어만이 아니라 영어를 비롯해 대부분의 외국어를 한글로 표기할 때 장모음 표기는 따로 하지 않습니다. 그러고 보니 제가 어렸을 땐 뉴욕도 '뉴우요오크'로, 도쿄도 '토오쿄오'로 표기했던 것 같군요. 물론 이들 언어에서 장모음과 단모음 사이에는 음운적 변별이 있기는 합니다만, 한글로 옮길 때 표기가 지나치게 번거로워지기 때문에 구별하지 않기로 한 겁니다. 제 생각을 물어보신다면, 충분히 수긍할 만하고 딱히 불만은 없습니다.

일본어는 한글로 표기할 때뿐 아니라 국제적으로 통용되는 로마자 표기에서도 장단음 구별을 따로 하지 않습니다. 실제로는 두 음절 모두 장모음인 **도쿄**도 로마자로는 단모음과 구별하지 않고 Tokyo라고만 쓴다는 것도 참고할 만합니다. 이밖에도 프랑스어에서는 강세 표기를 철자에 반영하기도 합니다만, 한글로 표기할 때 따로 구별하지는 않는 걸로 알고 있습

뒤집어 보기 악마는 디테일에

니다. 특히나 같은 소릿값이라도 성조에 따라 뜻이 확연히 달라지는 중국어의 한글 표기에서도 성조 표기는 따로 하지 않습니다. 그러고 보면 길이, 강세, 성조 등은 모두 '음소'와는 구별되는 '운소'에 해당한다는 점에서 '1음운 1기호' 원칙이라기보다는 '1음소 1기호' 원칙이 더 적절한 표현인지도 모르겠습니다.

?

일본이나 중국의 인명, 지명이 아니라도 외국어 고유명사 중에 한자로 쓰는 관행이 있는 경우는 어떻게 생각하시나요?

!

저는 규범상 허용되어 있는 **북경**이나 **대만**조차도 굳이 **베이징**, **타이완**으로 고치곤 합니다. 단순히 그게 '원칙'이어서가 아니라 그 원칙이 더 바람직하다고 여기기 때문입니다. 마찬가지 이유로 이제 와서 **프랑스**를 굳이 **불란서**라고 쓰는 사람은 거의 없지만, 그 흔적이 남아 있는 **불어**라는 단어를 보면 꼬박꼬박 **프랑스어**로 고쳐 놓곤 합니다. 발음이 더 유사해서 아직은 꽤 폭넓게 쓰이는 **이태리**조차 **이탈리아**로 고치고, 심지어 **유태인** 또한 어원상 ㅌ발음이 개입할 여지가 전혀 없기 때문에 순전히 한자 표기의 영향이라 여겨 모조리 **유대인**으로 고치는 데 꽤 신경을 씁니다.

그런데 저도 도저히 거스를 수 없는 관행이 하나 있는데, 바

로 **독일**입니다. 게다가 고약하게도 이 말은 중국이나 조선에서 쓰던 표현도 아니고 순전히 일본어 발음(獨逸을 일본어로 읽으면 ドイチ[도이치]가 됩니다)에 기인한 것이라 피할 수 있다면 최대한 피해야 할 이른바 '일본식 한자어'*이기도 합니다. 실제로 제가 학교 다닐 때 지리 교과서의 공식적 표현은 **도이칠란트**이기도 했고요. 그런데 이건 아무래도 어색해서 도저히 못 고치겠더라고요. 그러고 보니, **미국**도 어쩔 수가 없긴 하네요. 제가 배웠던 교과서의 공식 표기대로 **아메리카합중국**이라고 해야 할까요? 많이 이상하지요? 실은 더 고약한 건 **영국**입니다. **잉글랜드**의 음차라는 건 분명한데, 그렇다고 **이태리**를 **이탈리아**로 고치듯 **잉글랜드**로 고칠 수도 없잖아요? 차라리 **브리튼**이라고 한다면 얼마간 말은 되겠지만, 혹시 북아일랜드 독립을 지지하는 셈이 돼 버리려나요? 그러니 그냥 절대다수에게 익숙한 관행대로 **영국**이라고 쓸 수밖에요.

---

* 애초에 한자에 기반한 조어가 아니라 일본어를 단순히 한자를 빌려 적었을 뿐이라 일본에서도 음독이 아니라 훈독하는 말로, 표기만 한자일 뿐 사실상 일본어에 해당하는 말들을 통틀어 '일본식 한자어'라고 합니다. '국어 순화'의 물결이 한창 휩쓸 때 가장 먼저 배격해야 할 말들로 지목되곤 했습니다.

마무리 특강

출판교열과
어문규범

출판교열론 서설

교열에 일반 원칙은 없다
출판교열의 기초

많은 분들이 출판용 원고를 교열(또는 교정)한다고 하면, 가장 먼저 '어문규범'부터 떠올립니다. 규범에 맞게 원고를 다듬는 게 교열 작업의 전부는 아닐지라도 '가장 기초적이고 핵심적인' 일이라고 여기곤 합니다. 그러나 저는 그렇게 생각하지 않습니다. 그건 교열 과정의 본류와는 거의 무관한 아주 지엽적인 점검 사항일 뿐입니다. 《편집에 정답은 없다》에서 예시했던 사례가 아주 적절한 방증이 될 것입니다. "1995년은 제1차 세계대전이 끝난 지 50년이 되는 해이다." 이 문장에서 **세계대전**을 붙여 쓰는 게 맞는지, **끝난 지**를 띄어 쓰는 게 맞는지보다 훨씬 중요한 건 과연 제1차 세계대전이 1945년에 끝난 게 맞는지 아닌가요?

지금까지 살펴본 바와 같이, 그야말로 '반드시 지켜야 하는' 규범이라면 평균 수준 이상의 교육을 받은 사람이 그걸 몰라서 틀릴 일은 거의 없습니다. 어쩌다가 부주의해서 놓칠 수는 있겠지만, 역시 평균 수준 이상의 교육을 받은 사람이라면 아주 조금만 긴장감 있게 읽어도 어렵지 않게 잡아낼 수 있을 겁니다. 정작 세심하게 긴장해야 할 것은 도대체 저자가 하려는 말이 무엇인지, 그리고 저자가 하려는 말이 과연 독자들에게 효과적으로 전달되고 있는지겠지요. 이제 결코 '어문규범'으로 환원되지 않는 출판교열의 본령을 거칠게나마 더듬어 보는 것으로 책을 마무리할까 합니다.

교열은 편집자의 고유권한이 아니다

'교열'은 "문서나 원고의 내용 가운데 잘못된 것을 바로잡아 고치며 검열함"이라고 사전에 풀이되어 있습니다. '검열'이라는 의미 때문에 어감이 좀 강해서 그렇지 사실상 교정校訂(남의 문장 또는 출판물의 잘못된 글자나 글귀 따위를 바르게 고침)과 같은 뜻입니다. 참고로, 현장에서 흔히 혼동되지만 "교정쇄와 원고를 대조하여 오자, 오식, 배열, 색 따위를 바르게 고침"의 뜻으로 쓰이는 동음이의어 교정校正과는 다른 말입니다. 여기서 주목해야 할 개념은 '검열'입니다. 실은 '교정'이라고 좀 약하게 표현하더라도 '남의 원고'를 고친다는 뜻에 이미 '검열'의 의미가 들어 있습니다.

〈대한민국 헌법〉제21조 2항에는 "언론·출판에 대한 허가나 검열과 집회·결사에 대한 허가는 인정되지 아니한다."고 명시되어 있습니다. 즉 검열받지 않을 권리는 '국민의 기본권'입니다. 물론 '교열'의 주체가 국가는 아니니 헌법에 위배된다고까지야 할 수는 없겠지만, 검열당하는 입장에서 상대가 누구든 '검열당하지 않을 권리'가 얼마간 침해된다는 것 또한 부인할 수 없습니다. 나아가 〈저작권법〉 제13조에는 "저작자는 그의 저작물의 내용·형식 및 제호의 동일성을 유지할 권리를 가진다."고 명시되어 있지요. 물론 "저작물의 성질이나 그 이용의 목적 및 형태 등에 비추어 부득이하다고 인정되는 범위 안에서의 변경"이라는 예외 규정 덕에 이 시간에도 '남의 원고'에 빨간 펜을 들이대는 편집자들이 범법자가 되는 것은 아니지만요. 그러나 정말로 '부득이하다고 인정되는 범위' 안에 있을지는 언제나 숙고할 필요가 있습니다. 그리고 그것을 인정하는 주체는 다름아닌 '저작자'입니다. 풀어 말하면 저작자의 양해를 얻지 못한 교열은 저작물의 훼손이며 저작자의 인격권을 침해하는 행위입니다.

이 점을 염두에 두고 좀 다른 각도에서 보면, 교열은 흔한 통념처럼 단순히 '남의 글'을 '고치'거나 '바로잡'는 일이 아닐지도 모릅니다. 편집자에게는 애당초 그럴 권리가 없으니까요. 편집자가 '남의 원고'에 개입할 수 있는 정당성의 유일한 근거는 실은 편집자가 '독자의 대표'이기 때문입니다. 제2강에서 살폈던 내용이 기억나시나요? 말에는 본디 맞고 틀림이 없습니다. 그저 화자(저자)가 전달하려는 바가 청자(독자)에게 정확히 전달되면 그뿐이어서, 아무리 정교하고 매끄러운 표현이라도 독자에게 의미를 전달하는 데 실패한다면 아무 소용이 없는 것이고, 반대로 그야말로 '개떡같이' 말했더라도 받아들이는 쪽에서 '찰떡같이' 알아들었다면 그 자체로 아무 문제가 없는 것이라고 했었지요.

다만 불특정 다수를 대상으로 하는 출판물에서라면 의사소통의 한쪽 당사자인 독자가 책이 다 만들어져 배포되기 전까지는 실재하지 않으며 오로지 편집자의 머릿속에만 가상으로 존재하기 때문에, 편집자가 독자의 대표로서 저자에게 '피드백'을 하는 것입니다.

이를테면 원고에 담긴 저자의 말에 대해 "그 말은 무슨 뜻인지 잘 모르겠어. 다시 또박또박 말해 주면 안 될까?", "이 말은 아무래도 좀 이상한데 혹시 그게 아니라 이렇게 말하려던 거 아니었어?", "대충 뭔 말인지는 알겠는데 그렇다면 애당초 이렇게 말했더라면 내가 좀더 확실히 알아들을 수 있었을 텐데." 등등의 대꾸를 해 주는 것은 아닐까요? 교열이란 이런 성실한 대화 참여 이상도 이하도 아니라는 게 제 생각입니다. 이런 관점에서 본다면, 오로지 결과적으로 성공적인 대화와 그렇지 못한 대화가 있을 뿐 맞는 대화나 틀린 대화는 없다는 것은 자명합니다. 따라서 '고치고 바로잡는다'는 다분히 '폭력적'인 교열관을 포기한다고 해서 결코 '교열'을 포기하는 것이 아닙니다.

그런데 현실은 이보다 잔혹합니다. 저는 강의에서 "우리나라에서 나오는 책의 절반 이상은 쓰레기"라는 극언을 서슴지 않곤 합니다. 줄잡아 '절반 이상'의 편집자들이 현장에서 어떻게 일하는지 알기 때문입니다. 한숨 푹푹 쉬어 가며 "재미도 없고, 뭔 소린지 통 모르겠고 솔직히 알고 싶지도 않고, 도대체 이런 책을 누가 읽을지는 더더욱 모르겠고, 종이 낭비 같기만 한데 도대체 사장(편집장)은 어디서 이런 원고를 가져왔는지……. 그런데 이

작자는 대학 교수씩이나 된다는 인간이 글을 뭐 이 따위로 쓰는지 한심스럽기만 하고, 내가 이런 거 뒤치다꺼리나 하려고 편집자 됐나 막 자괴감도 들고 괴로운데, 난 언제나 내가 만들고 싶은 책 폼나게 한번 만들어 보나." 투덜거리면서 혹시 회사 옮기면 좀 나아질까 북에디터 구인/구직 게시판 기웃거리는 게 일과라고 한다면, 터무니없는 모략일까요? 그렇다고 일을 아주 안 할 수는 없으니 오로지 일한 '티'라도 내기 위해 신경질적으로 빨간 펜을 휘둘러 댑니다. 그러고선 국립국어원이나 말에 대한 모든 고민거리를 모조리 규범으로 환원시키는 정서법 책들을 방패막이로 내세우는 거지요. 성실하게 대화에 몰입해도 사람이 하는 일이라 사고 위험은 도처에 널려 있는데, 심지어 아예 한 발빼 놓고 그저 빨리 지나가기만을 바라는데 사고가 안 난다면 그게 더 이상한 일입니다. 그러니 책의 외양을 띤 '쓰레기'들이 양산되는 건 필연입니다.

출판 현장에 '규범 강박'이 만연해 있는 데는 틀림없이 이런 배경도 크게 한몫하고 있다고 봅니다. 심지어는 새까만 후배한테 들키기까지 합니다. 언젠가 초보 편집자들의 대화를 들은 적이 있습니다. 엄밀히 따지면 딱히 오류라고 못박기도 애매한 띄어쓰기 오류 때문에 선배의 호된 질책을 받는 게 일과가 돼 버린 동료를 이렇게 위로하더군요. "노상 별것도 아닌 띄어쓰기만 트집 잡는 건, 그이가 그 원고에 대해 할 말이 그것밖에 없어서야." 그나마 그런 현명한 조언을 들을 기회조차 없는 수많은 편집자들은 고작 그렇게밖에는 '일'을 배울 길이 없어 결국 그걸 '일의 전부'라고 여기는 똑같은 선배가 되어 갑니다. 그렇게 '규범 강박'은 현장에서 재생산되는 거지요.

모든 책에는 그 고유의 맥락이 있습니다. 따라서 '모든' 책에 적용되는 일반적인 교열의 원칙 따위는 있을 수 없지요. 늘 하는 말이지만, 원고는 '저자와 독자의 대화가 이루어지는 역동적인 공간'이지 '편집자의 국어시험 답안지'가 아니거든요. 그럼에도 굳이 일반적인 원칙이라는 게 있을 수 있다면 그건 딱 두 가지라고 생각합니다. 하나는 "내 눈에 이상하게 보이면 다른 사람 눈에도 거의 틀림없이 이상하게 보인다."는 것이고, 다른 하나는 "내 눈에 멀쩡하게 보인다고 해서 다른 사람 눈에도 멀쩡하게 보인다는 보장은 전혀 없다."는 것입니다. 물론 편집자의 '전문성'은 단연코 후자에 있겠지요. 전자는 그냥 '기본'입니다.

이 원칙에만 충실하면 한국어에 대한 이론적 지식에 정통하지 않아도 (혹시 아주 훌륭한 책을 만들지 못할지는 몰라도) 영 엉터리 책을 만들지 않을 수는 있을 겁니다. 뒤집어 말해 교열이 부실한 건 이론적 지식이 모자라서가 아니라, 자신의 안목을 스스로 신뢰하지 못하거나 반대로 너무나 확신한(혹은 시야가 좁은) 나머지 독자의 처지에서 '다른 가능성'을 고려하지 못한 탓일 겁니다. 텍스트를 바라보는 자신만의 안목을 갖추지 못해서 아무리 봐도 이상한지 아닌지조차 스스로 판단할 수 없는 편집자는 '기본'이 안 돼 있는 것이고, 지나친 확신(혹은 제한된 시야) 속에 자기 기준에만 매몰되어 자기 눈에만 멀쩡하면 그만인 편집자는 자족적인 '아마추어'라고 할 수 있습니다.*

　이런 관점에서도 '규범 강박'에 매몰되는 것이 왜 위험한지를 짚어 낼 수 있습니다. 물론 이론적인 지식은 때로 스스로를 신뢰할 수 있는 안목이나 이미 확보한 시야를 더 치밀하게 다듬어 내는 데 적잖은 도움이 되기도 합니다. 그러나 더 많은 경우에 이론적 지식에 대한 강박적 집착은 자신만의 안목을 형성하거나 시야를 넓히는 데 오히려 걸림돌이 되기 일쑤입니다. 이론의 권위에 주눅들거나 '다른 가능성'을 생각할 여지가 봉쇄되기 때문이지요.

교열의 전략: 상대적 중요도를 가늠하라

실제로 현장 편집자들을 만나 보면, 교열에 관해 가장 많이 하는 질문이 "도대체 어디까지 손을 대야 하는 걸까요?"입니다. 그도 그럴 것이 어차피 세상에 '완벽한' 문장은 없습니다. 공들여 손을 대면 대는 만큼 조금이라도 더 나아지긴 합니다. 그런데 따지고 보면 썩 만족스럽진 않더라도 꼭 고칠 필요까지는 없어 보이는 경우도 많습니다. '내 글'도 아닌 '남의 글'에 지나치게 개

---

* 좀 다른 얘기지만, 이 두 가지 원칙은 비단 텍스트 교열뿐 아니라 실은 타이포그래피 레이아웃에도 똑같이 적용될 수 있습니다. 즉 '한국어에 대한 이론적 지식' 대신 '디자인에 대한 이론적 지식'으로 고쳐 읽어도 마찬가지 결론이라는 거지요.

입하는 건 아닌가 조심스럽기도 한데, 문제는 '지나치다'는 기준이 어디에 있을지 가늠하기가 쉽지 않다는 거지요. 저는 이런 질문을 받으면 '전략적으로 접근할 문제'라고 답하곤 합니다. 실은 개별 사안에 개입할까 말까를 판단하기 전에 선행해야 할 고민이 있다는 거지요. 전체적으로 볼 때 뭐가 더 중요하고 덜 중요한가가 바로 그것입니다.

그것은 '교열이 잘된 책'의 기준이 없다는 사정과도 관련되어 있습니다. 누구도 어떤 책을 놓고 '교열이 얼마나 잘되었는지'를 가릴 수는 없습니다. 그저 '교열이 제대로 안 된 대목'을 지적할 수 있을 뿐입니다. 물론 그런 대목이 상대적으로 눈에 덜 띄는 책을 비교적 교열이 잘된 편이라고 할 수 있을지는 모르겠지만, 그것도 그리 간단한 문제는 아닙니다. 거칠게 도식화해서 비유하자면, 100군데의 오류가 있는데 아흔아홉 곳의 오류를 잡아내 수정했더라도 미처 잡아내지 못한 딱 한 군데의 오류가 책 전체의 신뢰를 망가뜨리는 치명적인 문제일 수도 있고, 반대로 70~80곳 정도밖에 해결을 못해서 20~30곳의 오류는 손도 못 댄 채 그대로 책이 나와 버렸다 해도 눈 밝은 독자에게 다소 거슬릴 뿐 크게 문제 삼을 만한 실수는 아닐 수도 있다는 것이지요. 그렇다면 어느 쪽이 교열이 더 잘된 것일까요?

저도 현장에서 일할 때 그러긴 했지만, 적잖은 편집자들이 원고를 받으면 곧바로 첫 장부터 빨간 펜을 들고 한 글자도 안 놓치겠다는 '매의 눈'으로 꼼꼼히 읽어 나갑니다. 저는 절대 그렇게 하지 말라고 신신당부를 합니다. 일단 처음부터 끝까지 통독을 하고 전체적인 관점을 확보하는 게 먼저입니다. 그리고 원고의 전체적인 완성도를 가늠하고 그에 따라 대략적인 작업 일정을 헤아리는 게 다음 순서입니다. 잡지처럼 발행일이 못박혀 있는 경우가 아니라도 책마다 고유한 최적의 작업 기간이 있습니다. 그건 편집자의 노동력도 책을 만드는 데 들어가는 '비용'이기 때문입니다. 출판이 경제행위일 수밖에 없다면 의연히 '최소의 비용으로 최대의 효과'가 발생하는 최적 지점을 발견할 수 있다는 것이지요. 교열 작업에서 비용은 '기간'이고 효과는 '전체적인 완성도'입니다.

이렇게 대략적인 '마감' 일정을 상정해 놓고 책의 완성도에 가장 치명적인 문제부터 제거해 나가는 겁니다. 그래야 전체적으로 보면 상대적으로 사소한 문제를 붙들고 씨름하느라 시간에 쫓겨 정작 그보다 훨씬 중요한 문제를 놓쳐 버리는 황당한 사태를 피할 수 있습니다. 이렇게 접근한다면, 똑같은 문제라도 어떤 책에선 반드시 바로잡지 않으면 안 될 중요한 문제가 다른 책에선 시간이 넉넉하다면 잡아 주는 게 낫긴 하겠지만 촉박한 일정에 쫓기고 있다면 못 잡고 넘어가도 어쩔 수 없는 문제일 수도 있게 되는 것입니다.

무엇이 더 중요하고 덜 중요한지는 책마다 다 다르긴 하겠지만, 대략적인 테두리를 가늠할 수는 있습니다. 교열이 필요한 원고의 흠결은 대체로 세 가지 범주로 나뉩니다. 우선 내용 전달에 지장이 있는 경우입니다. 아무리 읽어도 도통 무슨 말인지 이해할 수가 없는 경우뿐 아니라, 대다수의 독자가 저자의 의도와는 동떨어진 의미로 엉뚱하게 받아들일 가능성이 크다면 내용 전달에 지장이 있다고 할 수 있습니다. 책이란 저자가 말하고자 하는 바를 독자에게 실어날라 주는 매개이므로 결국 내용 전달에 실패할 책이라면 존재 가치가 없다고까지 말할 수 있습니다. 즉 이것은 책의 '본질'에 속하는 문제입니다.

다음으로는 독해의 흐름이 매끄럽지 못한 경우가 있습니다. 책은 시간성의 매체이기 때문에 책을 읽기 위해서는 반드시 '속도'라는 요소가 필요합니다. 모든 독자는 어떤 책이든 일정한 속도와 긴장도를 가지고 읽어 나가게 마련입니다. 그것을 통틀어 책을 읽는 '호흡'이라고 합니다. 호흡이 일정하게 유지될수록 독해의 흐름이 매끄럽습니다. 쉬운 예를 들어 보지요. 책을 읽다 보면 얼른 의미가 안 들어오는 문장을 만날 수 있습니다. 그럴 때 보통은 '엉? 무슨 뜻이지?' 싶어 그 대목을 다시 읽게 됩니다. 좀더 천천히 그리고 좀더 찬찬히, 즉 처음 읽었을 때보다 속도를 늦추고 긴장도를 높여 읽으면 그제서야 '아!' 하고 이해할 수 있습니다. 물론 그래도 모르겠다면 그건 내용 전달에 지장이 있는 경우라고 봐야겠지만요. 이때 '어?', '아!' 하는 과정에서 독해의 흐름이 끊기게 됩니다. 그리고 이런 일이 되풀이되면 '재미없다'고 더이상 읽기를 포기하게 될 겁니다. 잘 읽히는 책과 그렇지 않은 책의 차이는 대개 여기에서 생겨납니다.

그러나 엄밀히 말하면 이건 '얼마나 친절한가'라는 '매너'의 문제일 뿐입니다. 이왕이면 친절한 게 좋겠지만, 다소 불친절하다 해도 내용 전달에 지장이 있는 경우보다 치명적이지는 않습니다.

마무리 특강 출판교열과 어문규범

물론 책에 따라서는 최대한 친절해야만 하는 책도 얼마든지 있습니다. 대개 독자가 높은 긴장도를 각오하지 않고 가볍게 집어 들기를 기대하는 책일수록 그렇습니다. 독자가 아예 '각잡고' 꼼꼼히 정독하려는 책이라면 몇 번을 되풀이 읽어야 이해할 수 있다 해도 오히려 어려운 책을 읽어 낸 성취감이 커질 수 있을망정 불친절하다는 게 그리 큰 문제가 아닐 수도 있는 거니까요.

마지막으로 책의 품위를 손상하는 경우가 있습니다. 대개 사소한 오·탈자나 의미 파악에는 큰 지장이 없는 맞춤법 오류 같은 것들이 여기에 속합니다. 얼마 전 어느 책을 읽다가 **궤변**이라고 표기해야 할 단어가 모조리 **괴변**으로 표기되어 있는 그야말로 '괴변'을 마주친 적이 있습니다. 맥락상 **궤변**의 오기임이 분명하기에 내용 전달에 아무 지장이 없었고 피식 웃느라 좀 느슨해지긴 했어도 독해의 흐름을 방해하지도 않았습니다. 그러나 시쳇말로 '싼티'가 나는 건 어쩔 수 없더군요. 저자의 '교양'이 좀 의심스러워졌달까요? 만일 그 의심이 심각한 수준에 이른다면 내용의 신뢰성에도 적잖은 영향을 미칠 겁니다.

하지만 엄밀히 따지면 이것도 책의 '본질'과는 크게 상관이 없는 그저 '이미지'의 문제일 뿐입니다. 물론 그 '이미지'가 결정적인 책도 얼마든지 있을 수는 있습니다. 특히나 대상 독자가 연령이 낮거나 교육 수준이 낮다면 그저 '싼티'가 나는 정도에 그치지 않고 내용 전달에 심각한 지장을 줄 수도 있으며, 꼭 그렇지는 않더라도 아동서의 구매자는 부모라는 점에서 아주 사소한 흠결조차 용납이 안 되는 경우도 있기 때문입니다.

이렇게 범주를 나눠서 보면 물론 구체적인 적용에서 편차는 있겠지만, 대체로는 '본질'이 가장 중요하고 그다음이 '매너'이며 '이미지'가 상대적으로는 가장 덜 중요하다고 할 수 있습니다. '이미지'도 중요하지만 상대적으로 '덜' 중요하다는 것이지, 안 중요하다는 뜻으로 오해하지 말았으면 합니다. 그런데 희한하게도 현장에서는 일을 거꾸로 하는 경우가 의외로 자주 발견됩니다. '이미지'에 지나치게 매달리느라 '매너'에까지 여력이 닿지 않는 건 고사하고 '본질'은 아예 뒷전으로 내몰리는 사례가 비일비재하다는 것이죠(이것도 앞 절의 '쓰레기'라는 극언의 배경 가운데 하나입니다).

그 까닭을 아주 이해할 수 없는 건 아닙니다. 내용 전달에 지장이 있는 대목을 교열 과정에서 못 잡아 냈다면 그걸 누가 지적하겠습니까. 그 책을 꼼꼼히 정독하는 사람일 것입니다. 대충만 읽어서는, 이해가 잘 안 가는 대목도 대충 넘어갈 테니까요. 그리고 그런 독자는 극소수입니다. 독해의 흐름이 매끄럽지 못한 채로 책이 나왔다면 그걸 지적할 수 있는 건 누굴까요. 한두 문단이라도 어떻든 일정한 호흡으로 일정한 분량을 읽은 사람일 겁니다. 그러나 책의 품위를 손상하는 오류는 굳이 읽을 필요조차 없습니다. 그냥 무심코 펼쳤는데 하필 눈에 띄기도 하니까요. 심지어 앞의 두 문제는 읽는 사람의 문해 수준과도 상관이 있습니다만, 이건 그 책의 내용에 대한 아무런 이해가 없는 사람한테도 얼마든지 들킬 수 있습니다. 요컨대 안타깝게도 '상대적 중요도'와 '들킬 가능성'은 반비례하는 경향이 있습니다.

그러니 편집자가 제 머릿속에 관념적으로나 존재하는 독자에게 더 잘 읽히는 책보다는 당장 눈앞에서 노동조건을 좌지우지하는 사장이나 편집장에게 트집 잡히지 않을 책을 추구하는 건 어쩌면 인지상정이랄 수도 있겠습니다. 그러나 이런 전략은 실패할 수밖에 없습니다. 아무리 기를 쓴다 해도 '트집 잡힐 만한 빌미'를 완전히 제거할 수는 없기 때문입니다. 게다가 대신에 그 눈물겨운 생존 전략에 희생된 가치들에 발목 잡혀 얼마 안 가서 '열심히 일한 죄밖에 없는데 어느샌가 무능한 편집자가 돼 있는' 스스로를 발견하게 될 게 뻔하다는 게 더 큰 비극이지요. 좀 다른 얘기지만, 그래서 저는 오래전부터 '교열의 완성도'는 편집자의 '고용 환경'과 긴밀히 연결되어 있다는 생각을 줄곧 해 왔습니다.

교열의 선결조건 ①: 원고를 장악하라

적잖은 분들이 '어문규범'과 한국어 문법에 빠삭하면 어떤 원고든 큰 무리 없이 교열하는 게 가능할 거라는 착각을 흔히 합니다. 이런 터무니없는 착각도 납득하기 어렵지만, 현장에서 더 문제가 되는 건 그 '거울상'입니다. '어문규범'이나 문법 이론에 대한 전문적인 지식에 자신이 없다는 이유로 원고 교열에서는 아예 손을 놓아 버리는 '무책임한' 편집자들을 수도 없이 보았기 때문입니다. 물론 그 이유만은 아니겠지만, 그런 이유가 주요하게 작용하는 가운데 이른바 '전문성'이 있을 것으로 보이는 이들에게 외주를 맡기는 거지요. 그래서 그이들이 정말로 '교열의 완성도'를 높일 수 있는 '전문성'을 가지고 있다면 또 모르겠는데, 그 '전문성'의 실체가 애당초 착각에 기반한 것이니 안타깝달 밖에요.

실제로 원고 교열의 완성도를 가름하는 '전문성'은 원고를 장악하는 힘에 달려 있습니다. 상식적인 선에서 생각하더라도, 애당초 저자가 무슨 말을 하려는지를 정확히 소화해 내지 못한 채로 그것을 독자들이 더 알기 쉽게 다듬어 낸다는 건 불가능한 일입니다. 나도 무슨 얘기인지 잘 모르겠는 말을 다른 사람에게 더 효과적으로 전달할 재주를 가진 사람은 이 세상에 없으니까요. 그러나 차라리 아예 모르겠다면 의외로 피해가 그리 크지 않습니다. 성실하기만 하다면 얼마든지 관련 자료들을 찾아보고 확인할 수라도 있고, 정 모르겠으면 저자가 쓴 그대로를 훼손하지 않으면 그만이니까요. 실은 "대충 뭔 소린지는 알겠다"는 경우가 가장 위험합니다. 그래서 원고의 내용을 '이해'해야 한다는 일반적인 표현을 두고 굳이 '장악'이라는 좀 위압적으로 느껴질 수도 있는 개념을 끌어들인 것입니다.

원고를 '장악'한다는 건, 단순히 저자가 그 원고를 통해 전달하고자 하는 말의 기조와 요지를 이해한다는 뜻이 아닙니다. 과장을 좀 섞어 심하게 말하면, 원고를 구성하는 문장 하나, 단어 하나, 토씨 하나, 심지어 문장 부호 하나까지도, 왜 그 문장이, 왜 그 단어가, 왜 그 글자가, 왜 그 부호가 다른 자리가 아닌 하필 그 자리에 다른 형태가 아닌 바로 그 형태로 놓여 있는지를 그 원고의 전체적인 맥락 속에서 납득하고 있다는 뜻입니다. 그래야만 쉼표 하나조차도 왜 빼는 것보다 넣는 게 나은지(혹은 반대로 넣는 것보다 빼는 게 나은지), 왜 이 단어보다 저 단어가 더 나은지, 문장 구성이 왜 이것보다 저게 더 나은지를 '판단'할 수 있습니다. 그리고 그건 어문규범이나 문법적 지식으로 판단하는 게 결코 아닙니다.

오래전 어느 잡지에 실린 글에 **실재**라고 표기해야 할 개념이 모조리 **실제**라고 표기되어 있는 것을 보고 혀를 찼더니, 어느 후배가 "그런데 그게 국어 실력 문제야, 철학 실력 문제야?"라고 익살스럽게 반문하더군요. 일상적인 맥락에서라면 '실재'는 십중팔구 **실제**의 오기일 가능성이 높습니다. 그러나 그렇다고 **실재**라는 말이 없는 건 아닌데, 편집자가 그런 말도 있다는 걸 몰랐거나 문맥을 오인한 채로 '국어 실력'만 믿고 함부로 고치는 바람에 일어난 일이겠지요. 차라리 '국어 실력'에 대한 자신감이라도 없었다면 의심이라도 해 봤을 겁니다. 어느 일간지에《참을 수 없는 존재의 가벼움》이라는 소설 제목이 버젓이 **참을 수 없는 존재의 가려움**으로 찍혀 나왔더라는 전설 같은 이야기도 업계에 전해지는데, 단순한 실수로 놓쳤을 수도 있지만 분명하게 보고도 무심히 넘어갔다면 그건 '국어 실력' 문제일까요, '문학 실력' 문제일까요?

또 언젠가는 저자가 일부러 분명한 의도를 가지고 쓴 **비혼**이라는 말을, 동료 편집자가 그저 오타인 줄로만 알고 죄 **미혼**으로 고쳐 놓는 바람에 기겁을 한 적도 있습니다. ㅂ과 ㅁ은 오타가 잘 나니까 그런 판단도 무리는 아닙니다. 더구나 **비혼**이라는 말의 쓰임새는커녕 아예 그런 말이 있다는 것조차 몰랐다면요. 최근에는 어느 유력 일간지에서 **성 인지**라고 써야 할 말을 **성인 잡지**라고 쓰는 통에 정정 기사를 내는 해프닝도 있었습니다. 맥락상 취재기자가 애당초 의미를 오해해서 그렇게 썼을 가능성은 거의 없는 만큼, 모르긴 해도 원문에는 **성인지**라고 씌어 있는 걸 교열기자가 (띄어쓰기만 해 줘도 충분할 것을) 나름 '친절'을 발휘한답시고 그렇게 고쳤을 겁니다. 이런 말들이 쓰이는 사회적 맥락들을 주의 깊게 살핀 경험이 전혀 없었다면 얼마든지 일어날 수 있는 일입니다.

이게 결코 '국어 실력' 문제가 아니라는 게 의심스러우면 직접 찬찬히 되짚어 확인해 보시기 바랍니다. 내가 평소에 관심 있게 보아 온 잘 아는 주제에 관해 쓴 글이라면 그렇지 않은 글보다 '사소한 차이'를 훨씬 더 예민하게 감지할 수 있다는 걸 금세 알아차릴 수 있을 겁니다. 언젠가 어느 책에서 "미국의 인구에서 다섯번째 부자는 다섯번째로 가난한 사람보다 소득이 12배나 된다"는 터무니없는 문장을 발견한 적이 있습니다. '5분의 1'이라는 뜻도 있는 영어 단어 fifth를 오역한 것인데,* 저는 원문을 확인해 보지 않고도 바로 알아차렸습니다. 그렇다면 이 책이 나

---

* '상위 20퍼센트(5분위) 소득이 하위 20퍼센트(1분위) 소득의 12배'라는 뜻의 이른바 '소득5분위 분배율'에 관한 서술입니다.

오기까지 서너 번은 읽었을 편집자가 이런 황당한 문장을 잡아내지 못한 까닭은 무엇일까요. 그야말로 아무 생각 없이 글자만 읽은 게 아니라면 뭔가 이상하다는 건 틀림없이 감지했을 겁니다. 그러나 '대수롭지 않게' 여겼겠지요. 그건 물론 오판이지만, 아마도 익숙하게 접했던 주제가 아니었기 때문에 판단을 그르친 게 아닌가 짐작합니다.

이런 이치는 다른 각도에서도 확인됩니다. 간혹 문장이 꽤 어색하다는 건 분명히 알겠는데, 도무지 어떻게 고쳐야 할지 감이 안 잡힌다는 상담이 들어올 때가 있습니다. 그때 제가 일러 주는 일종의 '팁'이 있어요. 그 문장이 말하고자 하는 바를 그냥 말로 설명해 보라고 합니다. 그렇게 해 보면 아주 자연스럽게 대체 표현의 실마리를 찾을 수 있습니다. 제가 실무에서 자주 쓰는 방법입니다. 그런데 이 방법에는 결정적인 함정이 있습니다. 아무리 말로 설명해 보려 해도 그 어색한 문장을 고스란히 되풀이하는 것말고는 '자기 언어'로는 설명이 안 된다면 아무 소용이 없다는 겁니다. 그건 스스로 그 문장의 의미를 이해했다고 믿든 믿지 않든, 실은 그 문장이 말하고자 하는 바를 정확하게는 파악하지 못했기 때문입니다. '대충 무슨 뜻인지'는 이해했을지 몰라도 '장악'해 내는 데는 실패한 것이지요. 우리는 오로지 '자기것으로 소화해 낸' 말만을 '더 이해하기 쉽게' 고칠 수 있습니다.

사실 현장 실무에서 한국어 문법에 대한 이론적 지식이 모자란 탓에 해결이 안 된다고 생각되는 대부분의 문제는 실은 원고 장악에 실패해서 일어나는 문제입니다. 그리고 위의 사례들에서 알 수 있듯, 원고를 미처 장악하지 못한 편집자에게 빨간 펜을 쥐어 주는 건 어린아이에게 총을 쥐어 주는 것만큼이나 위험한 일입니다.

때로 원고를 제대로 장악한 편집자는 저자 스스로도 명료하게 의식하지 못하고 있는 의도를 파악해 내기도 합니다. 저는 초보 편집자 시절에 논지가 어지럽게 오락가락하며 횡설수설하는 원고를 거의 '난도질'하는 수준으로 분해·재조립했던 적이 있습니다. 제가 잘 모르는 전문적인 내용이라 원고에 없는 말을 덧붙일 수도 없었고, 새파란 초보 주제에 저자가 원문에 쓴 말을 함부로 잘라 낼 수도 없었습니다. 혹시라도 분실되는 어구가 없도록 번호까지 매겨 가며 그저 문맥의 연결이 가장 자연스럽도록 순서만 이리저리 바꿨지요. 그렇게 정리해 가다 보니 원문에선 별다른 존재감도 없던 문장이 결론에 놓이는 게 가장 적절하겠다 싶은 대목도 나타나더군요. 남의 원고를 이렇게까지 갈기갈기 찢어 놓아도 되냐고 호통이라도 들을까 봐 조마조마한 마음으로 조심스럽게 고친 원고를 보여 드렸는데, 저자께서 "어떻게 알았어? 이게 바로 내가 하고 싶던 말이야!" 하시더군요.

그건 편집자가 저자에게 들을 수 있는 최고의 찬사일 겁니다. 제가 변변히 내세울 만한 이력도 없이 '한국에서 둘째가라면 서러울 편집자'라는 건방만 하늘을 찌를 수 있었던 것도 일생에 한 번 들을까 말까 한 그런 칭찬을 초보 시절에 들었던 덕분입니다.

모든 책은 '독자가 이미 알고 있으리라고 짐작되는 내용'으로부터 '아직 모르는 새로운 내용'으로 이끌어 갑니다. 대략 7:3의 비율일 때 가장 읽기 좋은 책이 됩니다. 전자의 비중이 이보다 높아지면 뻔한 내용이라 지루해지고, 반대로 낮아지면 도통 무슨 얘긴지 이해할 수 없는 암호문이 되어 머리에 쥐가 나게 됩니다. 따라서 원고를 효과적으로 장악하려면 그 원고에서 '독자가 이미 알고 있으리라고 짐작되는 내용'을 알고 있어야만 합니다. 그러지 않으면 편집자에게도 도무지 장악할 길이 막연한 암호문이 될 테니까요. 그래서 '국어 실력'만 믿고 어떤 책이든 최소한의 완성도로는 교열해 낼 수 있다는 자신감에 취하는 건 아주 터무니없는 일입니다. 그저 지적 관심의 차이에 따라 좀더 잘 다룰 수 있는 분야가 있을 뿐입니다. 하지만 특정 분야의 책이라고 해서 꼭 그 분야에 국한된 내용만 나오라는 법은 없습니다. 그러니 원고 장악에는 '폭넓은 지적 시야'가 필수적으로 요구될 수밖에 없는 것입니다.

언젠가 프랑스 대혁명을 배경으로 하는 어느 소설에서 "율리우스력을 쓰는 프랑스에서는 11월이지만 그레고리력을 쓰는 러시아는 아직 10월인데도 더 춥다"는 묘사를 보고는 어리둥절했던 적이 있습니다. '율리우스'와 '그레고리'가 바뀌었거든요. 이걸 잡아낼 수 있는 편집자가 얼마나 될지는 모르겠습니다. 물론 성실한 편집자라면 잘 모르는 말은 일단 찾아보는 게 순서겠습니다만, 과연 백과사전에 풀이된 '율리우스력'과 '그레고리력'에 대한 설명만으로 이 문장이 틀렸다는 걸 알 수 있을까요? 프랑스는 가톨릭 국가였고 러시아는 가톨릭의 영향력이 닿지 않는 동방정교 국가였다는 걸 떠올려 연결시킬 수 있다면, 그제서야 뭔가 이상하다는 걸 눈치라도 챌 수 있겠지만요.

 달리 말하면 '폭넓은 지적 시야'라는 것이 이를테면 '모르는 게 없는 만물박사'라는 뜻은 결코 아닙니다. 그건 불가능한 일일 뿐더러 지식검색 사이트만 뒤져도 알아낼 수 있는 내용을 머릿속에 굳이 다 담아 두고 있는 건 불필요한 일이기도 합니다. 다만 내게 필요한 정보를 어디에서 어떻게 찾는 게 가장 효과적일지 정도는 파악하고 있어야 할 테고, 무엇보다 내가 이미 알고 있는 내용들과 효과적으로 연결시켜 생각하는 데 익숙해야 합니다. 간혹 고등학교 과정을 이수했다면 뻔히 알 만한 내용인데도 도통 모르겠다는 표정을 짓는 걸 마주칠 때가 있습니다. 그래서 "이런 거 몰라요?" 하고 물으면 "아뇨, 첨 듣는 얘긴데요?"보다 "아, 맞다! 배운 적 있어요."라는 대꾸가 돌아올 때가 훨씬 더 많습니다. 실은 그 내용을 몰랐던 게 아니라 자신이 그걸 알고 있다는 사실을 잊고 있었던 거지요. 아무리 많은 지식과 정보를 머릿속에 집어넣고 있으면 뭘 하겠습니까. 정작 필요할 때 꺼내 쓸 수가 없다면 아무 소용이 없지요.

 살면서 얻은 수많은 지식을 언제든 필요한 맥락에서 꺼내 쓸 수 있게끔 머릿속에 가장 효과적으로 갈무리해 둘 수 있도록 체계를 잡아 주는 게 바로 '지적 시야'입니다. 그 폭이 넓을수록 더 체계적으로 갈무리가 됩니다. 하나를 가르치면 열을 아는 사람과 둘이나 셋 정도를 간신히 가늠하는 사람의 차이는 바로 거기에 있습니다. 좀 고급스럽게 말하자면 '노-왓know-what'이 아니라 '노-웨어know-where'의 문제라는 겁니다.

교열의 선결조건 ②: 컨셉을 내면화하라

원고를 꼼꼼히 읽고 효과적으로 장악해 낼 수 있다고 하더라도 그건 겨우 첫 단추를 꿴 데 지나지 않습니다. 교열의 정당성이 편집자가 독자의 대표라는 데 있다면, 교열의 기준 또한 독자에게 있습니다. 편집자가 독자의 대표로서 저자의 원고에 개입할 때, 크게 세 가지 범주의 판단을 하게 됩니다. 우선 '이 사안에 개입할 것인가 말 것인가(=이 말을 고칠까 말까)', 다음으로는 '어느 정도 개입할 것인가(=원문을 얼마나 훼손하는 게 좋을까)', 그리고 '어떤 방향으로 개입할 것인가(=가능한 대체 표현 중 어느 것을 고를까)'가 그것입니다. 그리고 그 모든 판단은 오로지 그 책을 '누가' 읽을 것인지, 그리고 그 독자는 '왜' 이 책을 읽을지에 따라 달라집니다.

문장 하나, 단어 하나, 심지어 문장 부호 하나에조차도, 이 책은 '누가' 읽을 것이기 때문에 이 문장보다는 저 문장이 이해하기 쉽겠다, 이 책의 독자들은 이 책에서 이런 효용을 기대하고 읽을 것이기 때문에 쉼표를 넣는 것보다 빼는 게 더 효과적으로 읽히겠다……라는 식으로 판단한다는 겁니다. 그러나 이건 어디까지나 편집자 머릿속에서 일어나는 판단 과정의 알고리즘을 도식적으로 풀이한 것이지, 실제로 이런 식으로 언제나 의식적으로 판단한다는 뜻은 아닙니다. 편집자는 책 한 권을 교열하는 과정에서 이런 판단을 수만 번, 아니 수십만 번은 해야 할 겁니다. 그러니 정말로 그랬다간 아마 뇌에 과부하가 걸려 미쳐 버리고 말 겁니다. 아니면 뇌가 파업을 해 버리는 통에 멍해져서 아예 아무것도 판단할 수 없는 상태가 되거나요.

　그렇다면 어떻게 해야 할까요. 저는 연기를 잘하는 배우에 비유하곤 합니다. 물론 배우는 연기에 앞서 캐릭터를 분석하고 대사 한 마디 몸짓 한 동작조차도 그 의미를 꼼꼼히 확인합니다. 그러나 그렇다고 해서 대사 한 마디, 몸짓 한 동작을 할 때마다 이 캐릭터는 어떤 성격이고 이 대사(또는 동작)는 어떤 효과를 주어야 한다는 걸 머릿속으로 계산하면서 연기를 한다면 아마 아주 부자연스럽고 뻣뻣한 연기가 될 겁니다. 그보다는 그 캐릭터에 '몰입'한다고 하죠. 그냥 그 인물이 되는 겁니다. 내가 이미 그 인물이기 때문에 그걸 일일이 다 의식적으로 머릿속에 떠올릴 필요가 없어지는 거죠. 그리고 그 인물'로서' 직관적으로 말하고 몸을 움직이는 거지요. 물론 그러려면 연기에 들어가기에 앞서 충분히 그 인물을 분석해서 자기 안에 소화하고 있어야만 하겠지만요. 그렇게 내가 아닌 어떤 인격에 '몰입'해서 내 안으로 '소화'해 내는 과정을 저는 '내면화'라고 표현합니다.

　'누구 읽으라고 만드는 책인가, 그리고 그 사람이 이 책에서 기대하는 어떤 효용을 우선적으로 만족시킬 것인가'를 흔히 그 책의 '컨셉'*이라고 합니다. 다시 강조하지만, 편집자가 교열 과

---

* 잠깐 옆길로 새자면, 이 표기가 외래어 표기법에 어긋난다는 걸 저도 압니다. 알면서도 일부러 '콘셉트'라는 규범적 표기 대신 이렇게 쓴 것입니다. 그 이유는 제7강의 설명으로 대신합니다.

　마무리 특강 출판교열과 어문규범

정에서 하는 모든 판단의 궁극적 준거는 그 책의 컨셉입니다. 그리고 마치 연기자가 연기에 들어가기에 앞서 캐릭터를 충분히 분석해서 내면화하듯이, 편집자는 교열에 들어가기에 앞서 그 책의 컨셉을 충분히 분석해서 내면화해야 합니다. 그래야 물 흐르듯 자연스럽게 연기, 아니 교열을 할 수 있게 됩니다. 한마디로 요약하면, 편집자는 한 권의 책을 만들면서 그 책의 표적 독자라는 배역의 '역할 연기role-playing'를 한다는 것입니다. 그리고 실제 판단은 그 독자'로서' 직관적으로 하는 것이지요.

그러려면 애초에 '표적 독자'를 정교하게 구체화할 필요가 있습니다. 흔히 출간기획안이나 원고검토서에는 '예상 독자'라는 항목이 반드시 있지만, 대개는 아주 피상적이고 형식적으로 뭉뚱그리는 게 통례입니다. 그러나 그건 실은 '이 책을 누가 읽을지 잘 모르겠다'는 뜻일 뿐입니다. '누가'가 피상적이니 '왜'는 더더욱 모호할 수밖에 없고, 따라서 교열의 판단 기준도 막연해지겠지요. 그러니 아주 구체적으로 상상해야 합니다. 그래서 저는 원고 검토나 기획에 관한 강의를 할 때 '독자 설정'을 아예 '독자 프로파일링'이라고 고쳐서 가르치곤 합니다.

그런데 이렇게 프로파일링 수준으로 정교한 독자 설정을 하더라도 적잖은 편집자들이 빠지는 함정이 있습니다. 표적 독자는 결코 이 책을 읽었으면 좋겠는 사람이 아닙니다. 실제로 이 책을 읽을 가능성이 큰 사람입니다. 그리고 그 사람 입장에서, 이 책에서 얻을 수 있는 가장 큰 효용을 짚어 내야 합니다. 그리고 철저하게 그 사람 입장에 서서, 그 효용이 가장 극대화되려면 원문에 개입할지 말지, 한다면 어느 정도나 할지, 또 어떤 방향으로 개입할지 등을 판단하는 것이 교열입니다.

물론 가장 다행스러운 건, 편집자 자신이 이미 표적 독자에 해당하는 경우일 것입니다. 그러나 그건 아주 운이 좋아야만 얻어 걸릴 수 있는 요행이지 일반적으로 기대할 수 있는 건 아닙니다. 배우라면 연기의 폭이 넓을수록 좋듯 편집자도 다양한 컨셉을 다룰 수 있어야 합니다. 그렇다면 뭐가 필요할까요. 우선은 세상에 얼마나 다양한 사람들이 얼마나 다양한 목적으로 책을 읽는지에 활짝 열려 있어야 합니다. 그리고 아주 상상력이 풍부한 사람이 아니라면 그 폭은 대개 자신이 독서를 통해 체험한 범위를 크게 벗어나지 않습니다. 이를테면 연기 폭이 넓은 배우들에게 어떻게 그런 연기가 가능하냐고 물으면 대개 "실은 다 내 안에 있어요. 내 안에 요만큼 있는 걸 끄집어내서 전면화하는 거죠." 라고 대답하곤 합니다.

내가 전혀 읽어 본 적이 없는 컨셉이나 몇 번 읽어 보긴 했어도 도대체 이런 책을 사람들이 왜 읽는지 모르겠다 싶을 만큼 별다른 가치를 느끼지 못했던 컨셉을 무슨 수로 내면화하겠습니까. 물론 억지로 '상상'할 수는 있겠지만, 그건 실제로 그 책을 읽을 사람들과 거리가 먼 내 관념 속에서 가공해 낸 존재일 가능성이 크지요. 제가 대학에서 강의할 때 내주곤 하던 과제가 있습니다. "자신의 독서체험에 근거하여 책의 '다양한' 효용과 가치를 열거하고, 각각의 효용 또는 가치의 측면에서 자신에게 가장 의미가 큰 책을 구체적으로 제시하여 그 책(들)이 자신의 삶에 '어떻게' 영향을 주었는지 상술하시오." 재밌는 건, 대부분이 '보고서'가 아니라 "제가 워낙 독서체험이 빈약한 나머지……"로 시작되는 '반성문'이더라는 겁니다. 이런 분들은 제발 편집자가 되겠다는 헛된 꿈을 접고 좋은 독자로 남아 주셨으면 하는 마음 간절합니다.

아무리 다양한 컨셉의 책을 섭렵했더라도 컨셉을 단순히 '이해'하는 정도를 넘어서 '내면화'하는 데에 이르기 위해서는 한 가지 결정적인 조건이 더 필요합니다. 내가 나 아닌 다른 인격에 몰입해서 그것을 내면화할 수 있다는 것은, 애초에 개방적인 태도를 가지지 않은 사람한테는 거의 불가능한 일입니다.

'자아'의 테두리가 견고한(역설적이지만, 실은 '자아'가 취약한) 사람일수록 다른 인격에 몰입하는 데는 분명한 한계가 있게 마련입니다. 스스로 믿고 있는 '나'라는 정체성이 무너질까 봐 두렵기 때문입니다. 쉽게 말해 어떤 역할을 맡아 열연을 펼쳤다가도 그 역할이 끝나면 그걸 털어 버리고 '본래'의 나로 돌아와야 하는데, 그 역할에 과도하게 몰입해서 내 성격이 아예 달라져 버리면 어쩌나 하는 두려움이 있는 사람은 배역에 제대로 몰입하기 어려울 겁니다. 오로지 그게 어차피 다 내 안에 있었던 것이니 그로 인해 내가 달라진다 한들 그건 '나'를 잃기는커녕 오히려 내가 더 풍부해지는 것이라고 여길 수 있는 배우만이 다양한 배역들에 겁없이 도전할 수 있습니다. 나아가 한 사람의 사상·감정·지식이 녹아 있는 정신적 생산물을 놓고 그 저자와 성실하게 대화했고, 그 이전에 독자를 프로파일링하는 과정에서 그 책을 읽을 사람들이 어떤 사람들인지 알기 위해 내면의 나 자신과 치열한 대화를 했다면, 그 과정에서 내가 달라지는 게 당연하지 안 달라지는 게 더 이상한 일 아닌가라고 생각할 수 있다면 더 바람직한 일일 것입니다.

그런데 유감스럽게도 사회 전체적으로 보면, 그런 개방적인 태도를 지닌 사람보다는 워낙 자존감이 낮은 나머지 스스로 테 두리지은 '나'에 갇혀 빠져나오지 못하는 '방어적'인 사람들이 더 늘어 가는 것 같습니다. 이런 분들에게 '이 책의 독자가 누구이고 그이가 왜 이 책을 읽을지'가 교열의 기준이라고 역설한다면, 어떤 일이 벌어지겠습니까. 내면화라는 우회로 없이 그 기준을 곧이곧대로 적용하려면 뇌에 과부하가 걸릴 거라고 했었죠? 그럴 수는 없는 노릇이니 결국 아무것도 판단할 수 없는 상태가 됩니다. '규범 강박'의 유혹은 바로 그 틈을 파고듭니다. "넌 아무것도 판단할 필요 없어. 그냥 국립국어원에서 시키는 대로만 충실히 따르면 돼." 생각해 보면 오싹한 일입니다.

다독, 다작, 다상량

이제 긴 강의를 마무리할 때가 되었습니다. 교열 능력을 향상시키려면 어떤 공부가 필요하겠느냐는 질문을 받으면 언제나 "왕도는 없다"라는 유클리드의 명언을 들려줍니다. 구양수가 이야기했던가요? 다독, 다작, 다상량하라고. 닥치는 대로 읽고 부지런히 쓰고 끈질기게 생각하는 것말고 다른 길은 없습니다.

　'폭넓은 지적 시야'를 확보하는 데도 또한 '다양한 컨셉에 열린' 태도를 형성하는 데도 '풍부한 독서체험'말고 다른 길은 없을 테니, 다독을 강조하는 건 새삼스럽지도 않습니다. 다만 꼭 덧붙이고 싶은 말이 있습니다. '편식'이 신체 건강에 해로운 이상으로 '편독'은 정신 건강에 치명적입니다. 다독은 그저 무작정 책을 많이 읽으라는 게 아닙니다. '양'보다는 '폭'입니다. 그리고 무엇보다도 '정독'하는 습관을 들여 놓는 게 좋습니다. 물론 모든 책을 정독할 필요는 없습니다. 그러나 정독이 체화되어 있지 않으면, 원고를 장악하는 힘을 기대할 수가 없습니다. 문장이든 단어든 하다못해 문장 부호까지도, 언어 표현의 '사소한 차이'에 예민해지는 건 오로지 정독하는 습관을 통해서만 가능합니다.

　저작자도 아닌 편집자에게 다작까지 바라는 건 좀 이상해 보일지도 모릅니다. 물론 '글쓰기'를 연습하라는 뜻은 아닙니다. 다만 언어 기호를 다루는 방법을 체화해야 합니다. 정독을 통해 '사소한 차이'를 예민하게 감지해 내는 것과 내가 필요할 때 그것을 유효적절하게 활용하는 건 전혀 다른 문제입니다. 같은 말이라도 실제로 이렇게도 표현해 보고 저렇게도 표현해 보고 토씨 하나가 달라지면 어떤 효과가 일어나고 문장 부호 하나를 넣고 빼는 데 따라 어떻게 호흡이 달라지는지를 직접 '몸으로' 겪어 봐야 자기것이 됩니다. 제가 생각한 연습 방법은 두 가지입니다. 꾸준히 해 보시길 권합니다.

　하나는 '요약'입니다. 인터넷 사이트 등을 이용해서 4000자

내외의 완결성 있는 글을 임의로 가져다가 일단 문단 구분부터 다 없앱니다. 그리고 찬찬히 읽으면서 우선 문단 나누기를 해 봅니다. 다음으로는 이 글을 1000자 내외로 요약해 봅니다. 그다음으로는 원문은 잊고 오로지 위에서 만들어진 요약문만을 놓고 그것을 200자 내외로 다시 요약해 봅니다. 끝으로 그것을 맨처음의 원문과 비교해서 원문의 요약으로도 적절한지 확인해 봅니다. 기본은 여기까지인데, 내친김에 한 단계 더 나아갈 수도 있습니다. 마지막 요약문을 다시 '한 문장 이내'로 요약해 봅니다.

요약은 우선 '무엇이 더 중요하고 무엇이 덜 중요한지'를 가려내는 일입니다. 또 '요약'과 '발췌'는 다릅니다. 살아남은 문장 안에 지워 버린 문장의 흔적을 최대한 남겨야만 좋은 요약이라 할 수 있습니다. 그렇기 때문에 요약을 하게 되면 원문보다 글의 '밀도'가 높아질 수밖에 없습니다. '밀도'가 높다는 것은 그야말로 '사소한 차이'에 따라 의미가 눈에 띄게 달라진다는 뜻입니다. 거꾸로 한두 글자 고쳐도 별로 티가 안 나는 문장은 '밀도가 낮은' 글이라고 할 수 있습니다. 요약을 하다 보면 밀도가 높은 글에 익숙해지고 정독의 습관을 붙이는 데도 도움이 됩니다.

다른 하나는 '배열'입니다. 말의 의미는 사실 그 말 자체에 있는 게 아니라 그 말이 놓여 있는 맥락에 있습니다. 똑같은 말이라도 어떤 상황에서 발화되느냐에 따라 그 의미가 전혀 달라질 수 있다는 것을 우리는 경험으로 압니다. 그래서 이 이치를 머리로 이해하는 건 그리 어려운 일이 아닙니다. 그러나 그걸 활용하는 방법을 몸에 붙이는 건 쉬운 일이 아닙니다. 저는《우리는 고

독할 기회가 적기 때문에 외롭다》를 편집하면서 같은 문장이라도 어떤 문장 사이에 놓이느냐에 따라 그 의미 자체가 달라지진 않더라도 그 울림의 깊이가 달라질 수 있다는 걸 실감했습니다. 문장의 순서를 어떻게 배열하는가에 따라 사뭇 다른 맥락이 만들어진다는 걸 확인하는 건 아주 즐거운 일이었습니다.

문장을 다루는 연습을 하고 싶다는 분께는 꼭 권하고 싶은 방법입니다. 전혀 다른 맥락에서 수집한 다양한 문장들을 연결해서 새로운 맥락을 만들어 보는 겁니다. 이건 말로 설명할 수 있는 게 아닙니다. 오로지 직접 배열을 바꿔 보는 과정에서 그 차이를 느껴 봐야만 하는 것입니다. 그렇게 몸으로 터득되었을 때만 그 '차이'에 대한 감각을 자기것으로 만들 수 있습니다. 이렇게 제 나름의 예민한 감각이 생기고 나면, 이를테면 '규범상 띄어 쓰는 게 맞는지 붙여 쓰는 게 맞는지' 따위의 사실상 답도 없는 고민에 얽매이지 않게 됩니다.

마지막으로 많이 생각하라는 건, 위에서 다독과 다작에 덧붙인 말들로 설명을 대신합니다. 애당초 생각 없이 읽는 건 읽는 게 아니고, 생각 없이 무슨 수로 '요약'이나 '배열'을 하겠습니까. 생각한다는 것은 스스로에게 '질문'한다는 것입니다. 질문이 없다면 생각도 없습니다. 끊임없이 생각한다는 것은 끊임없이 질문한다는 것입니다. 그래서 생각을 놓치지 않게 해 주는 가장 좋은 방법은 '일기 쓰기'입니다. 하루에 단 30분이라도 스스로에게 진지하게 '질문'하는 시간을 가지라고 권합니다. 어느 글에선가도 썼지만, 제게 혹시 남다른 글재주가 있다면 그 8할은 '일기

쓰기'를 통해 얻어진 것입니다.

그중에서도 특히 책을 편집하고 글을 교열하는 데 도움이 되었다고 할 만한 몇 가지 화두를 귀띔해 드린다면 이런 것들입니다. 우선 가장 기본이 되는 건 '왜'냐고 생각하기입니다. 어떤 대상에 대해서건 '왜?'라는 질문을 잊지 않는 것입니다. 다음으로는 '다른 가능성'은 없는지를 질문하는 것입니다. 가능하면 다양한 가능성을 펼쳐 놓아야 실수가 적어집니다. 가장 치명적인 실수는 언제나 다른 가능성을 헤아리지 않는 '확신'으로부터 옵니다. 아울러 언제나 어떤 대상에 대해서든 '뭐가 다를까?'를 궁금해하는 것입니다. 의미란 언제나 '차이'로부터만 생겨납니다. 거듭 강조했듯, '사소한 차이'에 예민하지 않으면 의미를 다루는 일에 서툴 수밖에 없습니다.

이것이 제가 드릴 수 있는 조언의 전부입니다. 하지만 다독도 다작도 다상량도 '해야 하기' 때문에 하지는 마시기 바랍니다. 그건 인생의 낭비입니다. 책을 읽는 일이 즐거우니까 읽고, 문장을 이리저리 만지며 노는 게 재밌으니까 시간 가는 줄 모르고 빠져들고, 생각을 밀어붙이는 게 충만하니까 멈추지 못하는 것, 단지 그뿐입니다. 혹시 교열 능력을 향상시키려면 해야 한다니까 마지못해 할 수밖에 없다면, 그건 그냥 이 일에 소질이 없는 겁니다. 이 일은 그것을 즐길 줄 아는 사람에게만 최소한의 능력(=자격)을 허락합니다.

제가 '규범 강박'을 겨냥하는 이 책을 쓴 이유도 실은 바로 거기에 있습니다. 이 책이 모쪼록 지금까지보다는 조금이라도 더

　　　　　　　　　　　마무리 특강 출판교열과 어문규범

'즐겁게' 이 일을 하는 데 도움이 되기를 바라며 강의를 마칩니다. 지금까지 읽어 주셔서 감사합니다.

?

표적 독자를 구체적으로 설정하다 보면 예상 판매부수와 기대수익을 낮게 잡게 될 텐데, 현실적으로 적용하기엔 무리가 있지 않을까요?

!

모든 독서 행위는 개별적입니다. 즉 1만 부가 팔린 책이라고 해서 1만 명의 독자가 약속하고 사는 건 아닙니다. 각자가 다 자기만의 기준으로 구매를 선택하는 거지요. 그런데 독자의 범위를 지나치게 넓게 잡으면 그만큼 구체적인 상이 모호해져서 예측의 '정확도'가 떨어지는 건 필연입니다. 아주 거칠게 도식화해서 비유하자면, 2000부 판매를 예상한 책은 대략 1000부 정도까지는 무난하게 팔릴 가능성이 큰 반면에 5000부 판매를 예상하면 500부도 못 팔리고 말 수도 있다는 것입니다. 독자 설정이 추상적일수록 출판은 '도박'이 돼 버립니다.

인간관계도 그렇잖아요? '누구에게나 친구일 수 있는 사람'은 의외로 아무에게도 '절친'은 못 되는 경우가 많습니다. 왜냐면 누군가와 '절친'이 된다는 건 그이와 사이가 좋지 않은 사람하고는 껄끄러워질 것을 각오해야 하는 일인데, 누구한테서도 욕 먹기 싫은 사람은 주춤거릴 수밖에 없거든요. 책도 마찬가지입니다. 두루 '좋은 책'이라는 평판 덕에 누가 읽어 보라고 빌려준다면 고맙게 여길 사람이 아무리 많다 해도 내 주머니 열어 사고 싶은 사람이 적다면 상업출판물로서는 실패입니다. 내가 누군가를 독자로 확실하게 붙잡기 위해서 불가피하게 누군가를(물론 그래도 읽어 준다면 아주 고마운 일이겠지만) 포기할 수밖에 없다면, 내가 도대체 누구를 붙잡고 싶은지부터 최대한 구체적으로 전제할 필요가 있다는 것입니다.

?

"교열의 완성도는 편집자의 고용 환경과 긴밀히 연결"되어 있다는 문장에 밑줄을 쳤습니다. 고용 환경의 개선 또는 정상화를 위해 현장에서 일하는 출판편집자는 어떤 노력을 해야 할까요.

!

일반적으로 고용 환경을 개선하기 위해 노동자가 노력할 게 있다면 그게 뭐겠습니까? 바로 동료 노동자들과의 '연대'지요. 오로지 조직된 힘에 의해서만 작은 변화라도 이끌어 낼 수 있습니다. 언젠가 막 출판사에 취업한 후배가 노동조합 가입에 대한 의견을 물었을 때 이렇게 대답한 적이 있습니다. "노조 가입은 적극 권장합니다. 사실 아직 힘이 별로 없지만, 더 많은 출판노동자들이 참여해야 힘이 생기겠지요. 인적 구성이 워낙

마무리 특강 출판교열과 어문규범

협소하다 보니 더러 건강하지 못한 편향을 보일 때도 없지 않지만, 그런 문제 또한 더 다양한 주체들이 참여함으로써만 지양해 나갈 수 있을 거라 믿습니다."

덧붙이자면 설령 현재의 출판노조에 다수의 출판노동자가 선뜻 동의하기 어려운 얼마간의 편향이 있다는 판단이 옳다 하더라도, 그건 지금 노조를 이끌고 있는 이들의 부족함 탓이 아니라 그것을 핑계로 노조에 참여하기를 망설이는 더 많은 출판노동자들의 탓이라고 봅니다. 노조가 당장 무엇을 해결해 줄 수 있는지를 따지지 말았으면 좋겠습니다. 그건 얼마나 많은 의지와 지혜가 노조에 모아지느냐에 따라 달라지는 문제이기 때문입니다.

찾아보기

한판 붙자, 맞춤법!
현장 실무자를 위한 어문규범의 이해

2019년 9월 27일 초판 1쇄 펴냄
2020년 10월 12일 초판 3쇄 펴냄

지은이 변정수

펴낸이 정종주
편집주간 박윤선
편집 강민우 김재영
마케팅 김창덕

펴낸곳 도서출판 뿌리와이파리
등록번호 제10-2201호(2001년 8월 21일)

주소 서울시 마포구 월드컵로 128-4 2층
전화 02)324-2142~3
전송 02)324-2150
전자우편 puripari@hanmail.net

디자인 공중정원
종이 화인페이퍼
인쇄 및 제본 영신사

ⓒ 변정수, 2019

값 18,000원
ISBN 978-89-6462-127-1(03710)

이 도서의 국립중앙도서관 출판예정도서목록(CIP)은 서지정보유통지원시스템 홈페이지(http://seoji.nl.go.kr)와 국가자료종합목록 구축시스템(http://kolis-net.nl.go.kr)에서 이용하실 수 있습니다(CIP제어번호: CIP2019037040).